Das Einsteigerseminar

Python 2.x

Martin Užák

Das Einsteigerseminar Python 2.x

Die Informationen im vorliegenden Buch werden ohne Rücksicht auf einen eventuellen Patentschutz veröffentlicht.

Warennamen werden ohne Gewährleistung der freien Verwendbarkeit benutzt.

Bei der Zusammenstellung von Texten und Abbildungen wurde mit größter Sorgfalt vorgegangen. Trotzdem können Fehler nicht vollständig ausgeschlossen werden. Verlag, Herausgeber und Autoren können für fehlerhafte Angaben und deren Folgen weder eine juristische Verantwortung noch irgendeine Haftung übernehmen.

Für Verbesserungsvorschläge und Hinweise auf Fehler sind Verleger und Herausgeber dankbar.

Dieses Buch wurde der Umwelt zuliebe auf chlorfrei gebleichtem Papier gedruckt.

verlag moderne industrie Buch AG & Co. KG, Landsberg
Königswinterer Straße 418
D–53227 Bonn
www.vmi-Buch.de

06 05 04 03 02

10 9 8 7 6 5 4 3 2 1

1. Auflage

ISBN 3-8266-7206-2

Printed in Italy

Inhalt

4 Reguläre Ausdrücke 187

5 Internet-Programmierung 215

Vorwort

Dieses Einsteigerseminar befasst sich mit Python – einer freien (gratis beziehbaren) Programmiersprache, die immer mehr an Popularität gewinnt. Python ist objektorientiert, wird interpretiert und ist die perfekte Sprache für die RAD-Entwicklung (***R**apid **A**pplication **D**evelopement*).

Das Ziel dieses Einsteigerseminars ist es, Ihnen Grundkenntnisse von Python zu vermitteln.

Dieses Buch ist keine trockene Beschreibung dieser so mächtigen Programmiersprache. So weit es mir möglich war, habe ich versucht, im ganzen Buch möglichst viele Anwendungsbeispiele zu zeigen. Wie es in der Buchreihe »Einsteigerseminar« üblich ist, wird die *Learning by Doing*-Lernmethode bevorzugt.

Lassen Sie mich Ihnen jetzt kurz den Inhalt des Buchs präsentieren:

Im ersten Kapitel werden wir Python installieren und uns auch das erste Programm in Python ansehen.

Das zweite Kapitel wird Ihnen dann die Grundlagen der Sprache vermitteln. Es ist vielleicht ein wenig trocken ausgefallen, es wird Ihnen aber bei den ersten Python-Programmen, die Sie selbst schreiben, gut als kleines Nachschlagewerk dienen.

Das dritte Kapitel beschreibt die mit Python mitgelieferte Modulen-Bibliothek.

Das vierte Kapitel wird dann den Einstieg in die regulären Ausdrücke vermitteln. Natürlich wird gezeigt, wie man sie in Python verwendet.

Im fünften Kapitel werden Ihnen die Grundlagen der Programmierung von Internetapplikationen vermittelt.

Das sechste Kapitel knüpft an das Thema des vorigen an, es beschäftigt sich mit der Programmierung der CGI-Skripten in Python.

Das nächste, relativ umfangreiche Kapitel bringt Ihnen anhand des *Tkinter*-Moduls bei, wie grafische Oberflächen in Python erstellt und mit anderen Programmteilen verknüpft werden.

Im achten Kapitel befassen wir uns kurz noch mit Begriffen der COM-Programmierung für Windows.

Das neunte Kapitel schließlich erklärt die Arbeit mit Datenbanken.

Die benannten Beispiele im Buch können Sie auch von der Homepage des Verlags herunterladen (*www.vmi.buch.de*).

Wie Sie aus der kurzen Inhaltsangabe sehen können, ist dieses Buch sehr vielseitig, genau wie Python selbst. Ich habe versucht, Grundkenntnisse von Python in jedem Bereich zu vermitteln, in dem diese Sprache angewendet wird. Bis auf die Systemprogrammierung (Kernel- und Treiber-Entwicklung) eignet sich Python nämlich für fast alle Aufgaben, mit denen der Programmierer konfrontiert wird.

Bevor wir beginnen, möchte ich Sie noch auf meine E-Mail-Adresse aufmerksam machen. Sie können mich unter *muzak@pcrevue.com* erreichen. Soweit es die Zeit erlaubt und es in meiner Macht steht, werde ich versuchen, auf alle Ihre Fragen, Anregungen und Kritik zu antworten.

Ich wünsche viel Spaß mit Python.

Martin Užák

1

Was ist Python?

Python 2.x

1 Was ist Python?

Hinter dem Namen Python, vielleicht einem bisher unbekannten Begriff, versteckt sich eine mächtige Programmiersprache. Es ist eine Skriptsprache, die sich für eine breite Skala von Aufgaben bestens eignet. Insbesondere wird Python dann verwendet, wenn die Entwicklungszeit eine große Rolle spielt. Python zeichnet sich durch folgende Eigenschaften aus:

- Es ist einfach und gleichzeitig mächtig wie keine andere Sprache. Ein Programmierer, der schon mindestens eine Sprache gut beherrscht, wird Python an einem Nachmittag erlernen können. Eine große Rolle spielt dabei die prägnante, leicht verständliche Syntax von Python. Als ein Zuckerl steht dem Programmierer noch eine große Auswahl an Modulen (Reguläre Ausdrücke, Systemprogrammierung, GUIs, XML/HTML Processing, CGI usw.) zur Verfügung.
- Es ist übertragbar. Python ist an keine spezifische Plattform gebunden. Es ist für UNIX, Windows und MAC verfügbar. Dazu ist Python eine Skriptsprache – Python-Skripten werden nicht in einen plattformabhängigen Code kompiliert, wie es zum Beispiel bei C/C++ üblich ist. Nachdem man auf einer der oben aufgelisteten Plattformen ein Programm in Python geschrieben hat, wird man es mit beinahe hundertprozentiger Wahrscheinlichkeit ohne weiteres auf anderen Plattformen verwenden können (es gibt nur wirklich wenige, plattformabhängige Module, die selten verwendet werden). Dadurch, dass Python interpretiert wird, entfällt auch das zeitintensive und nervende Linken einzelner Unterprogramme, wie es bei kompilierten Sprachen der Fall ist. Damit wären wir bei der nächsten Eigenschaft von Python.
- Es ist geeignet zur RAD. *Rapid Application Development* (Beschleunigte Entwicklung von Anwendungen) ist heutzutage *das* Stichwort

in der Programmierung. Anwendungen müssen in erster Linie schnell geschrieben werden. Und das ist die Aufgabe von Python, denn die Entwicklung ist so rasant wie in wenigen anderen Sprachen. Man sagt, dass Programme in Python 5- bis 10-mal kürzer sind als die in C und C++ und etwa 3-mal kürzer als die in Java.

- Es ist stark objektorientiert. In Python ist es sehr leicht möglich, durch OOP (objektorientierte Programmierung) eigene Datentypen zu schaffen und die Vorteile der OOP auszunutzen.
- Die Fehlerbehandlung erfolgt durch *Exceptions* (Ausnahmen). Es gibt keine kryptischen Fehler mehr (Alptraum aus C)! Laufzeitfehler werden durch die Exceptions behandelt. Dadurch ist gesichert, dass mögliche Fehler mit wenig Aufwand effektiv in den Programmen richtig gestellt werden können.
- Es ist frei. Python wird unter der *GPL* (General Public License, eine Lizenz, die sicherstellt, dass die Software für alle Benutzer frei ist) distribuiert. Das heißt, dass uns nicht nur die binären Dateien von Python frei zur Verfügung stehen, sondern auch die Quelltexte. Mehr über die GPL finden Sie unter *http://www.gnu.org/gpl.html*.
- Es ist erweiterbar. Python kann man jederzeit um C/C++-Module erweitern, was gegenüber reinen Python-Skripten die Programme deutlich beschleunigen kann. Dadurch wird RAD-Entwicklung schneller Programme leicht möglich. Außerdem kann man über *Jpython* (auch *Jython* genannt) Java-Bibliotheken in Python verwenden und dasselbe gilt auf für Perl-Bibliotheken (Modul *perl*). Dadurch eignet sich Python hervorragend als »Integrationssprache« für andere Programmiersprachen.

Noch ein paar Worte zur Entwicklung. Sie begann vor etwa zwölf Jahren in Amsterdam. Der Autor Guido van Rossum wollte eine leistungsfähige, leicht lernbare und gut lesbare Sprache schaffen. Dies ist ihm mit Python auch völlig gelungen und die Skriptsprache erfreut sich inzwischen einer Popularität wie keine andere (zu erwähnen sind hier wohl nur Perl und TCL).

Und der Name? Ist Guido ein Schlangenliebhaber? Python hat eigentlich nichts mit Reptilien zu tun (nur sehr bedingt, nämlich wegen des Logos). Die Älteren unter uns kennen vielleicht noch die unvergesslichen Monty Pythons und ihren »Flying Circus«. Vom Namen dieser BBC-Serie wurde die Bezeichnung »Python« abgeleitet.

Bevor wir Python installieren, sollte ich vielleicht noch erwähnen, wozu sich Python eignet bzw. nicht eignet.

Python ist die perfekte Wahl, wenn das Programm schnell entwickelt werden muss (RAD). Das gilt insbesondere für Aufgabenbereiche wie:

- CGI-Skripten, Web- und Internet-Programmierung
- Datenbanken
- Bildbearbeitung
- GUI (Erstellung von grafischen Benutzeroberflächen)
- Arbeit mit XML-, HTML-Formaten
- Systemadministration (UNIX und auch Windows)

Ein Beispiel für den ersten Punkt könnte das Framework *ZOPE* (*http://www.zope.org) sein*, für den letzten wäre die Firma *Red Hat* (*http://www.redhat.com*) ein gutes Beispiel. Sie benutzt Python für die Entwicklung von Administrations- und Konfigurationstools für ihre Linux-Distribution.

Obwohl man in Python fast alle Aufgaben lösen kann, ist Python nicht geeignet für die Systemprogrammierung. Treiber zum Beispiel werden immer noch meistens mit Hilfe von C und Assembler entwickelt.

1.1 Installation

Im Allgemeinen ist die Installation von Python keine Wissenschaft. Auf manchen Systemen (besonders Unix) wird es sogar oft vorinstalliert sein. Sollte dem nicht so sein, so ist bei der Installation wie bei jedem anderen Programm vorzugehen:

UNIX

Unter UNIX ist es sehr wahrscheinlich, dass Python bereits auf dem Rechner installiert ist. Dies trifft insbesondere oft für Linux-Distributionen zu. Unter der Voraussetzung, dass die Systempfade und die Berechtigungen richtig gesetzt sind (das ist die Aufgabe des Systemadministrators), geben wir auf der Kommandozeile (Konsole) den Befehl

```
python
```

ein. Sollte der interaktive Python-Interpreter starten, so brauchen Sie nichts mehr zu installieren, es sei denn, Sie möchten eine neuere Version von Python ausprobieren.

Wenn Sie im Besitz einer RPM-Linux-Distribution sind, so installieren Sie zum Beispiel mit dem Befehl:

```
[/tmp]# rpm -iUv python-2.2.rpm
```

Manche bevorzugen es, die zu installierenden Programme selbst zu kompilieren. Was brauchen wir dazu? Den *Tarball* (so wird unter UNIX ein Dateienarchiv bezeichnet) mit Quelltexten von *http://www.python.org/download* und einen C-Compiler (sollte auf den meisten Systemen bereits installiert sein). Die eigentliche Kompilierung und Installation verläuft mit den Befehlen:

```
[/usr/src]# tar xzf Python-2.2.tgz
[/usr/src]# cd Python-2.2
[/usr/src/Python-2.2]# ./configure
[/usr/src/Python-2.2]# make
[/usr/src/Python-2.2]# make install
[/usr/src/Python-2.2]# echo 'export PATH=/usr/local/bin:$PATH'
>> /etc/profile
```

Es ist zu beachten, dass mindestens die letzten zwei Befehle vom Superuser / Administrator (der heißt unter Unix meistens *root*) ausgeführt werden müssen.

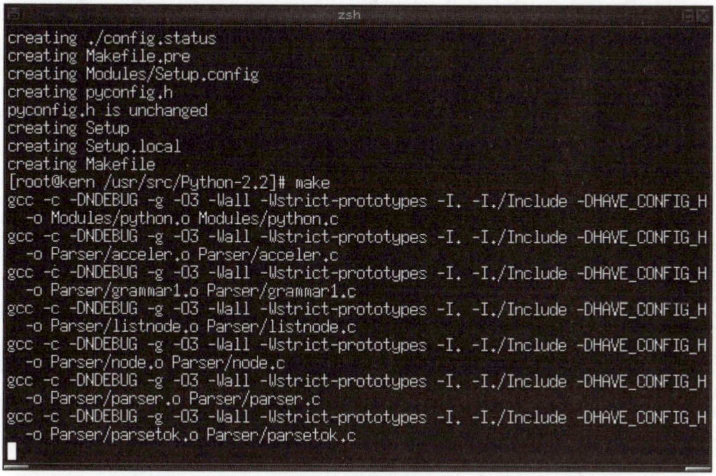

Abb. 1.1: Verlauf der Kompilierung unter Linux

Windows

Unter Windows ist die Installation recht einfach. Unter *http://www.pyhton.org/download* finden wir die Dateien zum Downloaden. Wir benötigen die Datei mit der *.exe*-Erweiterung. Man sollte immer die aktuellste Version downloaden. Wenn sich die Datei auf der Festplatte befindet, reicht ein Doppelklick darauf, um sie zu installieren. Alle Fragen, die uns das Installationsprogramm stellt, sind mit *ja* zu beantworten.

Nach der Installation müssen Sie noch den Systempfad richtig setzen. Das erledigen Sie am besten durch das Bearbeiten der Datei *c:\autoexec.bat*, in der Sie die Zeile

```
SET PATH=C:\Python22;%PATH%;
```

hinzufügen.

Autoexec.bat wird dann zum Beispiel so aussehen:

```
SET BLASTER=A220 I7 D1 H7 P330 T6
SET SBPCI=C:\SBPCI
SET CLASSPATH="C:\Java;."
SET PATH=C:\Python22;%PATH%;
```

1.2 Interpreter interaktiv

Python kennt zwei Modi. Man kann Python-Skripten in Dateien schreiben und abspeichern. Diese kann man später ausführen oder man kann den Interpreter im interaktiven Modus benutzen. In diesem Modus wird die Eingabe sofort als Befehl interpretiert. In ihn gelangt man durch den Befehl:

```
python
```

Wie schon einmal erwähnt, müssen die Systempfade, in denen die binären Dateien gesucht werden, richtig gesetzt werden. Sonst werden wir den vollständigen Pfad zum Programm Python angeben müssen (z.B.: */usr/local/bin/python*, wenn wir Python kompiliert haben). Unter Windows können Sie dasselbe durch einen Klick auf *Start / Programme / Python 2.2 / Python (command line)* erzielen. Nachdem wir Python gestartet haben, sollten wir ein solches oder ähnliches Bild zu sehen bekommen (Abbildung 1.2).

HINWEIS

> Sollten Sie unter Linux Python selbst kompiliert haben, so wird der standardmäßig verwendete Pfad zu ihm */usr/local/bin/python* sein. Haben Sie ein RPM-Paket installiert, so ist es höchstwahrscheinlich */usr/bin/python*.

Zuerst werden Informationen über die Version von Python und die Plattform angezeigt, dann folgt der String >>>. Er wird auch *Promptstring* genannt und er ist die Aufforderung von Python zur Eingabe eines Befehls.

Abb. 1.2: Python nach dem Start (Linux)

Das Erste, was wir ausprobieren können, ist einfache Mathematik. In diesem interaktiven Modus funktioniert nämlich Python auch als Taschenrechner:

```
>>> 2+2
4
>>> 10/35*8+68
68
```

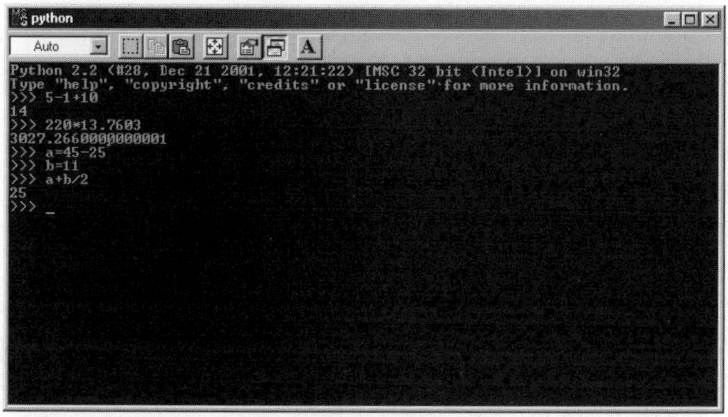

Abb. 1.3: Python als Taschenrechner (Windows)

Dennoch, die primäre Aufgabe des interaktiven Interpreters ist es nicht, Aufgaben wie 2 + 2 zu lösen. Dieser Modus eignet sich hervorragend, um kleine Python-Programme oder einfach nur neue Features von Python zu testen. Er ist auch geeignet, um das weltberühmte "Hello World"-Programm zu schreiben (gewöhnlich handelt es sich dabei um das erste Programm, das beim Präsentieren einer Programmiersprache gezeigt wird).

```
>>> print "Hello World!"
Hello World!
>>>
```

Um den Interpreter zu beenden, gibt es mehrere Möglichkeiten.

Unter UNIX muss man gleichzeitig [Strg] + [D], unter Windows [Strg] + [Z] und [↵] betätigen.

Plattformunabhängig funktionieren zwei Lösungen. Entweder geben Sie folgenden Befehl auf der Kommandozeile ein:

```
>>> raise SystemExit
```

oder diesen:

```
>>> import sys
>>> sys.exit()
```

1.3 IDLE oder nicht IDLE?

Um diese Frage beantworten zu können, müssen wir zuerst herausfinden, was IDLE ist. IDLE ist eine Entwicklungsumgebung für Python, die mit dem Python-Package mitgeliefert wird. Sie ist in der *TK-Bibliothek* geschrieben worden (TK ist eine Bibliothek zum Erstellen von grafischen Benutzeroberflächen, ein Thema für uns in späteren Kapiteln). Unter UNIX startet man IDLE auf der Kommandozeile mit dem Befehl:

```
[~]$ /usr/src/Python-2.2/Tools/idle/idle.py
```

Möchten Sie diesen Befehl nicht jedes Mal ausschreiben, so können Sie einen Link erstellen:

```
[~]# ln -s /usr/src/Python-2.2/Tools/idle/idle.py /usr/bin/idle
```

Danach reicht es, wenn Sie auf der Kommandozeile nur

```
[~]$ idle
```

eingeben.

Unter Windows geht man vom Startmenü aus, man klickt auf *Start / Programme / Python 2.2 / IDLE (Python GUI)*.

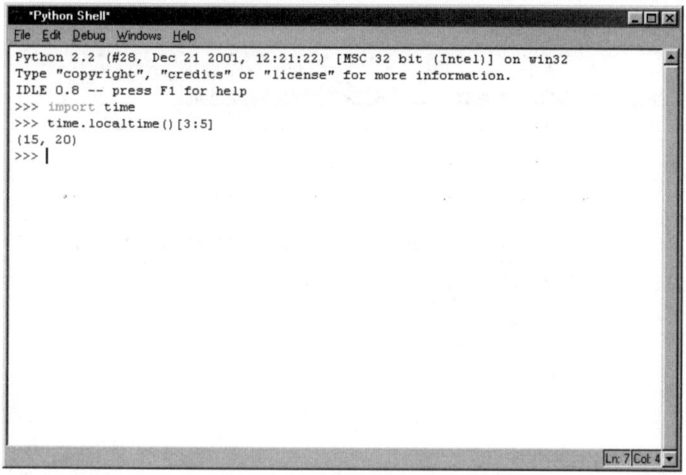

Abb. 1.4: IDLE (Windows)

Obwohl der Interpreter im interaktiven Modus oft zum Testen von kleinen Programmen verwendet wird, ist er zum Debuggen größerer Skripten nicht geeignet.

> **HINWEIS**
> *Debuggen* ist der Vorgang, bei dem Fehler in Programmen gesucht werden. Die meisten Programme muss man debuggen, wobei böse Zungen gerne sagen, dass, nachdem ein Fehler beseitigt wird, zwei weitere eingebaut werden.

Mit IDLE kann man ein Skript laden bzw. ein neues jeweils in einem eigenen Fenster bearbeiten. Die Syntax wird unter IDLE farblich hervorgehoben. Direkt von IDLE aus kann man dann das Programm ausführen. IDLE bietet außerdem weitere Funktionen an, wie z.B. Anzeige der benötigten Argumente bei der Eingabe einer Funktion (wie bei Borland- und Microsoft-Entwicklungswerkzeugen), Formatierung von Textblöcken, Arbeit mit mehreren Fenstern, Features zum Debuggen (Fehlersuche und Beseitigen), *Suchen und Ersetzen*-Funktionen und vieles mehr.

Ich würde IDLE denjenigen empfehlen, die beabsichtigen, Python unter Windows zu benutzen. Insbesondere beim Debuggen werden Dienste von IDLE unbezahlbar sein.

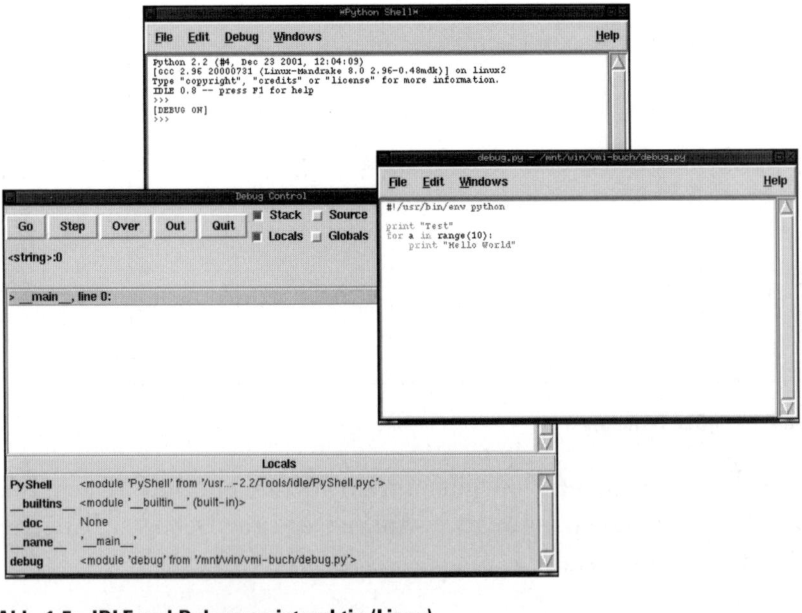

Abb. 1.5: IDLE und Debuggen interaktiv (Linux)

1.4 Python-Skripten erstellen

Wenn man größere Aufgaben mit Python lösen will, wird man schnell herausfinden, dass dazu der interaktive Interpreter nicht geeignet ist. Macht man einen Fehler beim Eintippen der Befehle, so muss man den letzen Codeblock wiederholen. Außerdem verschwindet die Arbeit, nachdem der interaktive Interpreter beendet wurde. Und schließlich ist das Debuggen ohne großen Aufwand in unseren Programmen kaum möglich.

Deshalb schreibt man größere Programme in Dateien, die man später ausführen kann. Solche Dateien werden *Skripten* genannt. Es ist üblich, dass die Namen der Python-Skripten mit der Erweiterung *.py* beendet werden. Wie sieht so ein Skript aus? Unter UNIX können Sie sich unser "Hello World" mit diesem Befehl ansehen:

```
[~/vmi-buch/programme]$ cat helloworld.py
print "Hello World!"
```

Aus diesem kurzen Beispiel sieht man, dass das Skript in der Datei *~/vmi-buch/programme/helloworld.py* abgespeichert ist. Es ist nicht wichtig, wo Sie Ihre Beispiele abspeichern, dennoch würde ich empfehlen, dass Sie für Ihre Python-Skripten ein separates Verzeichnis anlegen (z.B. *c:\Python* oder *c:\vmi-buch* unter Windows und *~/python* oder *~/vmi-buch* unter UNIX).

Durch die Tatsache, dass Python an keinen bestimmten Editor bzw. an keine bestimmte Entwicklungsumgebung gebunden ist, kann jeder in seinem Lieblingseditor programmieren. Dennoch eignet sich für diese Aufgabe IDLE hervorragend. Über das Menü *File* kann man ein Python-Programm öffnen (Untermenü *open*) bzw. ein neues erstellen (Untermenü *new*). Mit der Taste F5 kann man es ausführen:

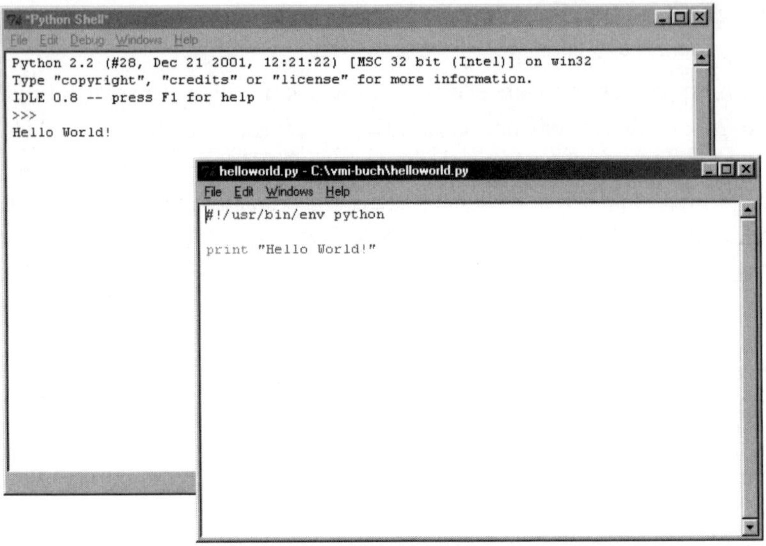

Abb. 1.6: Python-Skripten unter IDLE erstellen (Windows)

Python-Skripten ausführen

Unser *helloworld.py*-Skript können wir unter UNIX mit dem Befehl

```
[~/vmi-buch/programme]$ python helloworld.py
```

ausführen. Unter Windows reicht ein Doppelklick auf die Datei, um das Skript auszuführen. Da nach Ablauf des Programms die Konsole (das DOS-Fenster) jedoch verschwindet (kann sehr schnell gehen) und die Ausgabe verloren geht, kann man es auch von der Kommandozeile starten:

```
c:\vmi-buch\programme> python helloworld.py
```

Es ist aber nicht die einzige Möglichkeit, wie wir das machen können. Unter UNIX-Betriebssystemen (nicht unter Windows) funktioniert auch der Mechanismus der so genannten *Magic-Line* – die erste Zeile eines Skripts gibt an, welcher Interpreter (d.h. mit welcher Skriptsprache) den Quelltext ausführen wird. Wird dann in der Datei noch das *eXecutable-Bit* gesetzt, kann man sie auch direkt in die Kommandozeile als Befehl eingeben:

> **HINWEIS**
>
> Unter UNIX-Betriebsystemen können Dateien, die das *eXecutable-Bit* (wird auch als *x* bezeichnet) gesetzt haben, direkt ausgeführt werden. Dieses Bit ist vom Sinn her mit der *.exe*-Erweiterung der lauffähigen Programme unter Windows gleichzusetzen. Er kann über das *chmod*-Kommando gesetzt werden.

```
[~/vmi-buch/programme]$ cat helloworld.py # 1. Zeile Magic-Line
#!/usr/bin/env python
print "Hello World!"
[~/vmi-buch/programme]$ chmod +x helloworld.py # wir setzen das
executable-Bit
[~/vmi-buch/programme]$ ./helloworld.py # die Datei wird ausgeführt
Hello World!
[~/vmi-buch/programme]$
```

Magic-Lines für andere Skriptsprachen können zum Beispiel so aussehen:

```
#!/bin/bash # Bash-Shell
```

```
#!/usr/bin/perl -w # Perl
```

```
#!/usr/bin/env ein_anderer_interpreter # es ist sh, ruby, bash,
perl ... einzusetzen
```

Das Prinzip ist sehr einfach. Wenn die ersten Zeichen der ersten Zeile #! sind, werden die folgenden Zeichen als Pfad zum Interpreter behandelt. */usr/bin/env* ist ein Programm, das das als Argument übergebene Programm ausführt. Diese Syntax bringt den Vorteil, dass nicht der ganze Pfad zum Interpreter spezifiziert werden muss (diese Verwendung ist sicherer, als den ganzen Pfad anzugeben).

Wie erwähnt, funktioniert dies nur unter UNIX. Unter Windows wird man die Python-Skripten entweder durch einen Doppelklick oder durch den Befehl

```
python skriptname.py
```

von der Kommandozeile starten müssen:

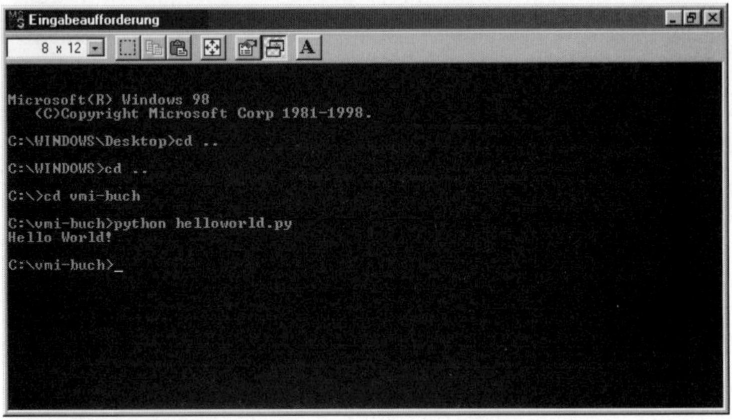

Abb. 1.7: Ein Python-Skript wird auf der Konsole gestartet (Windows)

1.5 Erstes Programm

Bisher haben wir nur auf sehr theoretischer Ebene über Python gesprochen. Ich habe zwar die Vorteile von Python als Programmiersprache stark betont, aber ein Beweis dazu fehlt noch.

Deshalb schreiben wir zum Schluss des ersten Kapitels noch ein kleines Programm, mit dem wir die Stärke von Python klar demonstrieren können. Um das Skript testen zu können, sollten Sie es in eine Datei speichern (z.B. *lincal.py*).

lincal.py:

```
#!/usr/bin/env python

# Programm zur Berechnung der Linux-Zeitrechnung

# Autor: Martin Uzak muzak@pcrevue.com

import sys
```

```
def linjahr(jahr): #Berechnung des Jahres der LZR
    return int(jahr)-1991

for argument in sys.argv[1:]:
    print argument,"\t:", linjahr(argument)
```

Die Erklärung zu unserem Programm: In vielen Kulturen gibt es eine eigene Zeitrechnung. Ich denke, es gibt keinen Grund, wieso die Linux-Anhänger nicht auch ihre eigene Zeitrechnung haben sollten. Deshalb schreiben wir ein Programm, das uns die Anzahl der Jahre seit 1991 zurückgibt (für die, die es nicht wissen, am 25.8.1991 wurde die erste Linux-Version ausgegeben). Das Programm wird auf der Kommandozeile gestartet, wo ihm auch die Argumente übergeben werden.

> **HINWEIS**
>
> Ein Argument (oder auch ab und zu Parameter genannt) ist der Wert, der einer Funktion für die Berechnung übergeben wird.

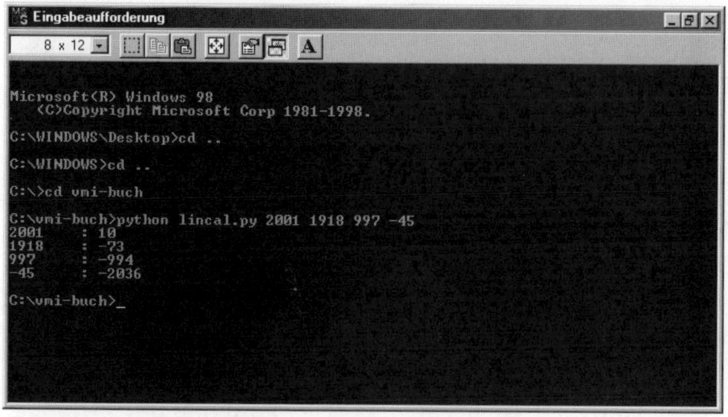

Abb. 1.8: *lincal.py* (Windows)

In unserem Fall waren die Argumente 2001, 1918, 997 und -45.

Und wie funktioniert dieses Programm? Die erste Zeile ist die bereits erwähnte *Magic-Line*. Diese habe ich kurz vor diesem Beispiel vorgestellt.

Danach folgt ein Kommentar, der das Programm beschreibt. In Python wird alles ab dem Zeichen # bis zum Zeilenende als Kommentar betrachtet. Das heißt, dass zum Beispiel auch die Zeile

```
#print "Hello Word!"
```

nicht interpretiert (ausgeführt), sondern ignoriert wird.

Auf der nächsten Zeile wird das Modul *sys* importiert, über dessen Variable *argv* wir auf die Argumente der Kommandozeile später zugreifen werden.

Die dritte Zeile definiert die Funktion *linjahr* (wie Linux-Jahr), die uns das Jahr in der Linux-Zeitrechnung berechnet. Dieser Funktion folgt das Zeichen #, mit dem der Kommentar *Berechnung der LZR* (LZR = Linuxzeitrechnung) folgt. Kommentare sollen zur Erklärung der Definitionen beitragen. Gleich danach folgt der Körper der Funktion, der die Berechnung realisiert (in dem Beispiel heißt es, sie subtrahiert von ihrem Argument *Jahr* den Wert 1991).

HINWEIS

Funktionen lösen eine Aufgabe. Sie geben einen Wert zurück – dies ist der Wert der Berechnung. Die Parametrierung der Funktion erfolgt anhand der Argumente, die ihr in runden Klammern übergeben werden.

Und schließlich wird auf der vorletzten Zeile die Schleife gebildet, die die Berechnung realisiert. In ihr wird in jeder Iteration (Schleifendurchgang) der Variablen *argument* ein Argument der Kommandozeile zugeordnet (auf die Argumente der Kommandozeile greift man über die Liste *sys.argv* zu, in der die Argumente abgespeichert werden). Auf der nächsten Zeile wird dann die Variable *argument* der Funktion *linjahr()* übergeben. Nach dem eigentlichen Argument, das von einem Tabulator und Doppelpunkt gefolgt wird, wird sie über die Anweisung *print* ausgegeben. Dieser Vorgang passiert mit jedem Argument der Kommandozeile.

HINWEIS

Variablen speichern in unseren Programmen Werte. Der Name einer Variablen wird als Identifikator bezeichnet. Er setzt sich normalerweise nur aus Buchstaben, Zahlen und dem Unterstrich zusammen.

Alle im Programm definierten Begriffe werden im nächsten Kapitel eingehender beschrieben.

Wie schon erwähnt, sollte das Programm sogar für einen (bisherigen) Nichtprogrammierer leicht zu verstehen sein, außerdem wird sichtbar, dass die Quelltexte in Python im Vergleich zu anderen Sprachen (das Extrembeispiel wäre wahrscheinlich Perl, Lisp oder Assembler) ordentlich formatiert werden müssen (dies ist sogar eine Bedingung; wie später noch erklärt wird, kann man zum Beispiel Blöcke nur durch Einrücken bilden). Der Hauptvorteil ist aber, dass das Programm sehr schnell zu entwickeln war. Ein ähnliches Programm wäre in C++ oder in Java ungefähr zwei- bis dreimal so lang.

Zum Schluss ist noch zu bemerken, dass es vorteilhaft sein könnte, dieses Skript von der Kommandozeile samt Argumenten zu starten, da man in IDLE die Argumente einem Skript nicht übergeben kann.

1.6 Zusammenfassung, Fragen und Übungen

Zusammenfassung

- Python ist eine universell einsetzbare, flexible Sprache, die sich besonders zur RAD-Entwicklung und Integration anderer Sprachen eignet.
- Python ist stark objektorientiert.
- Sie haben Python installiert und die Erweiterung der Pfad-Einstellung vorgenommen.

Zusammenfassung

- Sie haben die Entwicklungsumgebung IDLE kennen gelernt, in der Sie das „Hello World"- Programm geschrieben haben.
- Sie haben das Programm *lincal.py* geschrieben und getestet.

Fragen und Übungen

1. Müssen Python-Programme kompiliert werden?
2. Tools welcher Linux-Distribution basieren hauptsächlich auf Python?
3. Wie startet man auf der Konsole den Interpreter im interaktiven Modus?
4. Was ist eine *Magic-Line*?
5. Was repräsentiert (beinhaltet) die Variable *argv* des Moduls *sys* (*sys.argv*)?

2 Python intern

Python 2.x

2 Python intern

Dieses Kapitel soll Ihnen die Grundlagen von Python vermitteln. Obwohl ich mir Mühe gegeben habe, möglichst viele Beispiele aufzuführen, wird es leider nicht möglich sein, ohne ein wenig Theorie mit dem Programmieren zu beginnen. Gleich am Anfang dieses Kapitels möchte ich erwähnen, dass man nicht auf Anhieb alles hundertprozentig verstehen muss, um in Python gute Programme zu schreiben. Es sollte schon reichen, wenn Sie es sich durchlesen und zumindest die Hälfte im Kopf behalten. Den Rest können Sie dann jederzeit entweder hier oder im Internet in der ausgezeichneten Python-Dokumentation unter *http://www.python.org/docs* nachschlagen. Fangen wir mit den Datentypen an.

2.1 Primitive Datentypen

Es sind die grundlegendsten Datentypen, mit denen ein Programmierer arbeitet. Aus ihnen bestehen auch alle anderen, höheren (man sagt komplexen) Datentypen. Unter Python zählen zu den primitiven Datentypen Zahlen und *Strings* (Zeichenketten).

Integer

Die *Integer* sind ganze Zahlen – sie besitzen keine Nachkommastellen. Es sind zum Beispiel 2, 45, 100. Je nachdem, wie groß der Wert ist, der in einem Integer gespeichert wird, unterscheidet man in Python zwei Arten der Integer.

Plain Integer

Die erste Art der Integer kann einen Wert zwischen -2147483648 und 2147483647 speichern. Das bedeutet, man kann in ihnen 4294967296

Werte (2 hoch 32 Möglichkeiten, da Integer in 32 Bit gespeichert werden) speichern. Diese Integer werden als *Plain Integer* bezeichnet. Beispiel:

```
>>> 45
45
>>> 45+4
49
>>>
```

Sollten wir versuchen, einen Wert, der größer als 4294967296 ist, in einem Plain Integer zu speichern, so kann es in früheren Versionen von Python zu einem Fehler kommen (diese werden zum Ende dieses zweiten Kapitels beschrieben).

```
>>> 99999999999999
OverflowError: integer literal too large
>>>
```

Seit Version 2.2 nimmt Python automatisch die Erweiterung von Plain Integern, die größer als 4294967296 sind, in *Long Integer* vor.

Long Integer

Die zweite Art der Integer sind in ihrer Länge nicht begrenzt und so eliminieren sie den Nachteil der Plain Integer. Ihre mögliche Größe wird lediglich durch die Größe des verfügbaren Speichers des Computers eingeschränkt. Einem Long Integer steht hinten ein »L« nach:

```
>>> 45L
45L
>>> 45L+4L
49L
>>>
```

Obwohl es Python egal ist, ob wir einen Long Integer mit »L« oder »l« bezeichnen, ist es empfehlenswert, nur »L« zu benutzen. »l« kann nämlich sehr leicht mit der Zahl eins »1« verwechselt werden.

Fließkommazahlen

Fließkommazahlen sind Zahlen mit Nachkommastellen. Sie werden auch als *float* bezeichnet. Der Teil vor dem Komma und der Nachkommateil werden durch einen Punkt getrennt (so ist es im Englischen üblich):

```
>>> 3.423
3.423
>>>
```

Sie sind in ihrer Länge praktisch nicht beschränkt.

```
>>> 999999999999999999999999.9
9.9999999999999998e+023
>>>
```

Der Unterschied zwischen Fließkommazahlen und den Integer sollte klar sein – aufgrund der Nachkommastellen kann man genauere Werte speichern. Dennoch muss beachtet werden, dass zwei für uns identische Fließkommazahlen für den Computer nicht unbedingt auch identisch sein müssen. Der Wert 100.85 wird vom Computer als 100.849999999999 (was ungefähr 100.85, aber nicht genau 100.85 ist) gespeichert (dies hängt mit der internen Darstellung der Zahlen in einem Rechner zusammen). Diese Tatsache sollte man im Auge behalten und vom Vergleichen zweier Fließkommazahlen immer die Finger lassen (will man zwei Fließkommazahlen vergleichen, so konvertiert man sie mit der *int()*-Funktion in einen Integer).

```
>>> int(34.3)
34
>>>
```

Werden in einem Ausdruck Integer und Fließkommazahlen verbunden, so ist das Ergebnis eine Fließkommazahl:

```
>>> 10+3.1*5L
25.5
>>>
```

Strings

Mit dem Begriff *String* werden zusammengesetzte Zeichenfolgen bezeichnet. Wie in vielen Programmiersprachen üblich, werden in Python Strings dadurch gebildet, dass man sie zwischen Apostrophe (') oder Anführungszeichen setzt ("). Intern arbeitet Python jedoch mit Apostrophen (dies sieht man anhand der Ausgabe, wenn man im interaktiven Interpreter einen String eingibt). Diese zwei Varianten sind äquivalent:

```
>>> "hallo, das ist ein String"
'hallo, das ist ein String'
>>>

>>> 'und das ein anderer'
'und das ein anderer'
>>>
```

In einem String dürfen die Zeichen (Apostrophe oder Anführungszeichen) nicht vorkommen, mit denen wir den String gebildet haben. Das heißt, wenn wir unseren String in Apostrophen eingeschlossen haben, so darf kein Apostroph im String selbst enthalten sein:

```
>>> 'das ist ein Apostroph (')'
  File "<stdin>", line 1
    'das ist ein Apostroph (')'
                              ^
SyntaxError: invalid syntax
>>>
```

Als Ausweg bieten sich drei hintereinander gestellte Anführungszeichen oder Apostrophe an, die die Bildung von Strings über mehrere Zeilen ermöglichen. Solche Strings dürfen auch aus den Zeichen bestehen, in denen sie eingeschlossen sind:

```
>>> '''String,
in dem ein Apostroph (') vorkommt'''
"String,\nin dem ein Apostroph (') vorkommt"
>>>
```

`\n` ist die *Escape-Sequenz* (das Zeichen) für eine neue Zeile (Zeilenvorschub). Genauso wie über `'''` können wir mehrzeilige Strings über `"""` bilden:

```
>>> """Python ist eine prima Sprache,
besser als Ruby,
einfacher als Perl"""
'Python ist eine prima Sprache,\nbesser als Ruby,\neinfacher als
Perl'
>>>
```

Wie kann man aber sonst ein Apostroph und/oder ein Anführungszeichen in einem String haben? Die Antwort ist dieselbe wie in vielen anderen Programmiersprachen: Eine Escape-Sequenz bilden – das heißt ein Backslash (`'\'`) vor den Apostroph stellen:

```
>>> 'das ist ein Apostroph (\')'
"das ist ein Apostroph (')"
>>> "ein Anführungszeichen (\")"
'ein Anf\xfchrungszeichen (")'
>>>
```

Bei unserem zweiten Versuch sehen wir, dass der Umlaut »u« sozusagen beschädigt wurde (um genau zu sein, wurde eine Escape-Sequenz gebildet). Es wurde auch als eine Escape-Sequenz ausgegeben. Der Grund dafür ist der, dass sich der Buchstabe »ü« nicht in den ersten 128 Zeichen des ASCII-Zeichensatzes befindet. Wollen wir in unserem Beispiel ein schönes »ü« und kein »\xxx« sehen, so verwenden wir die eingebaute Funktion *print*. Diese kümmert sich um die Umwandlung der Escape-Sequenzen:

```
>>> print "ein Anführungszeichen (\")\n"
ein Anführungszeichen (")

>>>
```

Wie Sie sehen, wird sie ausschließlich ohne die Klammer gerufen. Der Grund dafür ist, dass es sich bei *print* um eine in Python eingebaute Anweisung handelt – und diese werden fast ausschließlich ohne die

Klammer verwendet (es geht auch mit den Klammern, aber dies ist in Python nicht üblich).

Escape-Sequenzen bildet man nicht nur für Apostrophen und Anführungszeichen. Folgende Tabelle listet andere Möglichkeiten der Escape-Sequenzbildung.

Escape-Sequenz	Funktion
\"	Anführungszeichen innerhalb eines Strings
\'	Apostroph innerhalb eines Strings
\\	Backslash innerhalb eines Strings
\b	Rückschritt (Backspace)
\t	Tabulator
\n	Zeilenvorschub
\f	Seitenvorschub
\r	Zeilenrücklauf

Tab. 2.1: Escape-Sequenzen

Beispiel:

```
>>> print "Backslash \\"
Backslash \
>>> print "Backspace \b"
Backspace _
>>> print "Tab \t Tab"
Tab       Tab
>>> print "2 Zeilen\n\n"
2 Zeilen


>>>
```

Mehrere aufeinander folgende Strings (es muss sich um Strings handeln, nicht um Funktionen, die Strings zurückgeben) werden in Python zu einem String verknüpft:

```
>>> "Python " "ist " "prima"
'Python ist prima'
>>>
```

Unicode

Bisher haben wir uns nur mit den einfachen ASCII-Strings befasst. ASCII ist inzwischen ein mehr als 30 Jahre alter Standard, der beschreibt, wie die Zeichen gespeichert werden. So hat man sich damals geeinigt, dass für ein Zeichen 8 Bits (ein Byte) ausreichend ist. Das bedeutet, es können höchstens 2 hoch 8 (Anzahl aller möglichen Zahlenkombinationen mit den 8 Bit) Zeichen innerhalb des ASCII-Zeichensatzes dargestellt werden. Diese 256 Möglichkeiten waren zwar ausreichend, um das englische Alphabet, Zahlen und so manche spezielle Zeichen aufzunehmen, dennoch reicht ASCII nicht aus, um nationale Zeichen verschiedener Länder (zum Beispiel russische Buchstaben) zu speichern. Um mit diesem Problem fertig zu werden, bildeten sich im Laufe der Zeit mehrere untercinander nicht kompatible Zeichensätze. Zu einer einheitlichen Lösung ist es erst mit der Definition von UNICODE gekommen. Es werden nicht mehr 8 Bit zum Speichern eines Zeichens genommen, sondern gleich 16. Dadurch kann man auch alle wichtigen Zeichen verschiedenster Alphabete in diesen Zeichensatz aufnehmen.

So weit die Geschichte von Unicode. Heutzutage ist Unicode eine Notwendigkeit und so manche Programmiersprache basiert inzwischen völlig auf Unicode-Strings (z.B. Java). Es stellt sich die Frage, wie es mit Python aussieht: In Python sind die normalen Strings reine ASCII-Strings. Um einen Unicode-String zu erstellen, muss man vor diesem String ein »u« oder »U« anführen:

```
>>> u"dies ist ein Unicode-String"
u'dies ist ein Unicode-String'
>>>
```

Um einen bestehenden ASCII-String in einen Unicode-String zu konvertieren, braucht man die eingebaute Funktion *unicode()*:

```
>>> s="ein String"
>>> s
'ein String'
>>> unicode(s)
u'ein String'
>>>
```

Dies funktioniert natürlich auch umgekehrt durch die Methode jedes Unicode-Strings (Strings sind in Python Objekte) *encode()*:

> **HINWEIS**
> Als eine *Methode* bezeichnet man eine Funktion, die einem bestimmten Objekt fest zugeordnet wird. Aufgerufen werden Methoden über die Syntax *objekt.methode()*. Mehr dazu im Unterkapitel über *OOP* (objektorientiertes Programmieren).

```
>>> us=u"ein String"
>>> us.encode()
'ein String'
>>>
```

Bei der Konvertierung von ASCII in Unicode sollte es keine Schwierigkeiten geben, da der Unicode-Zeichensatz alle Zeichen des ASCII speichern kann. Schwierigkeiten können erst dann auftreten, wenn man versucht, Unicode-Strings in ASCII zu konvertieren. Was soll mit den Zeichen passieren, die wegen des 8-Bit-Schemas nicht in ASCII zurückverwandelt werden können? Wie aus dem Beispiel sichtbar wird, kommt es zu einer Unicode-Fehlermeldung (*UnicodeError*):

```
>>> "Äsche".encode()
Traceback (most recent call last):
  File "<stdin>", line 1, in ?
UnicodeError: ASCII decoding error: ordinal not in range(128)
>>>
```

Dabei sehen wir zwei wichtige Sachen:

- Man kann Methoden auch für nicht benannte Objekte (eine Art Konstanten, in diesem Fall ein String-Objekt) aufrufen, es müssen nicht unbedingt Variablen zugeordnete Objekte sein.

- Es wird deutlich, dass sogar nur die ersten 128 (2^7 Bit) für die Konvertierung gebraucht werden (in den letzen 128 sind nämlich auch die deutschen, nicht im Englischen vorkommenden Zeichen enthalten).

Raw-Strings

Wenn in Strings Backslashes viel zu oft vorkommen (zum Beispiel in den Pfadangaben unter Windows) und man diese nicht alle in Form der Escape-Sequenzen darstellen möchte, kommen einem die *Raw-Strings* zu Nutze. Ein Raw-String ist ein normaler ASCII-String, in dem am Anfang (vor ' oder ") ein »r« oder »R« steht und in dem die Backslashes automatisch verdoppelt werden:

```
>>> "c:\win"
"c:\win"
>>> r'c:\win' #dasselbe wie "c:\\win"
"c:\\win"
>>> print r'c:\win'
c:\win
>>>
```

In den ersten zwei Fällen ohne den Aufruf von *print* erfolgte die Ausgabe des Strings so, wie er wirklich in Python dargestellt wird – inklusive Escape-Sequenzen. Erst *print* wandelt in die gewünschte Form um.

Aufpassen muss man bei

```
>>> r"c:\"
SyntaxError: invalid token
>>>
```

weil vor der Verdoppelung der Backslashes aus dem Backslash und dem Anführungszeichen eine Escape-Sequenz gebildet wird. Umgehen kann man dies so:

```
>>> "c:\\"
```

```
'c:\\'
>>>
```

Selbstverständlich kann man die Raw- und Unicode-Strings miteinander kombinieren:

```
>>> ur"raw unicode String"
u'raw unicode String'
>>>
```

Operatoren und Funktionen

Mit den primitiven Datentypen muss man irgendwie arbeiten können. Dies geschieht durch geschicktes Anwenden von Operatoren und Funktionen. In diesem Absatz kann man sehen, wie und womit einfache Ausdrücke in Python gebildet werden können.

HINWEIS

Ein *Ausdruck* ist etwas, wofür nach der Berechnung immer ein Wert eingesetzt werden kann. Zum Beispiel: 5 + 3 ist ein Ausdruck, dessen Wert 8 ist.

Zahlen

Die wichtigsten Zahlenoperatoren sind genau wie in der Mathematik:

Operator	Ergebnis
+	Addition
-	Subtraktion
*	Multiplikation
/	Division
%	Modulo (Rest der Division)
**	Potenzierung

Tab. 2.2: Operatoren – Zahlen

Beispiele:

```
>>> 1+3.5
4.5
>>> 1-2
-1
>>> 3*6
18
>>> 10/3
3
>>>
```

Der Operator *Modulo* »%« hat nichts mit der Division zu tun, er wird unabhängig von ihr verwendet (das heißt, man muss nicht dividieren, möchte man den Rest einer Division bekommen):

```
>>> 10%3
1
>>> 2**8
256
>>>
```

Da die Operatoren nur die elementarsten Operationen ermöglichen, gibt es für die Zahlenwerte noch eine Reihe von Funktionen. Die Tabelle listet die wohl wichtigsten eingebauten Funktionen auf:

Funktion	**Ergebnis**
int(s)	falls möglich, gibt *s* als einen Plain Integer zurück
long(s)	falls möglich, gibt *s* als einen Long Integer zurück
float(s)	falls möglich, gibt *s* als eine Fließkommazahl zurück
round(Zahl,n)	rundet eine *Zahl* auf *n*. Das Ergebnis ist immer eine Fließkommazahl.
hex(i)	gibt *i* im hexadezimalen Zahlensystem als einen String zurück
oct(i)	gibt *i* im oktalen Zahlensystem als einen String zurück
pow(i,j)	Potenzierung, *i**j*
cmp(x,y)	*x* wird mit *y* verglichen. Ist *x* gleich *y*, so ist der Rückgabewert 0, ist *x* kleiner als *y*, ist er negativ, und ist *x* größer als *y*, *so ist er positiv.*

Tab. 2.3: Funktionen – Zahlen

Beispiele:

```
>>> int("55")
55
>>> int(55.55)
55
>>> long(10*10)
100L
>>> float(10)
10.0
>>> float(int("33"))
33.0
>>> round(55.5555)
56.0
>>> round(5555555,-3)
5556000.0
>>> round(55.555,2)
55.560000000000002
>>> hex(100)
'0x64'
>>> oct(100)
'0144'
>>> pow(2,8)
256
>>>
>>> cmp(1,11)
0
>>> cmp(3,1)
1
>>> cmp(1,3)
-1
>>>
```

Die Funktionen *int()* und *long()* können nicht gleichzeitig eine Fließkommazahl in einen String konvertieren. Wird dies versucht, wird ein Fehler verursacht:

```
>>> int("33.11")
Traceback (most recent call last):
  File "<pyshell#29>", line 1, in ?
    int("33.11")
ValueError: invalid literal for int(): 33.11
>>>
```

Der Ausweg, der Rückgabewert der Funktion *float()*, die einen String in eine Fließkommazahl verwandeln kann, wird der Funktion *int()* übergeben. Diese konvertiert ihn in einen Integer:

```
>>> int(float("33.11"))
33
>>>
```

Strings

Für Strings, die gemeinsam mit den Zahlen am häufigsten verwendet werden, gibt es in Python auch eingebaute Operatoren und Funktionen. Zuerst die Operatoren:

Operator	Ergebnis
s1 + s2	Verkettung von *s1* und *s2*
*s * n*	*n* Wiederholungen von *s*

Tab. 2.4: Operatoren – Strings

Beispiele:

```
>>> "Python und "+"Perl"
'Python und Perl'
>>> "Python"*3
'PythonPythonPython'
>>>
```

Im vorigen Unterkapitel habe ich erwähnt, dass Python mehrere aufeinander folgende Strings automatisch verbindet. Dies gilt jedoch nicht für

Methoden- oder Funktionenaufrufe bzw. für Mischungen dieser mit Strings:

```
>>> "Hexawert der Zahl 100: " hex(100)
SyntaxError: invalid syntax
>>>
```

Deshalb muss man in solchen Fällen die Strings explizit über + verbinden:

```
>>> "Hexawert der Zahl 100: "+hex(100)
'Hexawert der Zahl 100: 0x64'
>>>
```

Funktion	Ergebnis
ord(x)	gibt den ASCII-Wert eines Buchstabens (*x*) zurück
chr(i)	gibt zur Zahl *i* entsprechendes Zeichen zurück
str(o)	wandelt ein Objekt (*o*) in einen String um, Strings bleiben unverändert
repr(o)	wandelt ein Objekt (*o*) in einen String um
unicode(String)	wandelt einen *String* in einen Unicode-String um
len(String)	gibt die Länge eines *Strings* zurück

Tab. 2.5: Funktionen – Strings

```
>>> "Hello "+"world!"
'Hello world!'
>>> "hello"*5
'hellohellohellohellohello'
>>> ord("a")
97
>>> chr(97)
'a'
>>> print "Zahl: "+97
Traceback (most recent call last):
  File "<stdin>", line 1, in ?
```

```
TypeError: cannot add type "int" to string
>>>
```

Hier sieht man, dass man einen String nicht mit einem Integer verbinden darf. Der Ausweg erfolgt über die Konvertierung der Zahl in einen String:

```
>>> print "Zahl: "+str(97)
Zahl: 97
>>> repr("a")
"'a'"
>>> string="ein String"
u"ein String"
>>> unicode(string)
u"ein String"
>>> len(string)
10
>>>
```

Im Teil über die Unicode-Strings habe ich erwähnt, dass Strings Objekte sind. Dank dieser Eigenschaft verfügt ein String-Objekt über eine Reihe von eingebauten Methoden. Was Methoden sind, wurde ebenfalls bei den Unicode-Strings angeschnitten. Die wichtigsten String-Methoden:

Methode	**Ergebnis**
s.count(Substring)	gibt die Anzahl der *Substring*s in *s* zurück
s.encode()	verwandelt einen Unicode-String zurück in einen normalen
s.endswith(Substring)	gibt 1 zurück, wenn *s* mit *Substring* endet, sonst 0
s.find(Substring)	gibt den Index vom ersten Treffer der Suche nach *Substring* in *s* zurück, Suche im String beginnt links
s.isalnum()	gibt 1 zurück, wenn alle Zeichen in *s* alphanumerisch sind, sonst 0
s.isalpha()	gibt 1 zurück, wenn alle Zeichen in *s* Buchstaben sind, sonst 0

Methode	Ergebnis
s.isdigit()	gibt 1 zurück, wenn alle Zeichen in *s* Zahlen sind, sonst 0
s.islower()	gibt 1 zurück, wenn die Zeichen in *s* Kleinbuchstaben sind, sonst 0
s.isspace()	gibt 1 zurück, wenn alle Zeichen in *s* nicht sichtbar (sog. *Whitespaces*, z.B. Leerzeichen oder Zeilenumbrüche) sind, sonst 0
s.join(StringSammlung)	gibt die Verbindung zwischen *s* und der *StringSammlung* zurück (zwischen jedes Element der *StringSammlung* wird einmal *s* gesetzt)
s.lstrip()	gibt *s* zurück, wobei die Whitespaces am Anfang des Strings beseitigt werden
s.replace(alt,neu)	gibt *s* zurück, wobei *alt* durch *neu* ersetzt wird
s.rfind(Substring)	gibt den Index vom ersten Treffer der Suche nach *Substring* in *s* zurück, Suche im String beginnt rechts
s.rstrip()	gibt *s* zurück, wobei die Whitespaces am Ende des Strings beseitigt werden
s.split(Trennzeichen)	gibt eine Liste aus *s* durch *Trennzeichen* geteilte Wörter zurück
s.startswith(Substring)	gibt 1 zurück, wenn *s* mit *Substring* beginnt, sonst 0
s.strip()	entfernt alle Whitespaces am Anfang und am Ende des Strings
s.swapcase()	Großbuchstaben werden zu Kleinbuchstaben und umgekehrt

Tab. 2.6: Methoden der String-Objekte

Beispiel:

```
>>> s="Python ist prima"
>>> s.count("i")
2
>>> s.endswith("Prima")
```

```
0
>>> "1 Python + 2 Python = viele Pythons".find("Python")
2
>>> s.join(("Anfang> "," <Ende"))
'Anfang> Python ist prima <Ende'
>>> "\t\t        python    ".lstrip()
'python    '
>>> s.replace("Python","Ruby")
'Ruby ist prima'
>>> "1 Python + 2 Python = viele Pythons".rfind("Python")
28
>>> s.startswith("Python")
1
>>> "\t    python\t    ".strip()
'python'
>>> s.swapcase()
'pYTHON IST PRIMA'
>>>
```

2.2 Komplexe Datentypen

Bisher haben wir uns nur mit den einfachsten, den primitiven Datentypen beschäftigt. Das Thema dieses Unterkapitels sind die komplexen Datentypen – so genannte Container.

HINWEIS

Container sind Sammlungen von anderen Datentypen.

Listen (Arrays)

Listen sind die ersten Container (Datentypen), mit denen wir uns auseinander setzen werden. Man kann sich Container als eine Kette von primitiven Datentypen vorstellen, auf die man über denselben Identifikator und Indizes zugreift. Eine Liste wird folgendermaßen erstellt:

```
>>> array=[1,2,3,4]
>>> array
[1, 2, 3, 4]
>>>
```

Das heißt, dass die einzelnen Elemente in eckigen Klammern angeführt und durch Kommas getrennt sind. Die Länge einer Liste kann man über die eingebaute *len(Sammlung)*-Funktion herausfinden:

```
>>> len(array)
4
>>>
```

Auf ein bestimmtes Element greift man über den Index zu (die genauere Erklärung folgt ein paar Seiten später). Indiziert wird von 0 bis *len(Sammlung)-1*.

```
>>> array[1]="zwei"
>>> array
[1, 'zwei', 3, 4]
>>>
```

Verschachtelte Listen sind auch möglich:

```
>>> array[2]=["linux",["freebsd","openbsd","netbsd"]]
>>> array
[1, 'zwei', ['linux', ['freebsd', 'openbsd', 'netbsd']], 4]
>>>
```

Um mit den Listen flexibel arbeiten zu können, unterstützen sie folgende Methoden:

Methode	**Ergebnis**
append(x)	Am Schluss der Liste wird *x* hinzugefügt.
extend(Sammlung)	Am Schluss der Liste wird eine *Sammlung* (String, Liste oder Tuple) hinzugefügt.
count(x)	gibt die Anzahl des Elements *x* in der Liste zurück
index(x)	gibt den Index eines Elementes zurück

Methode	Ergebnis
insert(i,x)	An der Stelle *i* der Liste wird *x* in die Liste hinzugefügt.
remove(x)	löscht *x* aus der Liste
pop()	gibt zurückgibt was zurück? und löscht das letzte Element der Liste
reverse()	Die Anordnung der Elemente der Liste wird umgetauscht.
sort()	sortiert die Elemente der Liste

Tab. 2.7: Methoden der Listen

Beispiele:

```
>>> liste=[1,2,3]
>>> liste.append("vier")
>>> liste.extend([1,1])
>>> liste
[1, 2, 3, 'vier', 1, 1]
>>> liste.count(1)
3
>>> liste.index(1)
0
>>> liste.index("vier")
3
>>> liste.insert(0,"null")
>>> liste
['null', 1, 2, 3, 'vier', 1, 1]
>>> liste.remove(1)
>>> liste
['null', 2, 3, 'vier', 1, 1]
>>> liste.pop()
1
>>> liste.reverse()
>>> liste
[1, 'vier', 3, 2, 'null']
>>> liste.sort()
>>> liste
```

```
[1, 2, 3, 'null', 'vier']
>>>
```

range()-Funktion

Die *range(Anfang, Ende, Schritt)*-Funktion gibt eine Liste mit Zahlenwerten zurück. Mit welcher Zahl die Werte beginnen, bestimmt das Argument *Anfang*, *Ende* sagt, wo sie aufhören, und *Schritt*, in welchen Schritten man sich vom Anfang dem Ende nähern soll. Dabei sind *Anfang* und *Schritt* optional. Werden sie nicht angeführt, so nimmt man 0 für *Anfang* und 1 für *Schritt* (wieso dem so ist, wird uns im Unterkapitel über die Indizes und Slices – die Abschnitte zusammengesetzter Datentypen - klar). Wie man später sehen kann, eignet sie sich hervorragend für die Bildung von Schleifen.

```
>>> range(10)
[0, 1, 2, 3, 4, 5, 6, 7, 8, 9]
>>> range(5,10)
[5, 6, 7, 8, 9]
>>> range(5,10,2)
[5, 7, 9]
>>>
```

Tuples

Ein *Tuple* stellt eine Art Liste dar, die nur zum Lesen eingerichtet ist (eine Änderung der Elemente ist nicht möglich!). Es wird durch runde Klammern (diese können auch ausgelassen werden) um die Elemente gebildet:

```
>>> tuple=1,2,3
>>> tuple
(1, 2, 3)
>>> tuple2=("eins", "zwei", "drei")
>>> tuple2
('eins', 'zwei', 'drei')
```

```
>>> tuple[0]
1
>>> tuple[0]="eins"
Traceback (most recent call last):
  File "<stdin>", line 1, in ?
TypeError: object doesn't support item assignment
>>>
```

Wie schon gesagt, gleicht ein Tuple bis auf den *read-only-* (schreibgeschützten) Zugang in jeder Hinsicht der Liste (deshalb vermissen die Tuples jegliche eingebauten Methoden).

Indizes und Slices

Container oder Strings, Listen und Tuples sind Sammlungen von anderen Datentypen. Dieses Unterkapitel zeigt uns, wie man auf die einzelnen Elemente über *Indizes* bzw. auf Gruppen der Elemente dieser Sammlung über *Slices* zugreifen kann.

Indizes

Um auf ein einzelnes Element einer Sammlung zugreifen zu können, gibt es die *Indizes*. Wenn bei einem Container nach dem Identifikator eckige Klammern folgen, so bestimmt die Zahl in den Klammern das Element, auf das wir zugreifen wollen. Die Indizes der Elemente beginnen bei 0 und der letzte Index ist immer *len(Sammlung)-1*. Die Theorie wird an einem kleinen Beispiel gut sichtbar:

```
>>> a="eins","zwei","drei","vier"
>>> a[0]
'eins'
>>> a[3]
'vier'
>>> a[len(a)-1]
'vier'
>>>
```

Was ist hier passiert? Das Ergebnis ist offensichtlich dasselbe wie beim vorletzten Beispiel, wir haben also auf das letzte Element der Liste zugegriffen. Wie ist das möglich? *len(a)-1* ist ein so genannter Ausdruck, dessen Wert berechnet werden kann. Dieser Wert wird auch als Index verwendet. Weitere Beispiele für die Indizes:

```
>>> a=[1,2,3,4,5,6,7,8,9]
>>> a[a[2]]
4
>>> s="ein String"
>>> s[1]
'i'
>>>
```

Indizes können auch negative Werte sein. Dies bedeutet dann, dass die Indizierung nicht vom Anfang, sondern vom Ende der Sammlung aus durchgeführt wird:

```
>>> s="ein String"
>>> s[-6]
'S'
>>> s[-9]
'i'
>>> s[-10]
'e'
>>>
```

Da -0 in der Mathematik und somit auch in Python gleich 0 ist, ist das letzte Element nicht -0, sondern -1. Auf den ersten Index des Containers, benannt *data,* kann man also über *data[0]* (was gleich *data[-0]* ist) oder auch über das Konstrukt *data[-len(data)]* zugreifen:

```
>>> s="ein string"
>>> s[-0]
'e'
>>> s[0]
'e'
>>> s[-1]
```

```
'g'
>>> s[-len(s)]
'e'
>>>
```

s	t	r	i	n	g
0	1	2	3	4	5
-6	-5	-4	-3	-2	-1

Tab. 2.8: Schema der Indexierung

Slices

Bisher war die Indizierung ziemlich einfach, da wir nur auf ein einziges Element zugegriffen haben. Das Arbeiten mit Containern (also Listen, Tuples und Strings) ist eine der starken Seiten von Python, deshalb werden dem Programmierer auch mächtigere Features als bloße Indizes angeboten. Über die so genannte *Slice Notation* können wir auf mehrere Elemente eines zusammengesetzten Datentyps gleichzeitig zugreifen:

```
>>> s="ein String"
>>> s[4:]
'String'
>>> s[4:7]
'Str'
>>> s[:-7]
'ein'
[-4:]
'ring'
>>>
```

Die Slice-Notation sieht gut aus, aber wie funktioniert sie? Der erste Index in den Klammern gibt an, bei welchem Element die Indexierung beginnen soll, und der letzte, bei welchem aufgehört wird. Wird einer dieser beiden ausgelassen, so wird der Anfang bzw. das Ende des Strings (*0* bzw. *len(string)-1*) genommen.

Um diese Beispiele wirklich zu verstehen, wird es wahrscheinlich notwendig sein, sie selbst im Interpreter mit verschiedenen Strings auszuprobieren. Nur so kann man gewährleisten, dass man mit einem der wirklich mächtigen Features von Python umgehen kann.

[:] als Index kopiert den ganzen zusammengesetzte Datentyp:

```
>>> s[:]
'ein String
>>> (1,2,3)[:]
(1,2,3)
>>>
```

Funktionen

In Python sind für die Arbeit mit Containern folgende Funktionen definiert:

Funktion	Ergebnis
max(Sammlung)	gibt das größte Element der *Sammlung* zurück
min(Sammlung)	gibt das kleinste Element der *Sammlung* zurück
len(Sammlung)	gibt die Länge der *Sammlung* zurück

Tab. 2.9: Funktionen für Sammlungen

Beispiele:

```
>>> a=1,2,3,4
>>> max(a)
4
>>> min(a)
1
>>> len(a)
4
>>>>
```

Wenn man Strings den Funktionen *max()* und *min()* übergibt, so wird nach den ASCII-Werten der einzelnen Zeichen entschieden.

```
s="String"
>>> min(s)   #kleinster ASCII-Wert im String
'S'
>>> max(s)   #größter ASCII-Wert im String
't'
>>> 'S'<'s'  #es ist wahr
1
>>> ord("S") #ASCII-Wert von "S"
83
>>> ord("s") #ASCII-Wert von "s"
115
>>>
```

Die Zuordnung eines zusammengesetzten Datentyps in mehreren Variablen ist möglich:

```
>>> liste=["eins","zwei","drei"]
>>> a,b,c=liste
>>> a
'eins'
>>> b
'zwei'
>>> c
'drei'
>>>
```

Die Anzahl der Variablen muss gleich der Anzahl der Elemente im Container sein, sonst kommt es zu einem Fehler:

```
>>> a,b=liste
Traceback (most recent call last):
  File "<pyshell#14>", line 1, in ?
    a,b=liste
ValueError: unpack list of wrong size

>>> a,b,c,d="Demo-String"
Traceback (most recent call last):
  File "<pyshell#15>", line 1, in ?
    a,b,c,d="Demo-String"
```

```
ValueError: too many values to unpack
>>>
```

del-Anweisung

Die *del*-Anweisung löscht eine Variable bzw. die markierten Elemente einer Liste.

> **HINWEIS**
>
> Hier ist zu beachten, dass dies nur bei Listen funktioniert, nicht bei Tuples und Strings, die schreibgeschützt sind!

Beispiel:

```
>>> a=1
>>> a
1
>>> del a
>>> a
Traceback (most recent call last):
  File "<pyshell#3>", line 1, in ?
    a
NameError: name 'a' is not defined
>>> a=[1,2,3]
>>> del a[:-1]
>>> a
[3]
>>>
```

Assoziative Listen

Ein komplexer Datentyp, der in jeder guten Programmiersprache enthalten sein sollte (und das ist bei vielen nicht der Fall), ist sicher das *Dictionary* (Synonym für *assoziative Liste*). Die Elemente eines Dictionarys bestehen immer aus zwei zueinander gehörenden Teilen: dem Schlüssel (*key*) und dem Wert (*value*), die durch einen Doppelpunkt (:)

getrennt werden. Dictionaries werden also durch folgende Syntax gebildet:

```
dictionary={key:value, key2:value2, ..., keyN:valueN}
```

Zum Beispiel:

```
>>> telefonbuch={"peter":444444,"elizabeth":333333}
>>> telefonbuch
{'elizabeth': 333333, 'peter': 444444}
>>>
```

Auf den Wert, der einem Schlüssel zugeordnet ist, greifen wir über Indizes nach dem Schema *Dictionary[Schlüssel]* zu:

```
>>> telefonbuch["peter"]
444444
>>>
```

Für jedes Dictionary stehen uns folgende eingebaute Methoden zur Verfügung:

Methode	Ergebnis
items()	gibt das Dictionary als eine Liste zurück, die Elemente der Liste sind Tuples, die wiederum aus Schlüssel und Key-Werten bestehen
keys()	gibt die Schlüssel des Dictionarys zurück
values()	gibt die Werte des Dictionarys zurück
has_key(k)	*Wahr* (durch den Wert 1 repräsentiert), wenn das Dictionary Schlüssel *k* hat
update(dic)	Das aktuelle Dictionary wird mit dem Dictionary *dic* erweitert.

Tab. 2.10: Methoden der assoziativen Listen

Beispiele:

```
>>> telefonbuch.items()
[('peter', 444444), ('elizabeth', 333333)]
>>> telefonbuch.keys()
```

```
['peter', 'elizabeth']
>>> telefonbuch.values()
[444444, 333333]
>>> telefonbuch.has_key("peter")
1
>>> telefonbuch.has_key("linda")
0
>>>
```

Das vielleicht ein wenig schwierigere Beispiel mit der Methode *update():*

```
>>> a={"eins":1,"zwei":2}
>>> a.update({"eins":"one","drei":3})
>>> a
{'zwei': 2, 'eins': 'one', 'drei': 3}
>>>
```

Und auch folgende Funktionen gibt es:

Funktion	**Ergebnis**
len(Dictionary)	gibt die Anzahl der Schlüssel des Dictionarys zurück
del(Dictionary[Schlüssel])	löscht das Element mit dem Schlüssel

Tab. 2.11: Funktionen für die assoziativen Listen

Beispiele:

```
>>> len(telefonbuch)
2
>>> del telefonbuch["peter"]
>>> telefonbuch
{'elizabeth': 333333}
>>>
```

Indizes der Dictionaries müssen ähnlich wie bei den Listen (nicht bei den Tuples) einzigartig sein. Sonst werden die Werte des Schlüssels überschrieben:

```
>>> a={"martin":"192cm"}
>>> a
{'martin': '192cm'}
>>> a={"martin":"75kg"}
>>> a
{'martin': '75kg'}
>>>
```

None

None ist ein leerer Datentyp. Er besitzt keinen Wert.

```
>>> a=None
>>> print a
None
>>>
```

Anhand des Beispiels sieht man, dass die Funktion diesen Datentyp genauso wie den String *None* ausgibt.

Seine Verwendung wird später im Text sichtbar.

type()-Funktion

Über diese eingebaute Funktion kann man leicht bestimmen, mit welchem Datentyp man es zu tun hat:

```
>>> type("Elefant")
<type 'String'>
>>> type(23.2)
<type 'float'>
>>>
```

in-Operator

Über den *in*-Operator kann man abfragen, ob ein bestimmter Wert in einem zusammengesetzten Datentyp (Tuple, Liste oder String) vorkommt. Beispiel:

```
>>> a=range(5)
>>> a
[0, 1, 2, 3, 4]
>>> if 2 in a:
    print "2 kommt in a vor"


2 kommt in a vor
>>>
```

Die Negation (ist wahr, wenn ein bestimmter Wert in einem zusammengesetzten Datentyp nicht zu finden ist) erfolgt über *not in*:

```
>>> if not "a" in "String":
    print "jawohl"

    jawohl
>>>
```

2.3 Kontrollstrukturen

Nachdem wir jetzt wissen, wie man Daten in Python speichert und wie man die einfachsten Operationen mit ihnen durchführen kann, sehen wir uns jetzt an, woraus Programme bestehen. Dieses Unterkapitel beschäftigt sich mit der Steuerung unserer Programme.

Blöcke

Mit Kontrollstrukturen kann man das Programm steuern. Üblicherweise bestehen sie aus mehreren Anweisungen, die einen Block bilden. Im Unterschied zu vielen anderen Programmiersprachen werden bei Python die Blöcke durch gleichmäßiges Einrücken der einzelnen Anweisungen gebildet (in C, Perl, Java und anderen Sprache werden Blöcke mit geschwungenen Klammern gebildet). Das Einrücken der Blöcke erfolgt durch einen oder mehrere Tabulatoren bzw. auch Leerzeichen.

```
>>> if   b > a:       # die if-Anweisung
         c=a+b        # 1. Zeile des Blocks
         print c      # 2. Zeile des Blocks


3
>>>
```

Ab und zu, insbesondere bei einzeiligen Blöcken kann es günstig sein, den Block durch ein Leerzeichen einzurücken:

```
>>> if a!=0: print "a ist nicht gleich 0"
a ist nicht gleich 0
>>>
```

Boolesche Ausdrücke

Ein boolescher Ausdruck kann genau zwei Werte zurückliefern: wahr oder falsch. Sie werden auch als Wahrheitswerte bezeichnet, weil sie verwendet werden, um zu überprüfen, ob etwas stimmt. Zum Beispiel kann ein Programm überprüfen, ob eine vom Benutzer eingegebene Zahl kleiner als 0 ist. Wenn das wahr ist, so gibt das Programm 1 zurück, stimmt das nicht, so ist das Ergebnis des Ausdrucks 0. Jetzt wissen wir, dass in Python das Ergebnis eines booleschen Ausdrucks dargestellt wird durch 1 bzw. 0:

```
>>> 1 < 5 # ist eins 1 als 5 ?
1
>>> 1 > 5 #umgekehrt?
0
>>>
```

Welche anderen Werte Python tatsächlich als wahr und welche als falsch betrachtet, zeigt diese Tabelle:

Wert	Wahrheitswert
None (leerer Datentyp), 0, leere Sammlungen und assoziative Listen	falsch *(false)*
alle anderen Werte	wahr *(true)*

Tab. 2.12: Wahrheitswerte

Zur Verdeutlichung:

```
>>> a=[]
>>> if a: print "a ist leere Liste"

>>> a=""
>>> if a: print "a ist leerer String"

>>> if 5: print "a ist wahr"

a ist wahr
>>>
```

Vergleichsoperatoren

Mit den Vergleichsoperatoren bildet man Anweisungen, die *wahr* bzw. *falsch* (in Python repräsentiert durch 0 bzw. 1) zurückgeben. Python kennt folgende Vergleichsoperatoren:

Operator	Funktion
<	kleiner als
<=	kleiner gleich als
>	größer als
>=	größer gleich als
==	gleich
!= *oder* <>	nicht gleich

Tab. 2.13: Vergleichsoperatoren

Logische Operatoren

Schließlich sind wir bei der letzten Art der booleschen Operatoren angelangt. Es sind die logischen Operatoren, mit denen man mehrere Ausdrücke auf Wahrheit überprüfen kann.

Operator	Funktion
not x	wahr, wenn *x* falsch ist, sonst falsch
x or y	wenn *x* falsch ist, dann *y*, sonst *x*
x and y	wenn *x* wahr ist, dann *x*, sonst *y*

Tab. 2.14: Logische Operatoren

Die ein wenig komplizierten Definitionen werden sicher durch ein kleines Beispiel deutlich:

```
>>> not 1 < 5
0
>>> 1 or 0
1
>>> 1 < 5 and 3==3
1
>>> 1 < 5 and 3!=3
0
>>>
```

Am nächsten Beispiel wird sichtbar, dass die Bedingungen in abgekürzter Form ausgeführt werden:

```
>>> 4 > 1 or 31+3
1
>>> 3==1 or 31+3
34
>>>
```

Auf unser Beispiel angewendet heißt das: Ist `4 > 1` wahr, so wird `31+3` nicht mehr ausgewertet.

Verzweigungen

Nun sind wir beim eigentlichen Thema dieses Kapitels angelangt – bei den Kontrollstrukturen. Wir fangen an mit der wohl bekannten *if*-Anweisung – der »Wenn-Bedingung«. Die bestimmt, was passiert, wenn eine Bedingung eintrifft.

if-Anweisung

Mit der *if*-Anweisung kann man in Python testen, ob Bedingungen erfüllt wurden oder nicht, und dann darauf reagieren. Die Syntax lautet:

```
if Ausdruck:
    Aktion
```

Beispiel:

```
>>> a=3
>>> if a==3:
...     print "a ist gleich drei"
...
a ist gleich drei
>>>
```

Die Bedingung kann man über die *elif*-Klausel erweitern. Über diese kann man in einer *if*-Anweisung mehrere Tests realisieren:

```
>>> if a==100:
...     print "a ist 100"
... elif a==3:
...     print "a ist 3"
...
a ist drei
```

Und schlussendlich kann man über die optionale *else*-Klausel spezifizieren, was passieren soll, wenn keine der Bedingungen erfüllt wird:

```
>>> a=0
>>> if a<0:
...      print "a ist kleiner als 0"
```

```
... elif a>0:
...     print "a ist größer als 0"
... else:
...     print "a ist 0"
...
a ist 0
>>>
```

Schleifen

Wenn gewisse Vorgänge wiederholt ausgeführt werden sollen, kommen dem Programmierer die Schleifen zur Hilfe.

while-Anweisung

Die *while*-Anweisung ist die erste Möglichkeit, um in Python Schleifen zu bilden. Die Syntax ist:

```
while Ausdruck:
    Aktion
```

Solange der *Ausdruck* wahr ist, wird die *Aktion* (ein Codeblock) ausgeführt.

Zum Beispiel:

```
>>> a, b = 0, 1
>>> while b < 100:
...     print b,
...     a, b = b, a+b
...
1 1 2 3 5 8 13 21 34 55 89
>>>
```

Es kann auch ein *else*-Element angegeben werden, das ebenfalls wie bei der *if*-Anweisung sagt, was passiert, sollte die Bedingung nicht erfüllt werden:

```
>>> a=5
>>> while a > 5:
...     a=a-1
... else:
...     print "5 ist gleich 5"
...
5 ist gleich 5
>>>
```

for-Anweisung

Eine andere Möglichkeit, Schleifen zu bilden, gibt es mit der *for*-Anweisung. Die Syntax lautet:

```
for Name in Sammlung:
    Aktion
```

Die *for*-Anweisung iteriert über alle Elemente der *Sammlung*, die dem *Namen* zugeordnet werden (1 Element pro 1 Iteration – Wiederholung des Zyklus):

```
>>> for a in "string":
    print chr(ord(a)+1)


t
u
s
j
o
h
```

In diesem Beispiel wird der ASCII-Wert jedes einzelnen Elements des Strings berechnet, um eins erhöht und dann wieder als Zeichen ausgegeben.

for wird sehr oft mit der Funktion *range()* verwendet, die die Sammlung liefert.

Beispiel:

```
>>> for a in range(4): a**a

1
1
4
16
>>>
```

Wie bei *if*- und *while*-Anweisungen gibt es auch den optionalen *else*-Teil. Der wird immer dann ausgeführt, wenn die Schleife vollständig durch die Liste iteriert (gelaufen) ist.

```
>>> for a in "Hello":
    print a
else:
    print "world!"


H
e
l
l
o
world!
>>>
```

Sprunganweisungen

Über die Sprunganweisungen kann man das Ausführen des Zyklus einer Schleife (*while* oder *for*) steuern. Man kann entweder die Schleife verlassen oder den Zyklus noch mal iterieren lassen. Zuerst das Verlassen des Zyklus:

break-Anweisung

Die *break*-Anweisung bricht aus einer *while*- oder *for*-Schleife aus.

```
>>> for a in range(100):
```

```
    if a > 3: break
    print a

0
1
2
3
>>>
```

continue-Anweisung

Umgekehrt bewirkt die *continue*-Anweisung eine neue Iteration der Schleife.

```
>>> for a in range(1,11):
    if a%2==0: continue
    print a

1
3
5
7
9
>>>
```

Operatorenpriorität

Bisher haben wir relativ viele Operatoren in Python kennen gelernt: von den einfachsten arithmetischen über die Slices und Indizes bis zu den Vergleichsoperatoren. Einen werden wir noch kennen lernen. Es ist der Operator *lambda*, der eine anonyme Funktion definiert (mehr dazu im nächsten Unterkapitel). In der folgenden Tabelle finden Sie eine Übersicht über die Priorität der Operatoren (Reihenfolge, in der die Teile eines Ausdrucks berechnet werden). Die vorbestimmte Priorität kann man dadurch verändern, dass der Ausdruck, der mit höchster Priorität berechnet werden soll, in runde Klammern gesetzt wird. Die Tabelle ist von den Operatoren mit höchster Priorität bis zu denen mit der niedrigsten angeordnet.

Operator	**Bedeutung**
, [...] {...} `...`	Tuple, Listen und Dictionary-Definitionen, Stringkonvertierungen
s[i] s[i:j] s.attr f(...)	Indizes und Slices, Attribute/Methoden (OOP, *siehe Unterkapitel 2.8*) und Funktionenaufrufe
+x, -x	Unitäre Operatoren
*x**y*	Potenzierung
*x*y x/y x%y*	Multiplikation, Division, Modulo
x+y x-y	Addition, Subtraktion
x<y x<=y x>y x>=y x==y x!=y x<>y x in s bzw. x not in s	Vergleichsoperatoren, Zugehörigkeit zu einer Sammlung
not x	boolesche Negation
x and y	boolesches UND
x or y	boolesches ODER
lambda args: expr	anonyme Funktion

Tab. 2.15: Operatorenpriorität

Beispiele:

```
>>> 5**2*5+10 # = 25*5+10
135
>>> 5**(2*5)+10 # = 5 hoch 10 + 10
9765635
>>> 2**8-16**2 or 150 # = 256-256 or 150 = 0 or 150
150
>>> 2**8-(16**2 or 150)# 256-(256 or 150) = 256-256
0
>>> -3+tuple[1]
-1
```

2.4 Funktionen

Funktionen sind der Grundbaustein jeder modernen Programmiersprache. Sie ermöglichen, das Problem in kleine Teilaufgaben zu unterteilen, die dann leichter zu lösen sind. Sie bieten eine Abstraktionsschicht, denn um eine Funktion benutzen zu können, muss man nicht ihren Aufbau oder ihre Algorithmen kennen und verstehen, es reicht schon, wenn man weiß, wie die Funktion gerufen wird und was sie zurückgibt. Der Stil, das Problem in kleine Einheiten zu teilen und diese mit Funktionen zu lösen, wird auch das *prozedurale Programmieren* genannt. Der Unterschied zwischen einer Prozedur und einer Funktion besteht darin, dass die Prozeduren keine Werte zurückgeben (um genau zu sein, sie geben den Wert *None* zurück, den wir schon kennen gelernt haben).

HINWEIS

> Als Algorithmus bezeichnet man den Ansatz zum Lösen eines Problems.

Definition der Funktionen

Zur Definition der Funktionen dient das Schlüsselwort *def*. Nach diesem folgen der Name der Funktion und in Klammern die Argumente und ein Doppelpunkt (:). Alle folgenden Zeilen müssen auch eingerückt werden und man sagt, dass sie den Körper (*FunctBody*) der Funktion bilden.

Die Syntax zur Definition einer Funktion lautet:

```
def Name(Argument1, ..., ArgumentN):
    "docstring"“
    FunctBody
```

Als Beispiel soll die Funktion dienen, die überprüft, ob die als Argument übergebene Zahl eine Primzahl ist (Primzahlen sind nur durch 1 und sich selbst ohne Rest teilbar):

```
>>> def p(n):
	"überprüft ob n Primzahl ist"
	for a in range(2,n):
	    if n%a==0:
		print n, "=", a, "*", n/a
		break
	else:
	    print n,"ist Primzahl"

>>> primzahl(4)
4 = 2 * 2
>>> primzahl(13)
13 ist Primzahl
>>>
```

Diese Funktion zeigt uns deutlich die Vorteile des prozeduralen Programmierens. Um eine Primzahl zu berechnen, muss man nicht wissen, wie es geht. Es reicht schon, dass die richtige Funktion zur Verfügung steht. Dennoch ist es für uns wichtig, dass wir verstehen, wie diese Funktion arbeitet, denn sie wird noch oft im Buch verwendet.

Algorithmus der Funktion: Die *range()*-Funktion bildet eine Liste mit Zahlenwerten von *2* (alles über 2 kann eine Primzahl sein) bis *n*. In der *for*-Schleife wird dann pro Iteration der Variablen *a* einer dieser Werte zugeordnet. Die *if*-Anweisung prüft, ob es einen Rest nach der Division *n* durch *a* gibt. Trifft dies zu, so ist *n* keine Primzahl, und die *for*-Schleife wird über die *break*-Anweisung beendet.

Argumente mit Vorgabewerten

Beim Erstellen von Funktionen kann man den Argumenten Vorgabewerte zuordnen. Diese Argumente brauchen dann beim Aufruf der Funktion nicht angegeben zu werden. Es werden die Vorgabewerte genommen. Argumente mit Vorgabewert müssen in der Definition der Funktion nach den normalen Argumenten stehen:

```
>>> def begruesse(who,gruss="hi"):
```

```
...     print gruss,who,"!"
...
>>> begruesse("Martin")
hi Martin !
>>> begruesse("Martin","Guten Tag")
Guten Tag Martin !
>>>
```

Eine Art Argument mit Vorgabewert stellt folgender Code dar:

```
>>> s="das ist ein string"
>>> def fun(): print s
...
>>> fun()
das ist ein string
>>> del s
>>> fun()
Traceback (most recent call last):
  File "<stdin>", line 1, in ?
  File "<stdin>", line 1, in fun
NameError: There is no variable named 's'
>>>
```

Auf diese Weise kann man bereits definierte Variablen als eine Art Argumente mit impliziten Werten verwenden. Wurde im Programm bereits eine Variable definiert, deren Name später in einer Funktion als Argument verwendet wird, so muss man beim Aufruf der Funktionen dieses Argument nicht anführen. Auf diese Praktiken sollte man sich besser nicht einlassen, denn sie können zu unvorhergesehenen Fehlern in Programmen führen. Es ist sicherer, den Vorgabewert explizit zu bestimmen.

Variable Argumentlisten

Oft weiß man bei der Definition einer Funktion nicht, mit wie vielen Argumenten sie verwendet werden wird. In solch einem Fall stellt man vor die Argumente, denen mehrere Werte zugeordnet werden, einen

Stern (*). Alle Argumente, die übergeben, aber nicht in der Funktion definiert wurden, werden dann als ein Tuple unter dem Namen dieses einen mit Stern versehenen Arguments zu finden sein.

Als Beispiel dient eine Funktion, die die ihr übergebene Sammlung zeilenweise nummeriert und ausgibt:

```
>>> def hallo(gruss,*leute):
    if len(leute)==0:
        print "keiner da"
        return
    for mensch in leute:
        print gruss+mensch


>>> hallo("Hi, ","Martin","Peter","Joe")
Hi, Martin
Hi, Peter
Hi, Joe
>>> hallo("Hi")
keiner da
>>> hallo("Guten Tag, ", "Peter")
Guten Tag, Peter
>>>
```

Setzt man anstatt eines zwei Sterne (**) vor ein Argument, so kann man Python beim Aufruf der Funktion eine variable Anzahl von Argumenten mit Schlüsselwörtern übergeben (ähnlich wie bei Argumenten mit einem Stern werden beim Aufruf der Funktion, die in der Definition nicht angeführten Argumente dem Argument mit zwei Sternen zugeordnet). Diese sind unter dem Namen des Arguments mit zwei Sternen als ein Dictionary verfügbar. Seine Methode *keys()* gibt alle seine Schlüssel in einer Liste verpackt zurück. Über *Dictionary[Schlüssel]* greift man auf den zum Schlüssel zugehörigen Wert zurück.

```
>>> def hallo2(**args):
    if len(args)==0: return
    for name in args.keys():
```

```
        print args[name]+" "+name+"!"


>>> hallo2(Martin="Tag", Peter="Grüß Gott")
Tag Martin!
Grüß Gott Peter!
>>>
```

Selbstverständlich kann man alle erwähnten Arten der Argumente in einer Funktion verbinden. Zum Beispiel in einer Funktion, die nach Eingabe richtiger Daten (Argumente) das Inventar einer Firma ausgibt:

```
>>> def inhaltsverzeichnis(
       firma,delim="-",*adresse,**inventar):
    print firma
    print delim*len(firma)
    for a in adresse:
        print a
    else:
        print "\nInventar:"
    for objekt in inventar.keys():
        print inventar[objekt], objekt


>>> inhaltsverzeichnis("Python AG", "Seestraße 14", "1110 Wien",
Sessel=4, Tisch=1)
Python AG
---------
Seestraße 14
1110 Wien

Inventar:
4 Sessel
1 Tisch
>>>
```

Die Reihenfolge der Argumentenarten in der Definition sollte aus diesem Beispiel auch klar sein:

- »normale« Argumente
- Argumente mit Vorgabewerten
- Tuple-Argument
- Dictionary-Argument

return-Anweisung

Diese Anweisung bricht aus einer Funktion sofort aus und gibt einen Wert zurück. Im *Hello World*-Beispiel hat sie keinen Wert zurückgegeben, deshalb kann man die *hallo()*-Funktion auch als Prozedur bezeichnen (zur Erinnerung – Prozeduren sind Funktionen, die keinen Wert zurückgeben).

Der Zweck der *return*-Anweisung besteht jedoch darin, einen Wert zurückzugeben:

```
>>> def add(i,j): return i+j
>>> add(3,3)
6
>>>
```

Natürlich kann man mit Hilfe einer Funktion (da sie einen Wert zurückgibt) auch einen Ausdruck bilden:

```
>>> add(1,43-4)+5
45
>>>
```

pass-Anweisung

Wie schon am Anfang des Kapitels erwähnt wurde, bildet man in Python Blöcke durch einfaches Einrücken. Wie wird dann ein leerer Block dargestellt? Da man nur über das Einrücken keinen leeren Block erstellen kann (ein Tab/Leerzeichen ohne Anweisungen ergibt einen *IdentationError*), verwendet man die *pass*-Anweisung.

```
>>> def funktionDieNichtsMacht():
...     pass
...
>>> funktionDieNichtsMacht()
>>>
```

Die *pass*-Anweisung wird nicht nur in Funktionen verwendet, sondern auch in *if*-, *while*- und *for*-Anweisungen, Klassendefinitionen und überall da, wo ein Block erwartet wird und nicht erwünscht ist.

Funktionelles Programmieren

Gleich am Anfang dieses Unterkapitels muss ich Sie warnen – *funktionelles Programmieren* (FP) hat nichts mit Prozeduren und Funktionen, so wie wir sie kennen gelernt haben, zu tun. Diese zwei Methoden der Programmierung teilen bloß den Namen, nicht die Ansätze.

lambda-Funktionen

lambda ist ein Operator in Python. Er ermöglicht uns das Erstellen anonymer Funktionen (somit muss man eine Funktion nicht unbedingt definieren, möchte man sie in einen Ausdruck verwenden), was uns bei den nächsten drei Funktionen sicher hilfreich sein wird. Die Syntax der Funktionen lautet:

```
lambda Argument1, ..., ArgumentN: Rückgabewert
```

Die einfachste Form ist:

```
>>> lambda: "Hello World"
<function <lambda> at 0x00AA0CB0>
```

Jedoch kann man eine *lambda*-Funktion einem Identifikator zuordnen und sie so wie normale Funktion benutzen. Eine neue Variante der Funktion *add()*:

```
>>> lambda x,y: x+y
<function <lambda> at 01070FCC>
>>> add=lambda x,y: x+y
```

```
>>> add(2,3)
5
>>>
```

map()-Funktion

Diese Funktion erhält zwei Argumente – eine Funktion und eine Sammlung. In einer Schleife übergibt sie der Funktion jedes Element aus der Sammlung. So ist sie ein Äquivalent für *for element in liste: funktion(element)*.

Diese Funktion wird oft verwendet, deshalb erlaubt Python eine spezielle Syntax dieser Funktion:

```
map(Funktion, Liste)
```

ist gleich:

```
[Ausdruck for Variable in Liste]
```

Um schnell die ASCII-Werte für den ganzen String zu bestimmen, kann man zum Beispiel effektiv die *map*-Funktion benutzen:

```
>>> map(ord,"string")
[115, 116, 114, 105, 110, 103]
>>>
```

oder:

```
>>> [ord(a) for a in "string"]
[115, 116, 114, 105, 110, 103]
>>>
```

Wie man sieht, gibt die Funktion das Ergebnis als Liste zurück.

Der Rückgabewert ist natürlich genau wie bei *map()* – eine Liste. Beispiel:

```
>>> map(lambda x:x+1,(1,2,3))
[2, 3, 4]
```

oder mit der verkürzten Syntax:

```
>>> [a+1 for a in [1,2,3]]
[2, 3, 4]
>>>
```

filter()-Funktion

Diese Funktion gibt eine Liste mit Elementen zurück, für die der Rückgabewert der Funktion wahr war.

Die Syntax ist einfach:

```
filter(Funktion,Liste)
```

Eine viel schönere Variante der Funktionen fürs Berechnen der Primzahlen ist:

```
>>> def p(n):
    for a in range(2,n):
        if n%a==0:
            return 0
            break
    else:
        return 1

>>> filter(p,range(100))
[0, 1, 2, 3, 5, 7, 11, 13, 17, 19, 23, 29, 31, 37, 41, 43, 47,
53, 59, 61, 67, 71, 73, 79, 83, 89, 97]
>>>
```

Dank *filter()* kann man also leicht eine Funktion definieren, die die Primzahlen von *2* bis *n* berechnet:

```
>>> def pListe(n):
        return filter(p,range(2,n))
>>> pListe(50)
[2, 3, 5, 7, 11, 13, 17, 19, 23, 29, 31, 37, 41, 43, 47]
>>>
```

reduce()-Funktion

Die *reduce()*-Funktion nimmt jeweils ein Element aus der Liste und übergibt es der Funktion. Wenn das letzte Element übergeben wurde, ist man mit der Berechnung fertig. Der Rückgabewert ist die Addition der Rückgabewerte der Funktion von jeder Iteration.

Die Syntax ist ähnlich wie bei den zwei vorigen Funktionen:

```
reduce(Funktion, Sammlung)
```

Vor mehreren Jahrhunderten hat man den bekannten Mathematiker Gauß vor die Aufgabe gestellt, die Zahlen von 1 bis 100 zu addieren. Man wollte den Jungen für eine Weile beschäftigen. Dies klappte nicht wirklich und was Gauß dank seines Genies schon in relativ kurzer Zeit geschafft hat (die Formel, die Gauß verwendete, lautete: *100 : 2 x (100 + 1)*), kann man heutzutage in Python noch viel schneller (wir verwenden diese Formel nicht, im Beispiel werden dank der *reduce()*-Funktion einfach alle Zahlen von 0 bis 101 zusammengezählt):

```
>>> reduce(lambda x,y: x+y,range(101))
5050
>>>
```

exec-Anweisung

Über die *exec*-Anweisung kann man einen String wie ein Befehl ausführen lassen.

Syntax:

```
exec "Befehl"
```

Beispiel:

```
>>> for a in range(10):
    exec("var"+str(a)+"="+str(a))
```

```
>>> var1
1
>>> var2
2
>>>
```

In diesem Beispiel haben wir zehn Variablen erstellt, die die Werte von 0 bis 9 beinhalten (*range(10)* gibt genau die Zahlen von 1 bis 9 zurück).

Docstrings

In der Programmierung ist es üblich, Codes möglichst zutreffend zu kommentieren. Dabei ist insbesondere den Funktionen, Objekten und Modulen große Aufmerksamkeit zu widmen, denn diese stellen die Abstraktionsschicht (Prinzip des prozeduralen Programmierens – Aufgabe teilen und somit leicht lösen) in unserem Programmen dar. Um dem Programmierer die Arbeit ein wenig zu erleichtern, wurde in Python das Konzept der *Docstrings* eingeführt.

Es ist üblich, dass nach der Definition einer Funktion, Klasse usw. (nach jedem benannten Block) eine Beschreibung in Form eines Strings folgt. Dieser wird dann *Docstring* genannt:

```
>>> def funct():
	"""eine nutzlose Funktion"""
	pass

>>>
```

Ein Docstring kann mehrere Zeilen lang sein (und ist es auch oft).

Auf so einen Docstring kann man über das Attribut (die zum Objekt/Modul gehörige Variable) *__doc__* zugreifen.

```
>>> print funct.__doc__
eine nutzlose Funktion
>>>
```

Es ist keine Pflicht, unsere Programme durch Docstrings zu verfeinern. Sollte man aber nach längerer Zeit zu einem nicht ausreichend kommentiertem Programm zurückkehren müssen, ist es oft sinnvoller und schneller, es neu zu schreiben (dies kommt oft in Programmen mit relativ kryptischer Syntax vor, wie z.B. in Perl). Deshalb sollten Sie sich die Verwendung der Docstrings angewöhnen.

2.5 Module

Im vorigen Kapitel haben wir gelernt, wie man über die Funktionen Probleme in kompakte Einheiten zerlegen und somit auch schwierige Probleme lösen kann. Wir haben jedoch noch nicht gelernt, wie man die Funktionen aufbewahren, d.h. speichern kann. Denn Funktionen wären sinnlos, müssten wir sie jedes Mal neu schreiben.

Definitionen (ich sage mit Absicht nicht nur Funktionen), die wir in der Zukunft verwenden möchten, werden in Dateien-Skripten geschrieben. Diese Skripten bezeichnet man auch als *Module*. In Python ist es üblich, dass die Dateien mit Python-Definitionen den *.py*-Zusatz tragen. Diese Skripten kann man dann sowohl als selbstständige Programme als auch als Module verwenden.

> **HINWEIS**
> Module sind eine Art Bibliotheken, die Definitionen (hauptsächlich Funktionen und Klassen) speichern.

Wenn ein Modul namens *XXX* importiert wird, sucht Python die Datei mit Namen *XXX.py* im aktuellen Verzeichnis (im Verzeichnis, in dem man sich gerade befindet) und anschließend in der Liste der Verzeichnisse, die durch die Umgebungsvariable *PYTHONPATH* spezifiziert wird (unter UNIX greift man auf sie über *$PYTHONPATH* zu, unter Windows über *%PYTHONPATH%*). Wenn *PYTHONPATH* nicht gesetzt ist oder wenn die auszuführende Datei dort nicht gefunden wird, wird die Suche in einem von der Installation abhängigen Standardpfad fortgesetzt. Unter Unix ist er normalerweise */usr/local/lib/python* oder */usr/lib/python* und unter Windows *c:\PythonXX\lib* (XX steht für die Version von Python).

Tatsächlich werden Module in einer Liste von Verzeichnissen gesucht, die durch die Variable *sys.path* bestimmt wird. Diese setzt sich zusammen aus den Verzeichnissen in der Umgebungsvariablen *PYTHONPATH*, dem aktuellen Verzeichnisnamen und dem von der Installation abhängigen Installationspfad. Das erlaubt es den Programmierern, in ihren Programmen den Modulsuchpfad direkt zu modifizieren oder zu ersetzen. Wie dies funktioniert? Nachdem man das Modul *sys* importiert hat, kann man mit *sys.path* wie mit jeder beliebigen Liste arbeiten.

In unserem Beispiel werden die Module auch auf *c:* gesucht:

```
>>> import sys
>>> sys.path
['C:\\PYTHON22\\Tools\\idle', 'C:\\Python22',
'C:\\PYTHON22\\DLLs', 'C:\\PYTHON22\\lib',
'C:\\PYTHON22\\lib\\lib-tk', 'C:\\PYTHON22\\lib\\site-packages']
>>>
>>> sys.path.append("c:\\")
>>> sys.path
['C:\\PYTHON22\\Tools\\idle', 'C:\\Python22',
'C:\\PYTHON22\\DLLs', 'C:\\PYTHON22\\lib',
'C:\\PYTHON22\\lib\\lib-tk', 'C:\\PYTHON22\\lib\\site-packages',
'c:\\']
>>>
```

Python wird mit vielen Modulen ausgeliefert. Sie sind einer der großen Vorteile von Python, da man über sie eine Reihe von Aufgaben blitzschnell erledigen kann. Diese Standard-Module werden ausführlich in der Python-Dokumentation beschrieben; die wichtigsten sind außerdem das Thema des nächsten Unterkapitels in diesem Buch.

primzahl-Modul

Als ich den Einsatz von Funktionen vorgestellt habe, habe ich zwei nützliche Funktionen für die Arbeit mit Primzahlen definiert. Aus diesen bilden wir ein Modul, das heißt, wir setzen die Definitionen einer Datei – zum Beispiel: *primzahlen.py*:

```
def p(n):
       "testet , ob n Primzahl ist"
       for x in range(2,n):
               if n % x == 0:
                       return 0
       else:
               return 1

def pListe(n):
       u"gibt eine Liste mit Primzahlen von 2 bis n zurück"
       return filter(p,range(2,n))
```

Der zweite Docstring muss ein Unicode-String sein, denn in ihm kommt ein Umlaut vor. Hat man das Modul auf der Festplatte abgespeichert, muss man es noch installieren, um es verwenden zu können. Für uns heißt das, die *$PYTHONPATH*-Umgebungsvariable zu erweitern. Unter UNIX:

```
[uza@zulu ~]$ export PYTHONPATH=/home/uza/:$PYTHONPATH
[uza@zulu ~]$ python
Python 2.2 (#1, Dec 23 2001, 11:54:19)
[GCC 2.95.3 [FreeBSD] 20010315 (release)] on freebsd4
Type "help", "copyright", "credits" or "license" for more
information.
>>> import primzahl
>>> import sys
>>> sys.path
['', '/home/uza', '/usr/home/uza', '/usr/local/lib/python2.2',
'/usr/local/lib/python2.2/plat-freebsd4', '/usr/local/lib/
python2.2/lib-tk', '/usr/local/lib/python2.2/lib-dynload', '/
```

```
usr/local/lib/python2.2/site-packages']
>>>
```

Dies kann man automatisieren, indem man die *export*-Anweisung der Shell in eine der Startdateien speichert (zum Beispiel *~/.bash_profile* oder global in */etc/profile*).

Unter Windows (auf der Konsole):

```
C:\>set PYTHONPATH=c:\vmi-buch;%PYTHONPATH%
```

Unter Windows platziert man die *set*-Anweisung am besten in *Autoexec.bat*. (Diese Datei befindet sich im Stammverzeichnis C und ist über einen Text-Editor zu öffnen.)

Bevor ein Modul verwendet werden kann, muss es importiert werden. Ein Modul wird durch die *import*-Anweisung importiert.

import-Anweisung

Über die *import*-Anweisung kann man Module in Python importieren. Dadurch kann man die Funktionalität der Programme ohne großen Aufwand beträchtlich erweitern. Es ist möglich, die *import*-Anweisung auf zwei Arten zu verwenden:

- `import modul, ..., modulN`
- `from module import name1, ..., nameN`

Mit der ersten Anweisung importiert man alle in den Modulen vorkommenden Definitionen. Auf sie kann man über *modul.definition* zugreifen. Dadurch arbeitet man mit in Modulen definierten Funktionen wie mit Methoden eines Objektes.

Verwendet man die zweite Anweisung, so wird man auf die Definition(en) nur über ihren Namen zugreifen können, ohne den Modulnamen erwähnen zu müssen. Wenn man bei der *import*-Anweisung *name1, ..., nameN* durch einen Stern ersetzt (*), werden alle Namen aus dem Modul importiert.

Beispiel:

```
>>> import primzahlen
>>> primzahlen.p(3)
1
>>> primzahlen.p(33)
0
>>>
```

oder

```
>>> from primzahlen import p
>>> p(3)
1
>>> pListe(33)
Traceback (most recent call last):
  File "<stdin>", line 1, in ?
NameError: There is no variable named 'pListe'
>>>
```

oder

```
>>> from primzahlen import *
>>> p(3)
1
>>> pListe(33)
[2, 3, 5, 7, 11, 13, 17, 19, 23, 29, 31]
>>>
```

Wird versucht, ein Modul zu importieren, das sich nicht in einem der Verzeichnisse in *sys.path* befindet, so kommt es zu einem *ImportError*:

```
>>> import primzahl # Modul primzahl gibt es nicht
Traceback (most recent call last):
  File "<pyshell#0>", line 1, in ?
    import primzahl
ImportError: No module named primzahl
```

Jedes Modul, das über *import module* importiert wurde, hat vier wichtige modulweite Variablen gesetzt.

Name	Funktion
__doc__	Docstring
__name__	Name des importierten Moduls
__file__	Datei, von der das Modul geladen wird
__dict__	Namensraum des Moduls (nächster Absatz)

Tab. 2.16: Immer verfügbare Variablen der Module

Die Bedeutung der Variablen *__doc__* sollte uns bereits klar sein. Dank der Variablen *__name__* können in Python fertige Skripten sehr leicht sowohl als selbstständige Programme als auch als Module verwendet werden. Wurde die Datei importiert (das heißt, dass das Skript als Modul verwendet wird), so hat sie den Namen des Moduls als Wert gesetzt; läuft das Skript als Programm, so ist der Name immer *__main__*. In der Praxis sieht es dann folgendermaßen aus:

```
...
# unsere Definitionen
# def main(): ...
...
if __name__=="__main__":
    main() #Skript wird als Programm ausgeführt
```

Die Funktion *main* kann durch einen beliebigen Code ersetzt werden, der ausgeführt wird, wenn *__name__* auf *__main__* gesetzt ist (das Skript läuft als selbstständiges Programm ab). Es ist zu betonen, dass die Funktion *main()* nicht ausgeführt wird, wenn das Skript von einem anderen Programm aus importiert wird.

Das Attribut (die Variable) *__file__* enthält den Namen der importierten Datei:

```
>>> print primzahlen.__file__
C:\vmi-buch\primzahlen.pyc
```

Zu unserer Überraschung ist der Name nicht *primzahlen.py*, sondern *primzahlen.pyc* (beim ersten Importieren ist der Name *primzahlen.py*, die Erklärung dafür kommt gleich). Dies ist der Tatsache zu verdanken, dass aus Performancegründen *.py*-Skripten nicht direkt ausgeführt werden, sondern in eine Art (natürlich plattformunabhängigen) Bytecode übersetzt werden. Dieser wird dann von Python interpretiert. Die Dateien mit der Erweiterung *.pyc* sind normale Bytecode-Dateien, *.pyo* sind optimiert. Der Hauptunterschied besteht darin, dass *.pyo*-Dateien (diese kann man dadurch bilden, dass man den Interpreter mit dem Parameter *-O* startet und die Datei in Bytecode umwandeln lässt) keine Docstrings haben. Beim Ausführen/Importieren eines Moduls wird zuerst geprüft, ob zur *.py*-Datei ein entsprechender Bytecode in einer gleichnamigen Datei mit der Erweiterung *.pyc* oder *.pyo* verfügbar ist. Ist dem so, wird *.pyc* gewählt, sonst wird *.py* importiert und kompiliert (beim zweiten Mal wird die kompilierte Version des Skripts importiert). Außer, dass bei der Verwendung von *.pyc*- oder *.pyo*-Dateien die Programme ein wenig schneller werden, besteht noch ein zusätzlicher Vorteil darin, dass die Quelltexte der Programme aus diesen Dateien (die man natürlich ausführen kann) für Dritte nicht einsehbar sind.

Namensräume

Der Begriff *Namensraum* (Synonym für *Geltungsbereich* und *Namensbereich*) ist relativ schwierig zu erklären. In Programmiersprachen wird darunter der Teil eines Programms verstanden, in dem eine Definition gültig ist.

In Python gibt es drei Namensräume (oder *Geltungsbereiche*):

- Lokaler Geltungsbereich – Namen sind innerhalb eines Blocks – also einer Klasse, Methode, Funktion bzw. aktuellen Programms definiert.
- Modweiter Geltungsbereich – In Python erzeugt jedes Modul und jede Klasse (was Klassen sind, erfahren wir später) seinen eigenen Namensraum. Auf die Namen in diesem Namensraum greift man über den Modulen-/Klassennamen mit einem Punkt und dem Namen zu (z.B.: *module.doThis()*). Dieser ist über die kurz vorher erwähnte Modulenvariable *module.__dict__* verfügbar.

- Eingebauter Geltungsbereich – Innerhalb Python selbst definierte Namen (meistens eingebaute Funktionen); diese sind immer gültig und dürfen nicht als Identifikatoren verwendet werden (sie sind die Schlüsselwörter). Dieser ist über die Variable *__builtins__* verfügbar.

Die Namen in den verschiedenen Geltungsbereichen sind voneinander unabhängig. Das heißt, es ist ohne Probleme möglich, die Variable *X* im lokalen und gleichzeitig im modularen Geltungsbercich zu haben. Es ist die Aufgabe des Programmierers, Namenskonflikte zu vermeiden, so dass zum Beispiel eine nicht passende *import*-Anweisung (z.B. nach "*from moduleX import X*") die lokale Variable nicht überschreibt.

Des Weiteren ist es wichtig zu wissen, wie ein Name aufgelöst wird, der sich nicht im lokalen Namensraum befindet: Zuerst wird innerhalb des lokalen Namensraumes nachgeschaut, wenn der Name dort nicht gefunden wird, wird er im modularen Geltungsbereich gesucht, und wenn er auch da nicht auftaucht, im eingebauten Geltungsbereiches.

global-Anweisung

Die als *global* bezeichneten Definitionen werden im ganzen Programm (allen Namensbereichen) sichtbar, nicht nur im aktuellen Namensraum. Dies ist zum Beispiel dann vorteilhaft, wenn es nicht möglich ist, einer Variablen aufgrund der Auflösungsregel einen Wert zuzuordnen (wenn eine gleichnamige Variable in einem anderen Namensraum entstehen würde). Grundsätzlich sollte man die Verwendung von »globalen« Anweisungen minimieren; es ist gewöhnlich besser, die Variable als Parameter durchzugeben und dann die modifizierte Variable zurückzugeben.

```
>>> b=234
>>> global b
>>>
```

Globale Definitionen kann man über die eingebaute Funktion *globals()* feststellen:

```
>>> globals()
{'__doc__': None, 'b': 234, '__name__': '__main__',
'__builtins__': <module '__builtin__' (built-in)>}
>>>
```

Ebenfalls kann man die lokalen Definitionen über die eingebaute Funktion *locals()* herausfinden:

```
>>> def test():
    x=234
    print locals()


>>> test()
{'x': 234}
>>>
```

Der Rückgabewert dieser zwei Funktionen ist immer ein Dictionary.

dir-Funktion

Die Funktion *dir()* zeigt uns die Definitionen innerhalb eines bestimmen Geltungsbereichs. Ohne Argumente zeigt sie die Namen im aktuellen Geltungsbereich (*1. Namensraum*).

```
>>> dir()
['__builtins__', '__doc__', '__name__']
>>>
```

Der Aufruf *dir(Modul)* zeigt die in einem Modul definierten *Namen (2. Namensraum*). Zum Beispiel:

```
>>> import sys
>>> dir(sys)
['__displayhook__', '__doc__', '__excepthook__', '__name__',
'__stderr__', '__stdin__', '__stdout__', '_getframe', 'argv',
'builtin_module_names', 'byteorder', 'copyright', 'display-
hook', 'dllhandle', 'exc_info', 'exc_type', 'excepthook',
```

```
'exec_prefix', 'executable', 'exit', 'getdefaultencoding',
'getrecursionlimit', 'getrefcount', 'hexversion', 'maxint',
'maxunicode', 'modules', 'path', 'platform', 'prefix', 'ps1',
'setcheckinterval', 'setprofile', 'setrecursionlimit',
'settrace', 'stderr', 'stdin', 'stdout', 'version',
'version_info', 'warnoptions', 'winver']
>>>
```

Und schließlich zeigt *dir(__builtins__)* die Namen aus dem eingebauten Namensbereich *(3. Namensraum):*

```
>>> dir(__builtins__)
['ArithmeticError', 'AssertionError', 'AttributeError',
'DeprecationWarning', 'EOFError', 'Ellipsis', 'Environment-
Error', 'Exception', 'FloatingPointError', 'IOError', 'Import-
Error', 'IndentationError', 'IndexError', 'KeyError',
'KeyboardInterrupt', 'LookupError', 'MemoryError', 'Name-
Error', 'None', 'NotImplemented', 'NotImplementedError',
'OSError', 'OverflowError', 'OverflowWarning', 'Reference-
Error', 'RuntimeError', 'RuntimeWarning', 'StandardError',
'StopIteration', 'SyntaxError', 'SyntaxWarning', 'System-
Error', 'SystemExit', 'TabError', 'TypeError', 'UnboundLocal-
Error', 'UnicodeError', 'UserWarning', 'ValueError', 'Warning',
'WindowsError', 'ZeroDivisionError', '_', '__debug__',
'__doc__', '__import__', '__name__', 'abs', 'apply', 'buffer',
'callable', 'chr', 'classmethod', 'cmp', 'coerce', 'compile',
'complex', 'copyright', 'credits', 'delattr', 'dict', 'dir',
'divmod', 'eval', 'execfile', 'exit', 'file', 'filter', 'float',
'getattr', 'globals', 'hasattr', 'hash', 'help', 'hex', 'id',
'input', 'int', 'intern', 'isinstance', 'issubclass', 'iter',
'len', 'license', 'list', 'locals', 'long', 'map', 'max', 'min',
'object', 'oct', 'open', 'ord', 'pow', 'property', 'quit',
'range', 'raw_input', 'reduce', 'reload', 'repr', 'round',
'setattr', 'slice', 'staticmethod', 'str', 'super', 'tuple',
'type', 'unichr', 'unicode', 'vars', 'xrange', 'zip']
>>>
```

Man kann den Namensraum von Variablen von jedem zusammengesetzten Datentyp anzeigen (dies geht deshalb, weil sie als Objekte implementiert sind, und die haben einen eigenen *2. Namensraum*):

```
>>> dir(()) #Methoden eines leeren Tuple
>>> dir(())
['__add__', '__class__', '__contains__', '__delattr__',
'__eq__', '__ge__', '__getattribute__', '__getitem__',
'__getslice__', '__gt__', '__hash__', '__init__', '__le__',
'__len__', '__lt__', '__mul__', '__ne__', '__new__',
'__reduce__', '__repr__', '__rmul__', '__setattr__', '__str__']
>>>
```

Methoden einer Liste, auch einer leeren, kann man durch folgenden Befehl herausfinden:

```
>>> dir([])
['__add__', '__class__', '__contains__', '__delattr__',
'__delitem__', '__delslice__', '__eq__', '__ge__',
'__getattribute__', '__getitem__', '__getslice__', '__gt__',
'__hash__', '__iadd__', '__imul__', '__init__', '__le__',
'__len__', '__lt__', '__mul__', '__ne__', '__new__',
'__reduce__', '__repr__', '__rmul__', '__setattr__',
'__setitem__', '__setslice__', '__str__', 'append', 'count',
'extend', 'index', 'insert', 'pop', 'remove', 'reverse', 'sort']
>>>
```

Methoden jeden Strings, in diesem Falle eines leeren, sind:

```
>>> dir("")
['__add__', '__class__', '__contains__', '__delattr__',
'__eq__', '__ge__', '__getattribute__', '__getitem__',
'__getslice__', '__gt__', '__hash__', '__init__', '__le__',
'__len__', '__lt__', '__mul__', '__ne__', '__new__',
'__reduce__', '__repr__', '__rmul__', '__setattr__', '__str__',
'capitalize', 'center', 'count', 'decode', 'encode', 'endswith',
'expandtabs', 'find', 'index', 'isalnum', 'isalpha', 'isdigit',
'islower', 'isspace', 'istitle', 'isupper', 'join', 'ljust',
'lower', 'lstrip', 'replace', 'rfind', 'rindex', 'rjust',
```

```
'rstrip', 'split', 'splitlines', 'startswith', 'strip',
'swapcase', 'title', 'translate', 'upper']
>>>
```

reload()-Funktion

Wenn man Module interaktiv testet, kommt es oft vor, dass das Modul geändert wird und neu geladen werden muss. Da es nicht sehr praktisch wäre, bei jeder Änderung den Interpreter zu schließen und anschließend neu zu starten und das Modul zu importieren, gibt es die Funktion *reload()*, die ein Modul neu lädt:

```
>>> import primzahl
```

Das Modul *primzahl.py* wird von uns modifiziert, deshalb folgt:

```
>>> reload(primzahl)
<module 'primzahl' from 'C:\vmi-buch\primzahl.pyc'>
>>>
```

2.6 Ein/Ausgabe

Ein wichtiges Kapitel jeder Programmiersprache ist die Ein- und Ausgabe. Python ist selbstverständlich keine Ausnahme, allerdings sind Ein/Ausgabe-Operationen in Python sehr schön und effektiv wie nur in wenigen anderen Sprachen. Beginnen wir mit der einfachsten Art, einen Wert von einem Benutzer zu erhalten.

Interaktive Eingabe

Sollte man viele Skripten für die Kommandozeile schreiben, so wird man mit der Zeit eine Möglichkeit brauchen, um vom Benutzer Eingaben zu verlangen. In Python realisiert dies die eingebaute Funktion *raw_input(string)*:

```
>>> name=raw_input("Geben Sie Ihren Namen ein: ")
Geben Sie Ihren Namen ein: Martin
>>> name
'Martin'
```

Dateien

Die Notwendigkeit, Daten auch nach dem Beenden eines Programms zu speichern, gehört zu den sicher wichtigsten Aufgaben eines jeden Programmierers. In diesem Unterkapitel wird gezeigt, wie man mit Dateien arbeitet.

Öffnen

Bevor man eine Datei verwenden kann, muss man sie öffnen. In Python beginnt also jede Art der Arbeit mit Dateien bei der eingebauten Funktion:

```
open("Datei", "Modus")
```

Sie gibt ein Objekt (*file-Objekt*) zurück, über das wir auf eine Datei zugreifen. Sie hat zwei Argumente: die Datei, die wir öffnen wollen, und den Modus, in dem wir sie öffnen möchten.

Modus	Funktion
r	Lesen. Die zu öffnende Datei muss existieren.
w	Schreiben. Existiert eine gleichnamige Datei, wird sie gelöscht.
a	Schreiben am Ende der Datei. Die zu öffnende Datei muss existieren.
r+	Lesen und Schreiben. Die zu öffnende Datei muss existieren.
w+	Lesen und Schreiben. Existiert eine gleichnamige Datei, wird sie gelöscht.
a+	Lesen und Schreiben am Ende der Datei. Die zu öffnende Datei muss existieren.

Tab. 2.17: Mögliche Modi fürs Öffnen der Dateien

Beispiele:

```
>>> f=open(r"c:\autoexec.bat","r")
>>> f
<open file 'c:\autoexec.bat', mode 'r' at 00B45880>
>>> f=open(r"c:\temp\test.txt","w+")
>>> f
<open file 'c:\temp\test.txt', mode 'w+' at 00B51A50>
>>>
```

In der zweiten Zeile hat das *r* vor dem String nichts mit dem Modus zu tun. Es sagt, dass es sich um einen Raw-String handelt. An diesem Beispiel können Sie sehen, wann die Raw-Strings (s.o.) nützlich werden. Reicht uns beim Öffnen der Modus *r*, so kann man die zweiten Argumente weglassen:

```
>>> open(r"c:\autoexec.bat")
<open file 'c:\autoexec.bat', mode 'r' at 00B40360>
>>>
```

Lesen

Nachdem wir eine Datei erfolgreich geöffnet haben (das heißt, wir sind auf keine Ausnahme gestoßen), können wir mit ihr arbeiten.

Die Methoden des *file*-Objekts, die zum Lesen aus Dateien bestimmt sind, lauten:

Methode	Ergebnis
f.read(n)	gibt *n* Zeichen, ohne *n* gibt *read()* die ganze Datei zurück
f.readline()	gibt eine Zeile der Datei zurück
f.readlines()	gibt eine Liste zurück, jedes Element ist eine Zeile der gelesenen Datei

Tab. 2.18: Methoden zum Lesen aus Dateien

Zuerst die wohl wichtigste Methode – *read()*. Ohne Argumente gibt sie die ganze Datei zurück, mit dem Argument *n* gibt sie *n* Zeichen zurück. Auch die Methode *readline()* wird oft verwendet. Diese gibt eine Zeile aus der Datei zurück (jedes Zeichen bis zum ersten *\n*). Und schließlich gibt es noch die Methode *readlines()*, die in einer Liste die Zeilen der Datei zurückgibt. Sie wird sehr oft mit der *for*-Schleife verwendet.

Beispiel:

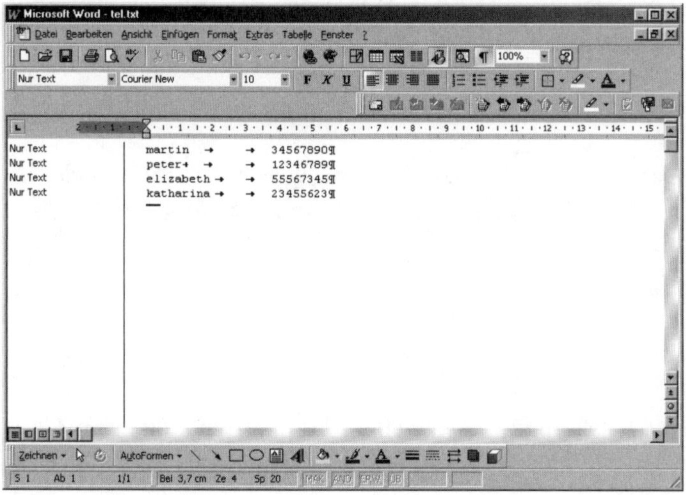

Abb. 2.1: Datei *tel.txt*

```
>>> f=open("tel.txt")
>>> f
<open file 'tel.txt', mode 'r' at 0x00A91E30>
>>> print f.readline()
martin      34567890

>>> f.readline()
'peter\t\t\t12346789\n'
>>> f.read()
'elizabeth\t\t55567345\nkatharina\t\t23455623'
>>>
```

Über die Funktion *open()* habe ich die Datei geöffnet (das zweite Argument sagt, dass ich aus der Datei nur lesen möchte). Das *file*-Objekt, das diese Funktion zurückgibt, haben wir der Variablen *f* zugewiesen.

Über die Methode *readline()* habe ich dann eine Zeile ausgelesen (als Zeile gilt alles bis zum Zeilenumbruch-Zeichen *\n*). Wichtig ist, dass Python sich automatisch gemerkt hat, wo es mit dem Lesen aufgehört hat, so dass der nächste Aufruf dieser Funktion die zweite Zeile ausgegeben hat. Die Methode *read()* hat dann jedes Zeichen bis zum Ende der Datei ausgegeben.

Schreiben

Um in eine Datei schreiben zu können, muss sie im '*w*'- ("*w+*") oder im '*a*'- ("+*a*") Modus geöffnet werden. Zum Schreiben dient die Methode:

```
f.write(String)
```

bzw.:

```
f.writelines([String1, ..., StringN])
```

Um ein neues Telefonbuch zu erstellen, können wir folgenden Code benutzen:

```
>>> tel={"heinz":"1111111","sonja":2222222}
>>> fw=open("new_tel.txt","w")
>>> for a in range(len(tel)):
...     fw.write(tel.keys()[a]+"\t"+str(tel.values()[a])+"\n")
>>>
```

Gelesen wird unser Telefonbuch folgendermaßen:

```
>>> fr=open("new_tel.txt")
>>> data=fr.readlines()
>>> for a in range(len(data)): print data[a]
...
heinz   1111111

sonja   2222222
>>>
```

Zu beachten ist, dass das Argument nur ein String sein darf. Deshalb auch das relativ umständliche Argument bei *write()*. Eine elegantere

Lösung bietet sich über das *pickle-Modul* an, das wir uns in Kürze ansehen werden.

Position ändern

Bisher waren wir bei unseren Experimenten mit Dateien an feste Positionen gebunden. Bevor wir in den Dateien »wild herumspringen«, kommt ein wenig Theorie: Dateien sind nur eine endliche Reihe (wenn man möchte, eine Sammlung) von Bytes (Zeichen). Innerhalb der Dateien bewegt man sich mit dem so genannten *Cursor*. Dieser zeigt die Position an, an der man sich gerade befindet. Über die Methode

```
f.tell()
```

findet man heraus, hinter welchem Zeichen sich der Cursor befindet:

```
>>> f=open(r"c:\config.sys")
>>> f.tell()
0
>>> f.readline()
'DEVICE=C:\\WINDOWS\\HIMEM.SYS\n'
>>> f.tell()
29
```

Die Position des Cursors verändert man mit der Methode:

```
f.seek(wieviel,woher)
```

Das Argument *wieviel* legt fest, um wie viele Bytes man den Cursor verschieben möchte, wobei das Argument *woher* drei Werte haben kann:

- 0 – Anfang der Datei
- 1 – aktuelle Position
- 2 – Ende der Datei

Es bestimmt auch, wo die Verschiebung beginnen soll. Er kann auch ausgelassen werden, dann wird implizit 0 genommen:

```
>>> f.seek(0)
>>> f.seek(7,0)
>>> f.readline()
'C:\\WINDOWS\\HIMEM.SYS\n'
>>> f.seek(-100,2)
>>> f.readlines()
['device=C:\\WINDOWS\\COMMAND\\display.sys con=(ega,,1)\n',
'Country=421,852,C:\\WINDOWS\\COMMAND\\country.sys\n']
>>>
```

Flushen und Schließen

Nach einen *write()*-Aufruf werden die Daten nicht sofort in die Datei gespeichert, sie verbleiben eine Zeit lang in einer Art Zwischenspeicher, dem so genannten *Puffer*, den das Betriebssystem verwaltet. Die Methode

```
f.flush()
```

sagt Python explizit, dass der Inhalt des Puffers (engl. Buffer) sofort in die Datei geschrieben werden muss.

HINWEIS

Beim *Flushen* werden etwaige Inhalte eines Puffers in die Datei geschrieben. Anschließend wird der Puffer geleert.

Wenn man die Arbeit mit der Datei abgeschlossen hat, sollte man sie immer über die Methode *close()* schließen :

```
>>> f=open(r"c:\config.sys")
>>> f
<open file 'c:\config.sys', mode 'r' at 00B66140>
>>> f.close()
>>> f
<closed file 'c:\config.sys', mode 'r' at 00B66140>
```

Wird sie nicht geschlossen (wie bei unseren bisherigen Beispielen), so schließt sie zwar das Betriebssystem. Es wird aber nicht garantiert, dass der Puffer geflusht wird.

Dateien müssen auch dann geschlossen werden, wenn man die Daten in eine Datei geflusht hat und diese jetzt neu im 'r'-Modus öffnen möchte:

```
>>> file="test.txt"
>>> fw=open(file,"w")
>>> fw.write("daten")
>>> fw.flush()
>>> fw.close()
>>> print open(file).read()
daten
```

print-Anweisung

Zum Formatieren der Strings in Python gibt es einen eigenen Operator – %. Seine Syntax lautet:

```
Formatstring % Tuple(Argument1,...,ArgumentN)
```

Er sucht sich zuerst alle Format-Argumente aus dem Format-String heraus (diese sind in der nächsten Tabelle aufgelistet), die er durch die Werte der Argumente ersetzt, die nach den einzelnen Format-Argumenten formatiert werden. Am leichtesten begreift man diese kryptische Definition anhand eines Beispiels:

```
>>> "Fließkommazahl %f03, Integer %d" % (4, 3.45)
'Fließkommazahl 4.00000003, Integer 3'
>>>
```

Hinter dem Namen *Format-Argument* verstecken sich von der C-Funktion *printf* übernommene Formatierungscodes:

Formatargument	Funktion
d	ganze Zahl mit Vorzeichen
i	ganze Zahl mit Vorzeichen
o	Zahl im Oktalzahlensysten ohne Vorzeichen

Formatargument	Funktion
x	Zahl im hexadezimalen Zahlensystem ohne Vorzeichen (Kleinbuchstaben)
X	Zahl im hexadezimalen Zahlensystem ohne Vorzeichen (Großbuchstaben)
e	Fließkommazahl im exponentiellen Format (Kleinbuchstaben)
E	Fließkommazahl im exponentiellen Format (Großbuchstaben)
f	Fließkommazahl
F	Fließkommazahl
g	wie *e*, wenn der Exponent größer als -4 ist oder weniger in Genauigkeit oder wie *f*
G	wie *E*, wenn der Exponent größer als -4 ist oder weniger in Genauigkeit oder wie *F*
c	ein Zeichen (angenommen wird ein Zeichen aus einem String oder ein Integer)
r	String (das übergebene Objekt wird über die Funktion *repr()* in einen String konvertiert)
s	String (das übergebene Objekt wird über die Funktion *str()* in einen String konvertiert)
%	das Zeichen %

Tab. 2.19: Formatierungssequenzen für den %-Operator

Und so werden sie angewendet:

```
>>> print "%d" % 15
15
>>> print "%o" % 15
17
>>> print "%x" % 15
f
>>> print "%E" % (1.0/3)
3.333333E-01
```

```
>>> print "%f" % (1.0/3)
0.333333
>>> print "%G" % (1.0/3)
0.333333
>>> print "%g" % (9999999)
1e+07
>>> print "%c" % "d"
d
>>>
```

Etwas Komplizierteres:

```
>>> print "%r" % "repr(string)"
'repr(string)'
>>> print "%s" % "repr(string)"
repr(string)
>>> print "das Ergebnis: %d / %i = %f" % (45,3,(45/3))
das Ergebnis: 45 / 3 = 15.000000
```

Jetzt aber zu *print*. Diese Anweisung kann man auch zum Schreiben in Dateien verwenden. Die Syntax lautet dann:

```
print >> file-Objekt, Ausdruck
```

Beispiel:

```
>>> f=open(r"c:\test.txt","w+")
>>> print >> f, "hello world!"
>>> print >> f, "%e" % 35
>>> f.close()
>>> print open(r"c:\test.txt").read()
hello world!
3.500000e+001

>>>
```

pickle-Modul

Bei der Arbeit mit Dateien haben wir uns bisher nur auf primitive Datentypen beschränkt. Wie speichert man aber komplexe Datentypen? Man hat zwei Möglichkeiten zur Auswahl. Entweder man schreibt komplizierte Parser oder man benutzt das *pickle*-Modul. Dieses bietet uns zwei wichtige Funktionen: *dump(was, file-Objekt)* und *load(file-Objekt)*. Die erste speichert etwas in eine Datei (in ein *file-Objekt*). Die zweite lädt es. Es ist zu beachten, dass durchdachte Parser schneller als das *pickle*-Modul sein werden.

HINWEIS Ein Parser liest eine Datei ein und zerlegt ihren Inhalt nach syntaktischen Regeln, von denen – möglicherweise – einige Variablen zugewiesen werden.

Telefonbuch neu, leicht, schön und effektiv gemacht:

```
>>> import pickle, sys
>>> f=open("friends.tel","w")
>>> tel={"robert":"183 426","manfred":"684 158"}
>>> pickle.dump(tel,f)
>>> f.close()
>>> sys.exit()
```

Und so wird es gelesen:

```
>>> import pickle
>>> f=open("friends.tel")
>>> tel=pickle.load(f)
>>> tel
{'robert': '183 426', 'manfred': '684 158'}
>>>
```

2.7 Fehlerbehandlung

In jedem Programm kann es zu Fehlern kommen. Es liegt an der Programmiersprache, in der das Programm geschrieben wurde, wie man sich mit diesen Fehlern zurechtfinden wird. In modernen Programmiersprachen erfolgt die Fehlerbehandlung der Laufzeitfehler durch das Konzept der Ausnahmen (engl.: *Exceptions*). Im Unterschied zu der klassischen Form der Fehlerbehandlung (bei der praktisch jede Zeile Code separat behandelt wurde, weil die Fehlerbehandlung über Rückgabewerte der Funktion erfolgte), kann man über die Ausnahmen ganze Blöcke auf Laufzeitfehler testen. Sollte es während der Laufzeit zum Fehler im Programm kommen (egal, was der Grund dafür sein wird, ob eine nicht korrekte Eingabe vom Benutzer oder mangelhafte Berechtigungen), wird ein Objekt erstellt – die *Exception*. Diese beinhaltet dann die Information, wieso es zum Fehler kam, was die letzten ausgeführten Zeilen sind (bzw. wo es zum Fehler kam) usw.

Syntaxfehler

Fehler kommen ab und zu beim Erstellen der Programme vor. Der häufigste Fehler, der auftaucht, ist wahrscheinlich der Syntaxfehler, in Python *SyntaxError* genannt.

```
>>> def test() # fehlt ':' am Ende fehlt
SyntaxError: invalid syntax
```

Diese Ausnahmen müssen im Unterschied zu den Laufzeitfehlern dadurch behandelt werden, dass die Syntax korrigiert wird.

Ausnahmen

Ausnahmen sind ein relativ neuer Weg der Fehlerbehandlung, da sie, wie schon erwähnt, ganze Codeblöcke auf Fehler testen können. Ein kurzes Beispiel ist die Division durch 0:

```
>>> print 5/0
Traceback (most recent call last):
  File "<pyshell#14>", line 1, in ?
    print 5/0
ZeroDivisionError: integer division or modulo by zero
>>>
```

In unserem Fall ist 0 zwar eine Konstante und man könnte sagen, dass der Interpreter wissen müsste, dass durch 0 dividiert wird. In einem echten Programm könnte aber durch eine Variable dividiert werden, deren Wert der Interpreter vor der Laufzeit nicht bestimmen kann (er könnte zum Beispiel während der Laufzeit vom Benutzer eingegeben werden). Eine andere häufig vorkommende Art der Ausnahmen stellt das Verwenden von nicht vorhandenen Indizes dar:

```
>>> a=1,2,3
>>> a
(1, 2, 3)
>>> a[100] # Index 100 ist sicher nicht vorhanden!
Traceback (most recent call last):
  File "<pyshell#17>", line 1, in ?
    a[100] # Index 100 ist sicher nicht vorhanden!
IndexError: tuple index out of range
>>> a={} # leeres Dictionary
>>> a["name"]
Traceback (most recent call last):
  File "<pyshell#19>", line 1, in ?
    a["name"]
KeyError: name
>>>
```

In beiden Fällen wird das Ausführen des Programms beendet, programmintern wird eine Ausnahme ausgelöst und dann eine Fehlermeldung ausgegeben, die den Fehler möglichst genau beschreibt. Die Fehlermeldung besteht aus zwei Teilen:

- Beschreibung, wo es zur Ausnahme gekommen ist
- Name der Ausnahme und ihr Argument (der Wert, der die Ausnahme ausgelöst hat)

Ausnahme	Bedeutung
NameError	wird erstellt, wenn man auf einen Namen (Variable) zugreifen möchte, die nicht existiert

Ausnahme	Bedeutung
TypeError	kann aus mehreren Gründen erstellt werden: ▶ wenn man mit einem String (wie bei Dictionaries) Listen oder Strings indexieren möchte ▶ wenn die Anzahl der Formatstrings beim Aufruf der *print*-Funktion nicht mit den übergebenen Variablen übereinstimmt ▶ wenn die Anzahl und Typen der Argumente einer Funktion nicht mit denen in der Definition übereinstimmen
KeyError	wird erstellt, wenn man auf nicht existierende Indizes (Schlüssel) bei Dictionaries zugreifen will
AttributeError	wird dann erstellt, wenn man auf ein Attribut bzw. eine Methode zugreifen möchte, die es in Wirklichkeit nicht gibt
IndexError	wird erstellt, wenn man auf nicht existierende Indizes bei Listen und Tuples zugreifen will
ImportError	wird erstellt, wenn ein zu importierendes Modul nicht gefunden wird

Tab. 2.20: Häufig vorkommende Ausnahmen

try-Anweisung

Es muss nicht immer wünschenswert sein, dass das Programm beim Auftritt einer Ausnahme beendet wird. Mit der *try*-Anweisung können wir in einem Codeblock die Ausnahmen nach ihrem Entstehen abfangen und diese dann behandeln (wie ich schon erwähnt habe und wie wir bald sehen werden, sind Ausnahmen Objekte). Die Behandlung erfolgt über die *except*-Anweisung, an die ein Codeblock, der auf die Ausnahme reagiert, angeschlossen wird. Die Syntax für *try* und *except* lautet:

```
try:
    Codeblock
except Ausnahme, Argument:
    Codeblock zur Fehlerbehandlung
```

```
except AndereAusnahme, AnderesArgument:
    Codeblock zur Fehlerbehandlung
```

Die Argumente muss man nicht anführen. Beispiel:

```
>>> try:
    5/0
except ZeroDivisionError:
    print "durch 0 darf man nicht dividieren"


durch 0 darf man nicht dividieren
>>>
```

Eine Version mit den Argumenten:

```
>>> try:
      5/0
except ZeroDivisionError, arg:
      print arg


integer division or modulo by zero
>>>
```

Steht hinter *except* kein Name einer Ausnahme, so gilt der Block für jede Ausnahme, die auftauchen kann:

```
>>> a=1,2,3
>>> try:
      5/a[3]
except:
      print "Ausnahme"


Ausnahme
>>>
```

else-Anweisung

Bei der *try*-Anweisung gibt es auch einen *else*-Teil, der sagt, was passiert, wenn keine Ausnahme hervorgerufen wird (der Block nach *try* läuft ohne Fehler ab). Diese *else*-Erweiterung der *try*-Anweisung darf nur gemeinsam mit der *except*-Klausel verwendet werden (*try* nur mit *else*, ohne *except* ist unmöglich):

```
>>> try:
        5/a[1]
except:
        print "Ausnahme"
else:
        print "Keine Ausnahme"


2
Keine Ausnahme
>>>
```

finally-Anweisung

Schlussendlich kann man in der *try*-Anweisung noch die *finally-Anweisung* verwenden. In einem *try*-Blok mit der *finally*-Klausel darf es keine *except*- oder *else*-Klausel geben. Der Block nach *finally* wird auf jeden Fall ausgeführt, egal ob es zur Ausnahme gekommen ist oder nicht:

```
>>> try:
        5/0
finally:
        print "Aha, Fehler!"


Aha, Fehler!
Traceback (most recent call last):
  File "<pyshell#59>", line 2, in ?
    5/0
ZeroDivisionError: integer division or modulo by zero
>>>
```

finally wird oft bei der Arbeit mit Dateien verwendet, bei denen man sichergehen will, dass sie auf jeden Fall geschlossen werden (also bei wichtigen Daten).

raise-Anweisung

Ausnahmen kann man auch selbst generieren. Sollte es beim Programmablauf zu einem unerwünschten Vorgang kommen, so generiert man eine Ausnahme. Diese kann dann durch Programmierer, die unseren Code verwenden, abgefangen und behandelt werden. Die Syntax lautet:

```
raise Ausnahme, Argument
```

Eine Ausnahme wird als String oder Objekt definiert (Objekte inklusive benutzerdefinierte Ausnahmen werden im nächsten Kapitel vorgestellt). Das Argument bei der *raise*-Anweisung ist nicht erforderlich. Es ist meistens der Wert, bei dem Probleme aufgetaucht sind und der für die Ausnahmenbildung verantwortlich war. Ein einfaches Beispiel mit einer String-Ausnahme:

```
>>> zeit=1 #1 AM
>>> #Eingabe könnte auch anders erfolgen
>>> #z.B.: über raw_input()
>>> if zeit > 23 or zeit < 5:
    raise "gehe endlich schlafen!", "Es ist schon "+str(zeit)

Traceback (most recent call last):
  File "<pyshell#71>", line 2, in ?
    raise "gehe endlich schlafen!", "Es ist schon
"+str(zeit)
gehe endlich schlafen!: Es ist schon 1
>>>
```

2.8 OOP

Einführung in OOP

Der Begriff *OOP* (***O**bject **O**riented **P**rogramming – objektorientierte Programmierung*) ist in den letzten Jahren das Schlagwort in der Programmierung. Der wesentliche Unterschied zum bisher so verbreiteten prozeduralen Programmieren besteht darin, dass man sich nicht mehr fragt, *wie* ein Problem gelöst wird, sondert *womit* es gelöst wird. Es ist nicht mehr so wichtig, dass man über Funktionen genau beschreiben muss, wie das Problem gelöst wird. Der Wert wird bei der OOP auf die Datenstrukturen (Datentypen) gelegt. Diese werden als Objekte bezeichnet. Sie sollen die wirklichen Objekte aus der Realität des Problems nachahmen und so das Programmieren (Lösen der Aufgaben der Programmierung) wesentlich erleichtern.

Grundprinzipien der OOP

In einem Buch, das so viel wie möglich von Python zeigen soll, ist es nicht möglich, sich genau mit der Theorie der OOP zu beschäftigen. Deshalb erwähne ich nur, was unbedingt notwendig ist, um mit dem OOP-Programmierstil beginnen zu können (dazu eignet sich Python ausgezeichnet, weil die OOP-Ansätze implementiert und in Python leicht zu verstehen sind). Begriffsklärungen:

- eine Schablone (ein Muster für Objekte, das bestimmt, wie ein Objekt aussehen wird) für ein Objekt aus der Realität wird *Klasse* genannt
- ein konkretes, von einer Klasse abgeleitetes Objekt nennt man *Instanz*
- die Variablen in einer Klasse werden *Attribute* (oder auch members) genannt
- die Funktionen, die in einer Klasse definiert sind, nennt man *Methoden*. Sie werden über die Syntax *Objekt.methode()* gerufen.

Und jetzt zu den Prinzipien. Der wohl wichtigste Begriff in der OOP ist das Objekt. Man kann es sich wie eine kleine, abstrakte Schachtel vorstellen. Diese Schachtel hat einen eigenen Zustand (der unabhängig von anderen Schachteln ist). Die Variablen, die den Zustand des Objektes beschreiben, nennt man *Attribute*.

Das Innere eines Objektes ist für seinen Benutzer nicht bekannt, es ist *verkapselt*. Dieses Prinzip der Kapselung (encapsulation) garantiert, dass Objekte im konsistenten Zustand bleiben. Die Kommunikation zwischen dem Programm und Objekten erfolgt über die so genannten Methoden – eine Art Nachrichten. Methoden stellen nur Funktionen dar, die einem Objekt fest zugewiesen sind. Der Zustand eines Objektes sollte nur über Methoden abgefragt oder geändert werden, nicht über Attribute. Für uns sollte das heißen, dass wir im Objekt selbst mit Attributen sehr wohl arbeiten können, außerhalb des Objektes verwenden wir aber nur die Methoden.

Ein weiteres Konzept der OOP nennt man *Polymorphismus*. Das bedeutet, dass man mehreren Objekten eine Nachricht senden kann, und diese können auf diese eine Nachricht (Methodenaufruf) verschieden reagieren.

Es gibt noch mehrere wichtige Begriffe in der OOP; uns interessieren vor allem noch die *Klassen* und die *Vererbung*. Eine Klasse dient als eine Schablone für ein Objekt. Sie stellt selbst kein Objekt dar. Diese werden von ihr abgeleitet, man spricht dann von *Instanzen* einer Klasse. Die Vererbung ermöglicht uns, Hierarchien von Klassen zu bilden. Durch durchdachte Hierarchien der Objekte kann man den Umfang an Code wesentlich reduzieren (gilt bei größeren Projekten) und den Polymorphismus richtig ausnutzen.

Klassen

In Python lautet die Syntax zur Definition einer Klasse folgendermaßen:

```
class KlassenName(Argumente):
    Code
```

Da OOP in Python recht einfach und mächtig ist, fangen wir gleich mit einem konkreten Beispiel an. Wir schaffen einen Korb, in den wir »Objekte« legen können. Es entsteht eine Art *Container* für andere Daten in Python.

```
class Korb:
        def __init__(self, inhalt=None):
                "Konstruktor" #wird gleich beschrieben
                self.inhalt=[]
                if inhalt: self.inhalt.append(inhalt)
        def add(self, sache):
                "eine Sache in den Korb legen"
                self.inhalt.append(sache)
        def show(self):
                "den Inhalt des Korbes ausgegeben"
                for element in self.inhalt:
                        print element
```

Die Definition einer Klasse beginnt mit dem Schlüsselwort *class*, hinter ihm folgen der Name der Klasse und ein Doppelpunkt (:).

Den Methodenköper bilden die Attribute und Methoden. In unserem Fall sind es ausschließlich Methoden. Die erste Methode, die wir definiert haben, ist *__init__()*. Der komplizierte Name ist Absicht – so wird nämlich der Konstruktor bezeichnet (er hat die Aufgabe, beim Ableiten der Instanzen die Attribute einzustellen). Er wird automatisch bei jedem Ableiten einer Instanz gerufen. Die restlichen beiden Methoden fügen einen Gegenstand in den Korb ein bzw. zeigen den Inhalt des Korbes. Was noch unklar sein könnte, ist das Argument *self*. Es ist ein Äquivalent für *this*, bekannt aus C++ oder Java, und mit ihm ist die konkrete Instanz gemeint, mit der wir im Augenblick arbeiten. Wichtig ist die Position dieses Argumentes (1. Argument), der Name weniger, er ist eher konventionell (in der Definition der Methode kann es auch anders heißen, z.B.: *this*). Ein Attribut, das wir unbedingt brauchen, um Daten zu speichern, wird über dieses Argument gebildet. Im Namensraum der Instanz (auf die wir über *self* zugreifen) wird die Variable erstellt (in diesem Fall könnte man auch Attribut sagen).

Wie schon gesagt, sind Klassen lediglich Schablonen, die uns zum Erstellen der einzelnen Objekte (auch Instanzen genannt) dienen. Um mit Objekten arbeiten zu können, müssen wir wissen, wie man Instanzen der Klassen erstellen kann. Dies funktioniert folgendermaßen:

```
>>> trash = Korb()
>>>
```

Im Allgemeinen lautet also die Syntax:

```
Instanz = Klasse(Argumente)
```

Und so wird unsere Klasse verwendet:

```
>>> trash=Korb()
>>> trash.add("Stift")
>>> trash.add("Banane")
>>> trash.show()
Stift
Banane
>>>
```

Die Initialisierung über den Konstruktor würde folgendermaßen aussehen:

```
>>> trash=Korb(["Stift","Banane"])
>>> trash.show()
Stift
Banane
>>>
```

Da der Konstruktor nur ein Argument erwartet, müssen wir ihm mehrere Elemente in einem zusammengesetzten Datentyp verpackt (hier war es die Liste *[»Stift«,»Banane«]*) übergeben.

Der Identifikator (in diesem Fall *trash*) dient nur als eine *Referenz* zur erstellten Instanz. Man kann auch eine Instanz erstellen, ohne sie an einen Identifikator zu binden:

```
>>> Korb(["Papier", "Feder"]).show()
['Papier', 'Feder']
```

Dieses Objekt wurde, nachdem es nicht mehr verwendet wird (nachdem die *show()*-Methode gerufen wurde), zerstört. Objekte werden dann zerstört, wenn es keine Referenz mehr gibt, die auf sie zeigt:

```
>>> trash=Korb()
>>> del trash
>>> trash
Traceback (most recent call last):
  File "<pyshell#12>", line 1, in ?
    trash
NameError: name 'trash' is not defined
>>>
```

Dies ist auch logisch, denn wie soll man mit einem Objekt arbeiten, das zwar noch vorhanden ist, für das es aber keine Möglichkeit gibt, ihm Nachrichten zu schicken.

Zum Schluss noch eine Überlegung. Was passiert, wenn die Methode *add()* (es kann jede Methode sein) eine Referenz auf die aktuelle Instanz zurückgibt? Code der überarbeiteten Methode *add():*

```
        def add(self, sache):
                "eine Sache in den Korb legen"
                 self.inhalt.append(sache)
                 return self
```

Man gewinnt folgende Möglichkeit:

```
>>> Korb().add("Integer").add("String").show()
Integer
String
```

Was ist die Erklärung für diese effiziente Arbeitsweise? Der Aufruf *Korb()* gibt eine Instanz zurück, die natürlich über die Methode *add()* verfügt. Sie wird auch sofort gerufen und gibt die aktuelle Instanz zurück. So geht es weiter, bis die Methode *show()* gerufen wird und das Objekt von Python zerstört wird (dadurch wird Platz im Arbeitsspeicher frei).

Vererbung

Die Vererbung ist eine der wichtigsten Eigenschaften der OOP. Durch sie werden unsere Klassen die Funktionalität anderer Klassen »assimilieren« und uns somit eine Möglichkeit geben, Klassenhierarchien zu bilden. Dies bringt hauptsächlich zwei Vorteile. Man erspart sich das Schreiben eines Codes, der mehrmals im Programm vorkommt, und außerdem kann man Polymorphismus anwenden.

Einfache Vererbung

Zuerst beschäftigen wir uns mit der einfachsten Form der Vererbung. Die ableitende Klasse vererbt alle Methoden und Attribute der abgeleiteten Klasse. Die Syntax lautet:

```
class Name(Basisklasse):
    Code
```

Der Sinn der Vererbung besteht darin, dass die abgeleitete Klasse um neue Funktionen erweitern wird. In unserem Beispiel fügen wir der Klasse *Korb* die Methode *clear()* zu:

```
class Korb2(Korb):
        "Implementierung der Vererbung"
        def show(self):
                "zeigt des letzte Element im Korb"
                if len(self.inhalt) > 0:
                        print
self.inhalt[len(self.inhalt)-1]
        def clear(self):
                "leert den Korb"
                self.inhalt=[]
                return self
```

Die Methode *show()* wurde noch mal definiert, um zu zeigen, dass ableitende Klassen die Methoden und Attribute der abgeleiteten Klassen überschreiben. In unserem Beispiel wird also die *show()*-Methode des *Korb2*-Objektes gerufen:

```
>>> trash=Korb2()
>>> trash.add("Handy").add("Katze").add("Hund")
<__main__.Korb2 instance at 010B2B4C>
>>> trash.show()
Hund
>>>
```

Ein anderer großer Vorteil der Vererbung besteht darin, dass man über die Sources (Quellen) der abgeleiteten Klasse nicht verfügen muss. Man kann sie auch dann erweitern, wenn man sie nur in Bytecode (Dateien mit *.pyc*- oder *.pyo*-Erweiterung) zur Verfügung hat. So kann man auch fremde Programme erweitern, von denen man die Quelltexte nicht unbedingt haben muss.

Komplexe Vererbung

Bei der komplexen Vererbung vererbt man nicht von einer Klasse, sondern von mehreren gleichzeitig. Die Syntax lautet:

```
Name(Basisklasse1, ..., BasisklasseN)
      Body
```

Eine so abgeleitete Klasse vererbt alle Attribute und Methoden aller Basisklassen:

```
class Korb3(Korb2, Korb):
        "Mehrfache Vererbung"
        def change(self, element):
                "tauscht das letzte Element"
                self.inhalt=self.inhalt[:-1]
                self.add(element)
        def __del__(self,file=""):
                "Destruktor"
                file=file or "korb.txt"
                f=open(file,'w')
                for a in self.inhalt:
                        f.write(a+'\n')
```

```
        f.flush()
        f.close()
```

Jetzt tauchen sicher wieder Fragen auf: Zum Beispiel, ob in der Klasse *Korb3* die Methode *show()* der Klasse *Korb2* oder der Korb-Klasse implementiert wird? Die Antwort ist, dass die Methoden und Attribute der in der Argumentenliste als erste angeführten Klasse die niedrigere Priorität haben:

```
>>> trash=Korb3(["Hund","Maus","Katze"])
>>> trash.show()
['Hund', 'Maus', 'Katze']
>>>
```

Analog gilt es, wenn man aus drei und mehr Klassen eine neue Klasse ableitet.

Die nächste Frage, die sich stellt, lautet: Was soll die *__del__()*-Methode? Es ist der so genannte *Destruktor*, eine Methode, die beim Beseitigen eines Objektes gerufen wird (weil zum Beispiel keine Referenzen mehr auf das Objekt verweisen). In unserem Beispiel kümmert sie sich darum, dass vor dem Löschen des Objektes der Inhalt des Attributes in eine Textdatei gespeichert wird.

Beispiel:

```
>>> trash=Korb3().add("Katze").add(
      "Maus").add("Hund")
>>> del trash
```

HINWEIS Sollten Sie die Datei *korb.txt* nicht finden, so sehen Sie in Ihr Verzeichnis, in dem Sie Python gestartet haben (unter Windows ist es das Installationsverzeichnis *C:\Python2.2*).

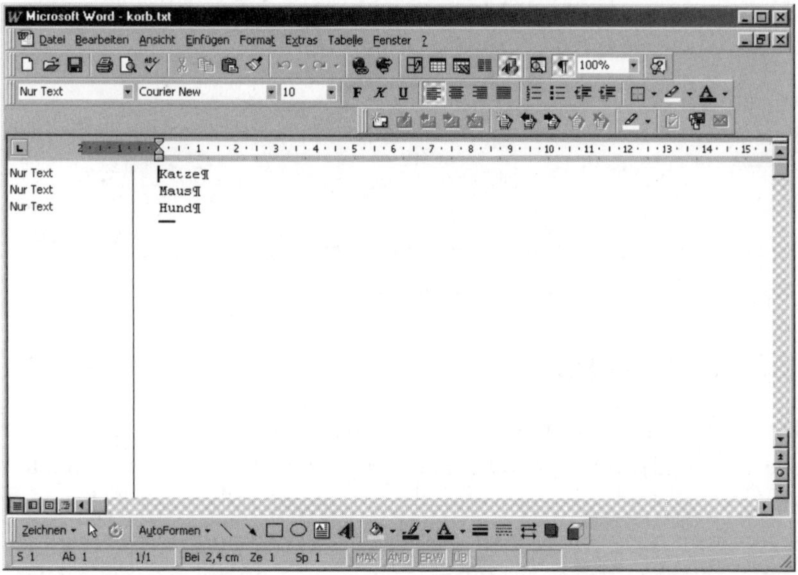

Abb. 2.2: ***korb.txt***

Strukturen

Normalerweise kann man Instanzen jederzeit um Attribute in ihren Namensräumen erweitern (so kann man auch die Strukturen aus Pascal/C nachahmen):

```
>>> class Auto:
    pass

>>> buggy=Auto()
>>> dir(buggy)
['__doc__', '__module__']
>>> buggy.farbe="rot"
>>> buggy.tank=150
>>> dir(buggy)
['__doc__', '__module__','farbe', 'tank']
>>>
```

Diese »Erweiterungen« der Instanzen haben natürlich keine Auswirkung auf die Klasse, von der sie abgeleitet wurden:

```
>>> sporter=Auto()
>>> dir(sporter)
['__doc__', '__module__']
>>>
```

Alles in allem ist dies ein nicht sehr sauberer (jedoch effektiver) Weg, Daten in Datentypen zu speichern.

»Private Attribute«

Man kann sogar jederzeit den Namen im Namensraum der Instanz neue Werte zuordnen, was nicht immer erwünscht sein muss. Möchte man gewisse Attribute vor dem unbeabsichtigten Überschreiben schützen, so kann man vor sie zwei Unterstriche und hinter sie einen Unterstrich (_) setzen. Python verändert dadurch den Attributnamen, so dass man ihn nur schwer zufällig überschreiben wird:

```
>>> class private:
    __p_="privat"


>>> dir(private)
['__doc__', '__module__', '_private__p_']
>>>
```

Eine verbreitet angewendete Möglichkeit, Attribute und Methoden vor unbeabsichtigtem Überschreiben zu schützen, ist die Einführung bestimmter Regeln für die Namensbildung. Obwohl es für jede Sprache bestimmt die garantiert richtigen Regeln gibt, empfehle ich jedem Programmierer, sich diese Richtlinien selbst zu schaffen. Denn hauptsächlich man selbst sollte sich in den eigenen Programmen auskennen.

Variable	Verwendungszweck
i	lokale Variable, die (wiederholt) in Abschnitten des Codes (z.B.: *for*-Schleife) mehrmals verwendet wird

Variable	Verwendungszweck
inhalt	Variable, die im ganzen Programm verwendet wird und deren Wert sich (wahrscheinlich) noch ändern wird
MAXINHALT	eine Konstante, eine Variable, deren Wert im ganzen Programm gleich sein soll (es ist zwar möglich, dieser einen neuen Wert zuzuweisen, dennoch nicht üblich)
Korb	mit den ersten Anfangsbuchstaben großgeschrieben werden oft Klassen bezeichnet
machDasSofort()	entweder so oder komplett kleingeschrieben werden Methoden bezeichnet

Tab. 2.21: Beispiele für Variablennamen

Natürlich sind diese Konventionen nur empfehlenswert, um Chaos in unseren Programmen zu vermeiden, sie sind nicht bindend.

Benutzerdefinierte Datentypen

Am Anfang des Kapitels habe ich schon erwähnt, dass Objekte als Datentypen betrachtet werden können. Eingebaute Funktionen (wie z.B. *len()*, *int()*) und Operatoren kann man in Python nicht nur auf die eingebauten Datentypen verwenden (z.B. Integer, String, Liste, Dictionary), sondern auch auf benutzerdefinierte Klassen, die spezielle Methoden implementieren. Das bedeutet, dass der Aufruf *len(InstanzUnsererKlasse)* den Aufruf einer bestimmten Methode *UnsererKlasse* zur Folge hat. Dieses Verhalten wird durch spezielle Methoden der Klassen implementiert und es ermöglicht dem Programmierer, eigene Datentypen in Form von Klassen (Objekten) zu schaffen.

Spezielle Methoden der Klassen

Python definiert eine Gruppe von Methoden, die bei bestimmten Ereignissen aufgerufen werden. Zum Beispiel wird beim Ableiten einer Instanz der Konstruktor (erstes Beispiel in diesem Unterkapitel) aufgerufen. Dieser soll dann die Attribute der Instanz setzen. Der Name für die Methode mit dem Konstruktor lautet in Python *__init__(self, Argumente)*. Beim Löschen einer Klasse wird der Destruktor aufgerufen, sein Name ist *__del__(self)*. Ein gemeinsames Merkmal für alle speziellen Methoden ist es, dass der Name der Methode *__Methodenname__* lautet. Python kennt folgende speziellen Methoden:

Methode	Bedeutung
__init__(self, args)	Konstruktor
__del__(self)	Destruktor (wird beim Löschen eines Objektes gerufen)
__repr__(self)	Bestimmt, wie die Umwandlung über die Funktion *repr()*, bzw. über '...' ausgeführt wird
__str__(self)	Umwandlung über *str()* und Ausgabe beim *print*-Befehl
*__call__(self, *args)*	Diese Methode wird dann gerufen, wenn man eine Instanz als eine Funktion verwenden möchte. In **args* sind die Argumente, die übergeben werden.

Tab. 2.22: Spezielle Methoden

Die Implementierung von einigen Methoden (die ersten zwei sind schon implementiert) in unserer »neuen« Klasse *Korb4*:

```
class Korb4(Korb3):
        def __len__(self):
                return len(self.inhalt)
        def __str__(self):
                return str(self.inhalt)
        def __call__(self,*args):
                print "Instanz wurde \
                       als Funktion gerufen"
                print "Übergebene Argumente:"
                for a in args:
                        print a
                return self
```

Anwendung:

```
>>> trash=Korb4().add("Maus").add(
      "Katze").add("Hund")
>>> len(trash)
3
>>> str(trash)
"['Maus', 'Katze', 'Hund']"
>>> trash(1.33,range(3),"String")
Instanz wurde als Funktion gerufen
Übergebene Argumente:
1.33
[0, 1, 2]
String
<__main__.Korb4 instance at 010723AC>
>>>
```

Operatoren

Neben diesen speziellen Methoden gibt es noch welche, mit denen man das Verhalten der Klasse an die eingebauten Operatoren anpassen kann.

Arithmetische Operatoren

Außerdem gibt es noch eine Reihe von speziellen Methoden für arithmetische Berechnungen. Hier einige davon:

Methode	Ergebnis
__add__(self,other)	Addition; *self + other*
__sub__(self,other)	Subtraktion; *self - other*
__mul__(self,other)	Multiplikation; *self * other*
__div__(self,other)	Division; *self / other*
__mod__(self,other)	Modulo; *self % other*
__pow__(self,other)	Potenzieren; *self ** other*

Tab. 2.23: Methoden – Arithmetische Operatoren

Implementierung anhand einer Klasse, die ein Kraftfahrzeug darstellen soll:

```
>>> class Kfz:
        def __init__(self,Tank):
                self.tank=Tank
        def __add__(self,value):
                self.tank+=value
        def __sub__(self,value):
                self.tank-=value
        def printStatus(self):
                print str(self.tank)+" l \
                      Treibstoff im Tank"


>>> auto=Kfz(10)
>>> auto.printStatus()
10 l Treibstoff im Tank
>>> auto+10
>>> auto.printStatus()
20 l Treibstoff im Tank
>>> auto-5
>>> auto.printStatus()
15 l Treibstoff im Tank
>>>
```

Boolesche Operatoren

Reaktionen auf Vergleichsoperatoren kann man in eigenen Klassen über diese Methoden implementieren:

Methode	Erklärung
__cmp__(self, other)	vergleicht *self* mit *other* und gibt <0, 0, oder >0 zurück. Implementiert >,<,==
__lt__(self, other)	wird beim Test *self* < *other* gerufen
__le__(self, other)	wird beim Test *self* <= *other* gerufen
__gt__(self, other)	wird beim Test *self* > *other* gerufen

Methode	Erklärung
__ge__(self, other)	wird beim Test *self* >= *other* gerufen
__eq__(self, other)	wird beim Test *self* == *other* gerufen
__ne__(self, other)	wird beim Test *self* != *other* oder *self* <> *other* gerufen
__nonzero__(self)	wird für den booleschen Wahrheitstest verwendet

Tab. 2.24: Methoden – Boolesche Operatoren

Diese Funktionen geben einen Wahrheitswert zurück. Sie können auch eine Ausnahme bilden, zum Beispiel dann, wenn man einen String mit einem Integer vergleichen möchte.

Implementierung dieser Methoden in der Klasse *Korb4*:

```
def __lt__(self,wert):
        if len(self)<wert:
                return 1
        else:
                return 0
def __gt__(self,wert):
        if len(self)>wert:
                return 1
        else:
                return 0
def __eq__(self,wert):
        if len(self)==wert:
                return 1
        else:
                return 0
def __ne__(self,wert):
        if len(self)!=wert:
                return 1
        else:
                return 0
def __nonzero__(self):
        if self.inhalt:
```

```
                return 1
        else:
                return 0
```

Und so funktioniert es:

```
>>> trash=Korb4()
>>> trash.add("Tom").add("Jerry")
<__main__.Korb4 instance at 01088A2C>
>>> if trash < 10: print "trash < 10"

trash < 10
>>> if trash > 1: print "trash > 1"

trash > 1
>>> trash == 2
1
>>> trash == 1
0
>>> trash != 1
1
>>> trash != 2
0
>>> if trash: print "trash ist wahr"

trash ist wahr
>>> trash.clear()
<__main__.Korb4 instance at 01088A2C>
>>> if trash: print "trash ist wahr"

>>>
```

Datentypen umwandeln

Es ist wohl selbstverständlich, dass es für die Umwandlungen zwischen Datentypen (zum Beispiel: *int()*, *long()*) auch Methoden gibt:

Methode	Ergebnis
int(self)	*__int__(self)*
long(self)	*__long__(self)*
float(self)	*__float__(self)*
oct(self)	*__oct__(self)*
hex(self)	*__hex__(self)*
coerce(self,other)	*__coerce__(self,other)*

Tab. 2.25: Methoden – Konversionen

Indizes/Slices – Komplexe Datentypen

Schlussendlich kann man das Verhalten benutzerdefinierter Klassen an die Operatoren und Funktionen der komplexen Datentypen anpassen.

	Operator / Funktion	Methode
Alle Komplexen Datentypen	*len(s)*	*__len__(s)*
	s[i]	*__getitem__(s,i)*
Collections	*s[i]=v*	*__setitem__(s,i,v)*
	del s[i]	*__delitem__(s,i)*
	s[i:j]	*__getslice__(s,i,j)*
	s[i:j]=seq	*__setslice__(s,i,j,seq)*
	del s[i:j]	*__delslice__(s,i,j)*
	*seq * n*	*__repeat__(seq, n)*
	s1 + s2	*= __concat__(s1, s2)*
	i in s	*__contains__(s, i)*
Dictionaries	*hash(s)*	*= __hash__(s)*
	s[k]=v	*= __setitem__(s,k,v)*
	del s[k]	*= __delitem__(s,k)*

Tab. 2.26: Methoden – Komplexe Datentypen

Implementierung zweier solcher Methoden in der Klasse *Korb4*:

```
        def __getitem__(self,i):
                return self.inhalt[i]
        def __getslice__(self,i,j):
                return self.inhalt[i:j]
```

Angewendet werden sie dann folgendermaßen:

```
>>> trash=Korb4().add(
       "Bart").add("Lisa").add("Homer")
>>> len(trash)
3
>>> trash[2]
'Homer'
>>> trash[:-1]
['Bart', 'Lisa']
>>>
```

2.9 Zusammenfassung, Fragen und Übungen

Zusammenfassung

- Einfache Datentypen sind in Python Zahlen und Strings.
- Zu den komplexen Datentypen zählt man die Container (auch Collections genannt) (Strings, Listen, Tuples) und die Dictionaries.
- Es gibt Operatoren zur Durchführung von arithmetischen und booleschen Operationen, Zuweisungen und Vergleichen.
- *if* und *for* sind die wichtigsten Anweisungen in Python.
- Dateien werden über die *open()*-Methode geöffnet. Über das Objekt, das diese Funktion zurückgibt, erfolgt die Arbeit mit Dateien.

Zusammenfassung

- Mit dem %-Operator kann man Strings formatieren.
- Fehlerbehandlung erfolgt über Ausnahmen (Exceptions).
- OOP ist in Python gut unterstützt.
- Grundprinzipien der objektorientierten Programmierung sind: Kapselung, Polymorphismus, Vererbung.
- Es ist möglich, über Objekte benutzerdefinierte Datentypen zu erstellen.

Fragen und Übungen

1. Was ist der Unterschied zwischen einem Tuple und einer Liste?
2. Sind Strings schreibgeschützt? Wenn ja, wie kann man diese Benachteiligung umgehen?
3. Wie kann man die Zahlen von 1 bis 10 auf dem Bildschirm ausgeben?
4. Wie wird eine Funktion definiert, die nichts tut?
5. Was sind die Argumente der drei Funktionen *map()*, *reduce()*, *filter()*?
6. Wie liest man eine Datei in eine Variable ein?
7. Wie erweitert man die Umgebung um die Variable *PYTHONPATH*? Wozu?
8. Welche Namensräume haben wir kennen gelernt?
9. Wie kann man einen Block auf Ausnahmen testen und alle in diesem Block abfangen?
10. Was ist eine Klasse, ein Attribut, eine Methode?

Fragen und Übungen

11. Wie vererbt man Klassen?
12. Wie kann man Objekte an die in Python eingebauten Operatoren/Funktionen anpassen?
13. Passen Sie die Klasse *Kfz* an die Funktion *str()* an. Die Ausgabe von *str(Kfz(10))* soll sein: »Das Kfz hat 10 Liter Treibstoff im Tank«.

Standard Module Library

Python 2.x

3 Standard Module Library

Im vorigen Kapitel haben wir Python genauer unter die Lupe genommen. Dennoch war das, was wir zu sehen bekamen, nur die »nackte Wahrheit« einer Programmiersprache – das Grundgerüst zum Programmieren, das Python anbietet. Zum Glück jedes praktischen (faulen) Programmierers wird Python mit einer großen Menge von Modulen in der Standard Module Library ausgeliefert, mit denen man viele Aufgaben (Arbeit mit Strings, Dateien, Zufallszahlen usw.) kinderleicht bewältigen kann. Die wichtigsten davon sehen wir uns in diesem Kapitel genauer an.

Da Python mit einer wirklich großen Anzahl an mitgelieferten Modulen ausgestattet ist, werden viele Module, die zu speziell sind, hier nicht behandelt. Für alle Module gibt es eine hervorragende Dokumentation, die mit Python ausgeliefert wird und auch im Netz anzusehen ist: *www.python.org/docs*

Am Anfang möchte ich noch betonen, dass Modulvariablen auch *Attribute* und Modulfunktionen auch *Methoden* genannt werden können. Um korrekt zu sein, sollte man sie Attribute bzw. Methoden nennen, wenn *über import Modulname* importiert wird, und Funktion bzw. Variablen, wenn über *from Modulname import* * importiert wird. Dennoch sind diese zwei Begriffe für uns synonym, und so werden sie auch im Text verwendet.

3.1 Strings: string

string

Zum Erleichtern der Arbeit mit Strings definiert Python mehrere Module. Für uns sind *string* und *re* (***r****egular* ***e****xpressions* / Reguläre Ausdrücke, dieses Modul ist das Thema des nächsten Kapitels) von Bedeutung. Mit *string* kann man die einfacheren Aufgaben lösen, *re* eignet sich für echte »Schmutzarbeiten« mit Texten und deshalb ist ihm auch das ganze vierte Kapitel gewidmet.

Zuerst die Variablen dieses Moduls:

Variable	Bedeutung
digits	String '*0123456789*'
hexdigits, octdigits	String mit gültigen Zeichen im hexadezimalen/oktalen Zahlensystem
letters	String mit allen Buchstaben des englischen Alphabets
uppercase	String mit allen Großbuchstaben des englischen Alphabets
lowercase	String mit allen Kleinbuchstaben des englischen Alphabets
whitespace	String mit allen unsichtbaren Zeichen

Tab. 3.1: Variablen des *string*-Moduls

Beispiel:

```
>>> from string import *
>>> letters
'abcdefghijklmnopqrstuvwxyzABCDEFGHIJKLMNOPQRSTUVWXYZ'
>>> uppercase
'ABCDEFGHIJKLMNOPQRSTUVWXYZ'
>>> lowercase
'abcdefghijklmnopqrstuvwxyz'
>>> whitespace
'\t\n\x0b\x0c\r '
>>> wahl=raw_input("Geben sie Ihre Wahl ein:\n")
Geben sie Ihre Wahl ein:
h
>>> if wahl not in letters:
    print "Sie müssen einen Buchstaben eingeben!"
...
>>>
```

Was die Funktionen dieses Moduls betrifft, so ähneln viele denen der *String*-Objekte, die wir schon im vorigen Kapitel kennen gelernt haben. Dennoch gibt es ein paar kleine Unterschiede:

Funktion	**Ergebnis**
capitalize(String)	Der erste Buchstabe des *Strings* wird zu einem Großbuchstaben.
count(String,Muster)	gibt die Anzahl der *Muster* im *String* zurück
find(String, Muster)	gibt den Index vom ersten *Muster* im *String* zurück, Suche beginnt am Anfang des *Strings*. Wird kein *Muster* innerhalb vom *String* gefunden, so wird *-1* zurückgegeben.
rfind(String, Muster)	gibt den Index vom letzten Muster im *String* zurück, Suche beginnt am Ende des *String*s. Wird kein Muster innerhalb vom *String* gefunden, so wird -1 zurückgegeben.
ljust(String, Zeilenbreite)	Der *String* wird linksbündig ausgegeben.
rjust(String, Zeilenbreite)	Der *String* wird rechtsbündig ausgegeben.
center(String, Zeilenbreite)	Der *String* wird zentriert ausgegeben.
lower(String)	Der *String* wird in Kleinbuchstaben ausgegeben.
upper(String)	Der *String* wird in Großbuchstaben ausgegeben.
split(String,Separator=White-space,Maxsplit=0)	Der *String* wird in Substrings aufgeteilt. *Separator* bestimmt, anhand von welchen Zeichen aufgeteilt wird (standardmäßig Whitespaces), *Maxsplit* sagt, bei wievielter Trennung aufgehört wird, wobei *0* bei *Maxsplit* für so viele Trennungen wie möglich steht. *Maxsplit* und *Separator* sind optional.
join(String, Separator)	verbindet eine Liste/Tuple mit Strings in einen *String*. Elemente werden über *Separator* verbunden.

Funktion	Ergebnis
replace(String,old,new, Maxsplit=0)	gibt eine Kopie von *String* zurück, in dem *old* durch *new* ersetzt wurde. Bei *Maxsplit* hört das Ersetzen auf, *0* steht für so viele Ersetzungen wie möglich. *Maxsplit* ist optional.
strip(String)	*String* wird ohne Whitespaces an seinem Anfang und Ende zurückgegeben.
lstrip(String)	*String* wird ohne Whitespaces an seinem Anfang zurückgegeben.
rstrip(String)	*String* wird ohne Whitespaces an seinem Ende zurückgegeben.

Tab. 3.2: Funktionen des *string*-Moduls

Beispiele:

```
>>> capitalize("python ist prima")
'Python ist prima'
>>> from string import *
>>> s="python ist prima."
>>> capitalize(s)
'Python ist prima.'
>>> count(s,"p")
2
>>> find(s,"p")
0
>>> rfind(s,"p")
11
>>> ljust(s,50)
'python ist prima.                                 '
>>> rjust(s,50)
'                                 python ist prima.'
>>> center(s,50)
'                python ist prima.                 '
>>> lower("PYTHON IST PRIMA")
```

```
'python ist prima'
>>> upper(s)
'PYTHON IST PRIMA.'
>>> split(s)
['python', 'ist', 'prima.']
>>> join(["python", "ist", "prima."])
'python ist prima.'
>>> replace(s,"p","j",1)
'jython ist prima.'
>>> s="     python     "
>>> strip(s)
'python'
>>> lstrip(s)
'python     '
>>> rstrip(s)
'     python'
>>>
```

Und jetzt auch etwas Nützliches (so wird oft überprüft, ob in einem Container ein String vorkommt):

```
>>> from string import lower
>>> liste="Martin","Peter","Joe"
>>> for a in liste:
...   if not lower(a).find("martin"): print a
...
Martin
>>>
```

Dieser Code untersucht, ob in der Liste ein bestimmter String (»*martin*«) vorkommt. Auf die Groß- und Kleinschreibung wird dank der Funktion *lower()* nicht geachtet (dasselbe würde man über den Aufruf *a.lower()* erreichen).

3.2 System: sys, os, os.path

sys

Dieses Modul beinhaltet Variablen und Funktionen (oder Attribute und Methoden, dies hängt von der Sichtweise ab), die stark mit dem Interpreter zusammenhängen.

Variable	Bedeutung
argv	Argumente der Kommandozeile, die dem Skript übergeben wurden
maxint	Maximaler positiver Wert für Integer
modules	Dictionary mit bereits geladenen Modulen
path	Pfad, wo externe Module gesucht werden, wobei *sys.path[0]* ==ist das richtig? Verzeichnis, in dem das Skript ausgeführt wird
platform	Die aktuelle Plattform, zum Beispiel "*win32*", "*linux-i386*"
ps1	Promptstring im interaktiven Modus
stdin, stdout, stderr	*file*-Objekte, die die Standardeingabe, Standardausgabe und Standardfehlerausgabe darstellen. Man kann sie in andere *file*-Objekte (Funktion *open()*) bzw. untereinander umleiten.
version	String mit Infos über die Version des Interpreters
version_info	Tuple mit wichtigsten Infos über die Version des Interpreters

Tab. 3.3: Variablen – *sys*-Modul

Beispiele (UNIX – FreeBSD):

```
>>> import sys
>>> sys.maxint
2147483647
>>> sys.modules
{'stat': <module 'stat' from '/usr/local/lib/python2.2/
```

```
stat.pyc'>, 'posixpath':<module 'posixpath' from '/usr/local/
lib/python2.2/posixpath.pyc'>, 'UserDict':<module 'UserDict'
from '/usr/local/lib/python2.2/UserDict.pyc'>, 'signal':
<module 'signal' (built-in)>, 'site': <module 'site' from '/usr/
local/lib/python2.2/site.pyc'>, '__builtin__': <module
'__builtin__' (built-in)>, 'sys': <module 'sys' (built-in)>,
'posix': <module 'posix' (built-in)>, '__main__': <module
'__main__' (built-in)>, 'exceptions': <module 'exceptions'
(built-in)>, 'readline': <module 'readline' from '/usr/local/
lib/python2.2/lib-dynload/readline.so'>, 'os': <module 'os'
from '/usr/local/lib/python2.2/os.pyc'>, 'os.path': <module
'posixpath' from '/usr/local/lib/python2.2/posixpath.pyc'>}
>>>
```

Beispiele (Windows):

```
>>> import sys
>>> sys.path
['C:\\PYTHON22\\Tools\\idle', 'C:\\Python22',
'C:\\PYTHON22\\DLLs', 'C:\\PYTHON22\\lib',
'C:\\PYTHON22\\lib\\lib-tk', 'C:\\PYTHON22\\lib\\site-packages']
>>> sys.platform
'win32'
>>> sys.ps1="Promptstring #1> "
Promptstring #1> sys.version
'2.2 (#28, Dec 21 2001, 12:21:22) [MSC 32 bit (Intel)]'
Promptstring #1> sys.version_info
(2, 2, 0, 'final', 0)
Promptstring #1>
```

sys.stdin stellt die Standardeingabe dar, (alles, was man ins Interpreterfenster eingibt, erfolgt über das *file*-Objekt *sys.stdin*), *sys.stdout* die Standardausgabe. Das heißt, alles was in das Interpreterfenster ausgegeben wird, wird standardmäßig in *sys.stdout* umgeleitet. Nach gleichem Prinzip werden die Fehlermeldungen über *sys.stderr* ausgegeben. *sys.stdin*, *sys.stdout* und *sys.stderr* stellen normale *file*-Objekte dar:

```
>>> sys.stdin
<open file '<stdin>', mode 'r' at 0x81748e0>
>>> sys.stdout
<open file '<stdout>', mode 'w' at 0x8174940>
>>> sys.stderr
<open file '<stderr>', mode 'w' at 0x81749a0>
>>>
```

HINWEIS

In IDLE wird man ein anderes Ergebnis zu sehen bekommen.

Dank dieser Tatsache kann man zum Beispiel die Standardausgabe eines Skripts (erfolgt standardmäßig ins Interpreterfenster) leicht in eine Datei umleiten.

Beispiel (UNIX – FreeBSD):

```
>>> file=open("ausgabe.txt",'w')
>>> sys.stdout=file
>>> dir("")
>>>
bash-2.05$ cat ausgabe.txt
['__add__', '__class__', '__contains__', '__delattr__',
'__eq__', '__ge__', '__getattribute__', '__getitem__',
'__getslice__', '__gt__', '__hash__', '__init__', '__le__',
'__len__', '__lt__', '__mul__', '__ne__', '__new__',
'__reduce__', '__repr__', '__rmul__', '__setattr__', '__str__',
'capitalize', 'center', 'count', 'decode', 'encode', 'endswith',
'expandtabs', 'find', 'index', 'isalnum', 'isalpha', 'isdigit',
'islower', 'isspace', 'istitle', 'isupper', 'join', 'ljust',
'lower', 'lstrip', 'replace', 'rfind', 'rindex', 'rjust',
'rstrip', 'split', 'splitlines', 'startswith', 'strip',
'swapcase', 'title', 'translate', 'upper']
bash-2.05$
```

Das Modul *sys* stellt dem Programmierer noch zwei wichtige Funktionen zur Verfügung. Es sind:

Funktion	Ergebnis
exit(Status)	beendet das Programm. *Status* ist eine Zahl, die angibt, ob das Programm erwartungsgemäß beendet wurde (0 steht für ja, andere Werte für diverse Fehler).
exc_info()	Diese Funktion gibt ein Tuple zurück, das die Informationen über die gerade behandelte Ausnahme enthält (über das Objekt der Ausnahme).

Tab. 3.4: Funktionen – Modul *sys*

Beispiel für die Funktion *exit()* aus UNIX (FreeBSD):

```
bash-2.05$ python
Python 2.2 (#1, Dec 23 2001, 11:54:19)[GCC 2.95.3 [FreeBSD]
20010315 (release)] on freebsd4Type "help", "copyright",
"credits" or "license" for more information.
>>> import sys
>>> sys.exit(5)
bash-2.05$ echo $?
5
bash-2.05$
```

Um dieses relativ kurze und einfache Beispiel verstehen zu können, müssen ein paar Tatsachen geklärt werden. Dieses Beispiel funktioniert in der obigen Form nur unter UNIX-Betriebssystemen mit der *Bash*-Shell. Zuerst wird von der Shell der Interpreter gestartet, danach wird das Modul *sys* importiert und der Interpreter über die *exit()*-Funktion verlassen. Dann wird auf der Shell der Rückgabewert des letzten Befehls über das Kommando »*echo $?*« herausgefunden. Als Argument wird der Funktion der Wert 5 übergeben. In der Shell ist es gewöhnlich so, dass Programme, die ohne Fehler beendet wurden, mit dem Wert 0 enden. Andere Werte werden als Fehler bewertet. Natürlich kann der Programmierer ein eigenes Schema entwickeln, in dem auch der Wert 0 einen Fehler darstellt und der Wert 5 zum Beispiel bedeutet, dass das Programm ohne Fehler beendet wurde. Nur müssen dann auch Programmierer, die einen solchen Code verwenden, mit diesem Schema vertraut sein.

HINWEIS

Eine Shell ist ein Programm, das dem Benutzer die Eingabe der Befehle des Betriebssystems ermöglicht. Unter UNIX wird sehr oft die *Bash*-Shell verwendet.

Das Beispiel für die Funktion *exc_info()* sollte selbsterklärend sein:

```
>>> import sys
>>> sys.exc_info()
(None, None, None)
>>> def ausnahme():
    try:
        5/0
    except:
        print sys.exc_info()


>>> ausnahme()
(<class exceptions.ZeroDivisionError at 008073AC>,
<exceptions.ZeroDivisionError instance at 0107CB3C>, <traceback
object at 0107AAF0>)
>>>
```

os

Dieses Modul ist auf die Funktionen des Betriebssystems ausgerichtet. Die zur Verfügung gestellte Funktionalität hängt jeweils vom Betriebssystem ab (ein Betriebssystem kann oft mehr als das andere bzw. vollzieht Prozesse anders), da je nach Betriebssystem andere Module geladen werden (das heißt, unter Windows gibt es andere Module als unter Linux). Das *os*-Modul muss man benutzen, wenn man plattformunabhängige Programme schreiben möchte, die auf die niedrigeren Funktionen des Betriebssystems wie die Arbeit mit Dateien oder mit Prozessen (wird zum Beispiel anhand der Variable *os.sep* klar) zugreifen. Wichtige Variablen sind:

Variable	Bedeutung
name	Name des OS spezifischen Moduls, z.B. *»posix«*, *»mac«* oder *»nt«*
curdir	String, der das aktuelle Verzeichnis darstellt ('.')
pardir	String, der das übergeordnete Verzeichnis darstellt ('..')
sep	String, der Verzeichnisse voneinander trennt ('/' oder '\'). Um plattform-unabhängig *os.path* zu erweitern, verwendet man *os.path.join*.
pathsep	Zeichen, mit dem die einzelnen Elemente in der Umgebungsvariable *PATH* getrennt werden
environ	ein Dictionary mit den Umgebungsvariablen

Tab. 3.5: Variablen – Modul *os*

> **HINWEIS**
> In der *Umgebung* befinden sich die vom Betriebssystem definierten Variablen, in denen wichtige Werte gespeichert werden und systemweit zur Verfügung stehen. Es handelt sich um Variablen wie *PATH, PYTHONPATH* usw.

Beispiele:

```
>>> import os
>>> print os.name # Windows (egal ob 9X oder NT)
nt

>>> os.name        # UNIX
'posix'

>>> os.path        # Windows
<module 'ntpath' from 'C:\PYTHON22\lib\ntpath.pyc'>

>>> os.path        # UNIX (FreeBSD)
<module 'posixpath' from '/usr/local/lib/python2.2/posix-
path.pyc'>

>>> os.curdir      # ist gleich für Windows und UNIX
'.'
>>> os.pardir      # auch gleich
'..'
```

```
>>> os.sep          # Windows
'\\'
>>> print os.sep
\

>>> os.sep          # UNIX
'/'

>>> os.pathsep      # Windows
';'

>>> os.pathsep      # UNIX
':'

>>> os.environ
{'TMP': 'C:\\WINDOWS\\TEMP', 'WINDIR': 'C:\\WINDOWS', 'PROMPT':
'$p$g', 'COMSPEC': 'C:\\WINDOWS\\COMMAND.COM', 'TEMP':
'C:\\WINDOWS\\TEMP', 'WINBOOTDIR': 'C:\\WINDOWS', 'BLASTER':
'A220 I7 D1 H7 P330 T6', 'PYTHONPATH': '"C:\\vmi-buch"',
'CLASSPATH': '"C:\\Java;."', 'TCL_LIBRARY':
'C:\\PYTHON22\\tcl\\tcl8.3', 'CMDLINE': 'WIN', 'TK_LIBRARY':
'C:\\PYTHON22\\tcl\\tk8.3', 'PATH':
'C:\\PYTHON21;C:\\WINDOWS;C:\\WINDOWS\\COMMAND;', 'SBPCI':
'C:\\SBPCI'}

>>> os.environ
{'TERM': 'vt100', 'PS1':
'\\[\\033[1m\\]\\u\\[\\033[0m\\]@\\h:\\w > ', 'SHLVL': '1',
'BLOCKSIZE': 'K', 'FTP_PASSIVE_MODE': 'YES', 'HOSTNAME':
'zulu.uzak.sk', 'HOSTTYPE': 'i386', 'SSH_TTY': '/dev/ttyp0',
'PATH': '/sbin:/bin:/usr/sbin:/usr/bin:/usr/games:/usr/local/
sbin:/usr/local/bin:/home/uza/bin','PYTHONSTARTUP': '/home/uza/
.pythonrc', 'PWD': '/home/uza', 'SHELL': '/usr/local/bin/bash',
'LOGNAME': 'uza', 'USER': 'uza', 'HOME': '/home/uza', 'OSTYPE':
'freebsd4.3', 'MAIL': '/var/mail/uza', 'MACHTYPE': 'i386--
freebsd4.3', 'PAGER': 'less', '_': '/usr/local/bin/python2.2'}
```

Da *os.environ* ein Dictionary darstellt, kann man es leicht erweitern bzw. seine Werte überschreiben:

```
>>> os.environ
{'TMP': 'C:\\WINDOWS\\TEMP', 'WINDIR': 'C:\\WINDOWS', 'PROMPT':
'$p$g', 'COMSPEC': 'C:\\WINDOWS\\COMMAND.COM', 'TEMP':
'C:\\WINDOWS\\TEMP', 'WINBOOTDIR': 'C:\\WINDOWS', 'BLASTER':
'A220 I7 D1 H7 P330 T6', 'PYTHONPATH': '"C:\\vmi-buch"',
'CLASSPATH': '"C:\\Java;."', 'TCL_LIBRARY':
'C:\\PYTHON22\\tcl\\tcl8.3', 'CMDLINE': 'WIN', 'TK_LIBRARY':
'C:\\PYTHON22\\tcl\\tk8.3', 'PATH':
'C:\\PYTHON21;C:\\WINDOWS;C:\\WINDOWS\\COMMAND;', 'SBPCI':
'C:\\SBPCI'}

>>> os.environ["TEST"]="test"
>>> os.environ["TMP"]=r"c:\temp"
>>> os.environ
{'TMP': 'c:\\temp', 'WINDIR': 'C:\\WINDOWS', 'PROMPT': '$p$g',
'COMSPEC': 'C:\\WINDOWS\\COMMAND.COM', 'TEMP': 'C:\\WIN-
DOWS\\TEMP', 'WINBOOTDIR': 'C:\\WINDOWS', 'BLASTER': 'A220 I7 D1
H7 P330 T6', 'PYTHONPATH': '"c:\\vmi-buch"', 'CLASSPATH':
'"C:\\Java;."', 'TCL_LIBRARY': 'C:\\PYTHON22\\tcl\\tcl8.3',
'CMDLINE': 'WIN', 'TK_LIBRARY': 'C:\\PYTHON22\\tcl\\tk8.3',
'TEST': 'test', 'PATH':
'C:\\PYTHON21;C:\\WINDOWS;C:\\WINDOWS\\COMMAND;', 'SBPCI':
'C:\\SBPCI'}
>>>
```

Die Umgebung ist von Computer zu Computer anders und die Variablen (und ihre Werte) können auf Ihrem Rechner anders sein.

Das waren die Variablen, mit denen man plattformunabhängige Programme schreiben kann. Natürlich definiert dieses Modul auch Funktionen, die unsere Programme universal einsetzbar machen werden. Die wirklich wichtigsten sind folgende (weitere Variablen dieses Moduls findet man in der mit dem Programm mitgelieferten Python-Dokumentation):

Funktion	Ergebnis
getcwd()	gibt das aktuelle Verzeichnis (das, in dem man sich befindet) zurück
chdir(Verzeichnis)	ändert das aktuelle Verzeichnis auf *Verzeichnis*
listdir(Verzeichnis)	macht ein Listing eines *Verzeichnisses.* Es wird eine Liste mit den Dateien und Verzeichnisnamen übergeben
mkdir(NeuesVerzeichnis)	Ein *NeuesVerzeichnis* wird erstellt.
makedirs(Pfad)	Es werden rekursiv, mehrere ineinander verschachtelte Verzeichnisse (mit anderen Worten *Pfad*) erstellt.
remove(Datei) oder unlink(Datei)	Diese zwei Funktionen sind synonym. Sie löschen die *Datei*.
rmdir(Verzeichnis)	Das *Verzeichnis* wird gelöscht. Es muss leer sein, sonst kommt es zu einem Fehler.
rename(Datei, Datei2)	*Datei* wird in *Datei2* umbenannt.
system(Befehl)	Der *Befehl* des Betriebssystems wird ausgeführt.
startfile(Datei)	Aufgrund der Dateierweiterung wird die *Datei* gestartet (*.exe* oder *.bat* zum Beispiel) oder sie wird geöffnet (restliche Dateierweiterungen, denen Programme zugewiesen wurden). Diese Funktion gibt es nur unter Windows.

Tab. 3.6: Funktionen – Modul *os*

Da die Verzeichnisstruktur unter UNIX anders als unter Windows ist, habe ich die Beispiele in zwei Gruppen gegliedert. Selbstverständlich funktioniert das Modul auf beiden Systemen.

Beispiele UNIX:

```
>>> import os
>>> os.getcwd()
'/usr/home/uza'
>>> os.chdir("/tmp")
>>> os.getcwd()
'/tmp'
```

```
>>> os.listdir("/var")
['account', 'at', 'backups', 'crash', 'cron', 'db', 'log',
'mail', 'msgs', 'preserve', 'run', 'rwho', 'spool', 'tmp', 'yp',
'games', 'ftp']
>>> os.mkdir("Dir")
>>> os.makedirs("/tmp/v1/v2/v3/v4/v5")
>>> os.remove("/home/uza/test.txt")
>>> os.rename("Dir","Verzeichnis")
>>> os.rmdir("Verzeichnis")
>>> os.system("date")
Sat Dec  8 15:01:14 CET 2001
0
>>>
```

Beispiele Windows:

```
>>> import os
>>> os.getcwd()
'C:\\Python22'
>>> os.chdir("c:\\")
>>> os.listdir(r"c:\vmi-buch\kap01")
['kap01.doc', 'code']
>>> os.mkdir("Dir")
>>> os.makedirs(r"c:\windows\temp\v1\v2\v3")
>>> os.remove(r"c:\test.txt")
>>> os.rename("Dir","Verzeichnis")
>>> os.rmdir("Verzeichnis")
>>> os.system("date")
<ENTER>
0
>>>
```

Wie erwähnt, ist die Funktion *startfile()* nicht plattformunabhängig, sie funktioniert nur unter Windows. Dennoch kann sie sehr effektiv sein.

```
>>> output=open(r"c:\output.txt",'w')
>>> sys.stdout=output
>>> print "dies funktioniert nur unter Windows"
```

```
>>> output.flush()
>>> output.close()
>>> os.startfile(r"c:\output.txt") # Datei wird in Notepad
geöffnet
```

os.path

Über das Modul *os.path* werden dem Programmierer sehr nützliche plattformunabhängige Funktionen für die Arbeit mit Pfadnamen zur Verfügung gestellt. Es ist ein relativ simples Modul. Zu seinen wichtigeren Funktionen zählen:

Funktion	Ergebnis
abspath(Pfad)	absoluter *Pfad*, der aufgrund des Arguments *Pfad* bestimmt wird (*os.getcwd()+Pfad* oder *Pfad*, wenn er bereits absolut ist)
basename(Pfad)	der Name des letzten Elements (Datei oder Verzeichnis) des *Pfad*es
dirname(Pfad)	Verzeichnis(se), in dem sich das letzte Element des *Pfad*es befindet
exists(p)	wahr, wenn *p* (Datei oder Verzeichnis) auf der Festplatte zu finden ist
getsize(Datei)	Größe der *Datei* in Bytes
isabs(p)	wahr, wenn *p* absoluter Pfad ist
isdir(p)	wahr, wenn *p* ein auf der Festplatte zu findendes Verzeichnis ist
join(p1, ..., pN)	*p1* bis *pN* werden intelligent in einen Pfad verbunden.
split(Pfad)	Tuple mit der Gestalt (*abspath(Pfad),basename(Pfad)*)
walk(Verzeichnis, Funktion, Argumente)	Die *Funktion* mit den *Argumenten* (Argumente, dir, files) wird für jedes Unterverzeichnis im *Verzeichnis* angewandt.

Tab. 3.7: *os.path* – Funktionen

Die Beispiele werden nicht separat für Windows und für UNIX behandelt, da aus ihnen erkennbar ist, um welches Betriebssystem es sich handelt; entsprechend kann man sie analog in anderen Betriebssystemen verwenden. Außerdem ist zu betonen, dass für alle Funktionen bis auf *exists()*, *isdir()* und *walk()* die Verzeichnisse nicht auf der Festplatte vorhanden sein müssen (es können z.B. Verzeichnisse sein, die sich der Programmierer ausgedacht hat). Jetzt aber die Beispiele :

```
>>> import os
>>> os.chdir("/tmp")
>>> os.path.abspath("test/v1/v2")
'/tmp/test/v1/v2'
>>> os.listdir("/tmp")
['screens']
>>> p=os.path
>>> p.dirname("/kein/existierendes/verzeichnis")
'/kein/existierendes'
>>> p.basename("/kein/existierendes/verzeichnis/datei.txt")
'datei.txt'
>>> p.basename("/kein/existierendes/verzeichnis")
'verzeichnis'
>>> p.exists("/kein/existierendes/verzeichnis")
0
>>> p.exists("/tmp")
1
>>> p.getsize("/etc/motd")
60L
>>> p.isabs("test")
0
>>> p.isabs("/test")
1
>>> p.isdir("/tmp")
1
>>> p.join("/kein","existierendes","verzeichnis")
'/kein/existierendes/verzeichnis'
>>> p.split("/a/b/c")
('/a/b', 'c')
```

```
>>> def echo(arg,dirname,files):
...     print dirname
...
>>> #Verzeichnisse unter /etc zeigen
>>> p.walk("/etc",echo,"")
/etc
/etc/defaults
/etc/gnats
/etc/kerberosIV
/etc/mail
/etc/mtree
/etc/namedb
/etc/periodic
/etc/periodic/daily
/etc/periodic/monthly
/etc/periodic/weekly
/etc/ppp
/etc/skel
/etc/ssh
/etc/ssl
```

Zum Abschluss dieses Unterkapitels schreiben wir ein Programm, das das Wissen der letzten zwei Kapitel verknüpft. Es ersetzt einen String durch einen anderen in einer Datei:

Beispiel *replace.py*:

```
#!/usr/bin/env python
import os, sys
usage="usage: %s old new file" % os.path.basename(sys.argv[0])

if len(sys.argv) < 3:
    print usage
else:
    old=sys.argv[1]
    new=sys.argv[2]
    input=sys.stdin
    output=sys.stdout
```

```
    if len(sys.argv) > 3:
        input = open(sys.argv[3])
    for a in input.readlines():
        output.write(a.replace(old, new))
```

Wir können es natürlich gleich ausprobieren:

```
[uza@zulu ~]$ cat file
root:*:0:0:Charlie &:/root:/usr/local/bin/bash
toor:*:0:0:Bourne-again Superuser:/root:

[uza@zulu ~]$ ./replace.py root admin file
admin:*:0:0:Charlie &:/admin:/usr/local/bin/bash
toor:*:0:0:Bourne-again Superuser:/admin:

[uza@zulu ~]$
```

3.3 Dateien: xreadlines, shutil, filecmp, dircmp, zipfile, tmpfile

xreadlines

Ein wirklich sehr nützliches Modul stellt *xreadlines* dar. Faule Programmierer bearbeiten Zeilen, die sie aus einer Datei eingelesen haben, folgendermaßen:

```
...
f=open("file.txt")
for a in f.readlines():
    doSomething(a)
...
```

Dies kann sicher bis zu einem gewissen Grad sehr praktisch sein. Dabei muss man aber immer bedenken, dass der RAM-Speicher des Computers nicht unbegrenzt ist. Der obige Code liest nämlich die ganze Datei in den Arbeitsspeicher, was bei großen Dateien zu beträchtlichen Problemen führen kann (z.B. zum Absturz des Rechners). Deshalb gibt es das Modul *xreadlines*, dessen Funktion *xreadlines()* für solche Fälle optimiert wurde (dank der Funktion wird die Datei in kleinen Blöcken von 8 KB eingelesen und transparent bearbeitet).

Funktion	Ergebnis
xreadlines(fileObject)	Ersatz für *fileObject.readlines()*

Tab. 3.8: Funktion – *xreadlines*

Anwendungsbeispiel:

```
import xreadlines
...
for a in xreadlines.xreadlines(open("riesige_datei.dat")):
    doSomething(a)
...
```

Wem die Syntax zu lang ist (sie kann nie kurz genug sein), der kann die *xreadlines()*-Funktion des *file*-Objekts direkt rufen (jedes *file*-Objekt verfügt über sie), ohne das *xreadlines*-Modul importieren zu müssen:

```
...
for a in open("riesige_datei.dat").xreadlines():
    doSomething(a)
...
```

shutil

Über *shutil* kann man unabhängig vom Betriebssystem grundlegende Operationen mit Dateien wie z.B. Kopieren oder Verschieben durchführen.

Funktion	Ergebnis
copyfile(source, destination)	Datei *source* wird in die Zieldatei *destination* kopiert. Wenn *destination* bereits existiert, wird es überschrieben
copyfileobj(sourcefile, destinationfile)	kopiert das *file*-Objekt aus *sourcefile* in *destinationfile*. Existiert *destinationfile* bereits, so wird es überschrieben

Funktion	Ergebnis
copymode(source, destination)	Berechtigungen von *source* werden auf *destination* angewendet. Besitzer und Gruppe, denen *destination* gehört, bleiben unangetastet
copystat(source, destination)	Berechtigungen und Zugriffszeiten von *source* werden auf *destination* angewendet. Besitzer und Gruppe, denen *destination* gehört, bleiben unangetastet
copy(source, destination)	*source* wird in *destination* kopiert. Berechtigungen für *destination* werden im Unterschied zu *copyfile()* auch auf die von *source* gesetzt.
copy2(source, destination)	wie *copy()*. Es werden aber auch die Zugriffzeiten von *destination* auf *source* gesetzt.
copytree(source, destination)	Verzeichnis *source* wird komplett (inklusive Unterverzeichnis) in *destination* kopiert. Einzelne Dateien in Verzeichnissen werden über *copy2()* kopiert. Fehler werden auf *sys.stdout* ausgegeben.
rmtree(destination, ignore_errors)	Verzeichnis *destination* wird gelöscht. Wenn *ignore_errors* wahr ist, werden Fehler ignoriert, sonst wird eine Ausnahme (*OSError*) ausgerufen.

Tab. 3.9: Funktionen von *shutil*

Beispiele:

```
>>> import shutil, os
>>> shutil.copy("/etc/motd","my_motd")
>>> os.system("ls -l my_motd")
-rw-r--r--  1 uza  uza  60 Dec  5 21:37 my_motd
0
>>> fr=open("/etc/passwd")
>>> fw=open("my_passwd","w")
>>> shutil.copyfileobj(fr,fw)
>>> fw.close()
>>> os.system("ls -l my_passwd")
-rw-r--r--  1 uza  uza  1201 Dec  5 21:42 my_passwd
```

```
0
>>> shutil.copymode("/etc/master.passwd","my_passwd")
>>> os.system("ls -l my_passwd")
-rw-------  1 uza  uza  1201 Dec  5 21:42 my_passwd
0
>>> shutil.copytree("/etc","backup")
Can't copy '/etc/ppp/ppp.conf' to 'backup/ppp/ppp.conf': [Errno
13] Permission denied: '/etc/ppp/ppp.conf'
>>> #Ausgabe wurde gekürzt
>>> shutil.rmtree("backup")
os.system("ls backup")
ls: backup: No such file or directory
256
>>>
```

filecmp

Das Modul *filecmp* dient, wie schon der Name ahnen lässt, zum Vergleichen von Dateien. Von seinen Funktionen interessiert uns nur eine, nämlich die, die zwei Dateien vergleicht.

Funktion	**Ergebnis**
cmp(f1, f2)	vergleicht *f1* mit *f2* und gibt 1 zurück, wenn sie gleich sind. Sonst wird 0 zurückgegeben.

Tab. 3.10: Funktion von *filecmp*

```
>>> filecmp.cmp("/etc/passwd","/etc/passwd")
1
>>> filecmp.cmp("/etc/passwd","/etc/motd")
0
>>>
```

zipfile

Standardmäßig wird Python auch mit einer Bibliothek für die Arbeit mit komprimierten ZIP-Dateien ausgestattet. Das Modul heißt *zipfile*. Es definiert einige Namen:

Name	Beschreibung
error	Diese Ausnahme wird bei beschädigten ZIP-Dateien erstellt.
is_zipfile(Datei)	wahr, wenn die *Datei* eine ZIP-Datei ist
ZIP_STORED	numerische Konstante für nicht komprimierte Archive
ZIP_DEFLATED	numerische Konstante für komprimierte Archive
ZipFile(Name, Modus, Kompression)	Über diese Klasse kann man Objekte erstellen, mit denen man dann direkt mit ZIP-Dateien arbeiten kann. Wichtige Variablen/Namen sind in der nächsten Tabelle zu finden. *Name* ist der Name des Archivs, *Modus* ist wie bei der *open()*-Funktion *'r'*, *'w'* oder *'a'*, *Kompression* entweder *ZIP_STORED* (keine Kompression) oder *ZIP_DEFLATED*. Modus und Kompression können auch ausgelassen werden (Standardwerte: *'r'* , *ZIP_STORED*)

Tab. 3.11: Modul *zipfile*

Interessanter als das Modul *zipfile* selbst ist die Klasse *ZipFile*, über die man mit den ZIP-Dateien arbeiten kann, und ihre Funktionen:

Funktion	Ergebnis
close(Zipfile)	Das Archiv *Zipfile* wird geschlossen. Es ist wichtig, vor dem Beenden des Programms alle offenen Archive zu schließen, sonst können Daten verloren gehen.
namelist()	Liste mit Elementen des Archivs
printdir()	Elemente des Archivs werden auf die Standardausgabe ausgegeben.

Funktion	Ergebnis
read(Datei)	Die *Datei* wird aus dem Archiv ausgelesen und zurückgegeben.
testzip()	Alle Dateien im Archiv werden überprüft, ob sie korrekt sind. Der Name der ersten beschädigten Datei wird zurückgegeben, sonst wird *None* zurückgegeben.
write(Datei, Archiv, Kompression)	Die *Datei* wird in das *Archiv* gespeichert, wobei sie mit der *Kompression* komprimiert wird. *Archiv* muss entweder im '*w*'- oder in '*a*'-Modus geöffnet sein. Die letzten zwei Argumente sind optional.

Tab. 3.12: Funktionen der Klasse *ZipFile*

Wie aus einer bestehenden ZIP-Datei gelesen wird, zeigt folgender Code:

```
>>> import zipfile
>>> zip=zipfile.ZipFile(r"c:\vmi-buch\kap03\test.zip")
>>> zip.namelist()
['test/', 'test/kap02.doc', 'test/kap03.doc', 'test/kap01.doc',
'helloworld.py']
>>> zip.printdir()
File Name                                             Modified
Size
test/                                         2001-12-08 16:21:06
0
test/kap02.doc                                    2001-11-18 20:07:54
162304
test/kap03.doc                                    2001-11-29 23:31:08
168960
test/kap01.doc                                    2001-11-20 15:13:20
176640
helloworld.py                                   2001-10-27 18:40:32
44
>>> kap03=zip.read("test/kap03.doc")
>>> hello=zip.read("helloworld.py")
```

```
>>> print hello
#!/usr/bin/env python

print "Hello World!"

>>> print zip.testzip()
None
>>> zip.close()
>>>
```

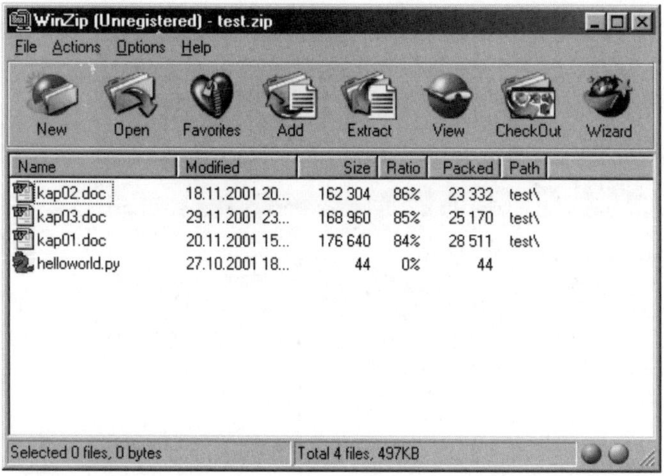

Abb. 3.1: Datei *test.zip*

Natürlich kann man in die ZIP-Datei auch schreiben, nicht nur lesen. Man muss *ZipFile* nur den Modus *'w'* übergeben (Achtung, falls es bereits auf der Festplatte ein gleichnamiges Archiv gibt, so wird es überschrieben):

```
>>> import os
>>> os.chdir("c:\\")
>>> import zipfile
>>> zip=zipfile.ZipFile(r"c:\backup.zip",'w',zip-
file.ZIP_DEFLATED)
>>> zip
```

```
<zipfile.ZipFile instance at 010D290C>
>>> zip.write("helloworld.py")
>>> zip.close()
>>>
```

Zu einem bestehendem Archiv kann man folgendermaßen Dateien hinzufügen:

```
>>> import os
>>> os.chdir("c:\\")
>>> import zipfile
>>> zip=zipfile.ZipFile(r"c:\backup.zip",'a')
>>> zip.write("python.gif")
>>> zip.close()
>>>
```

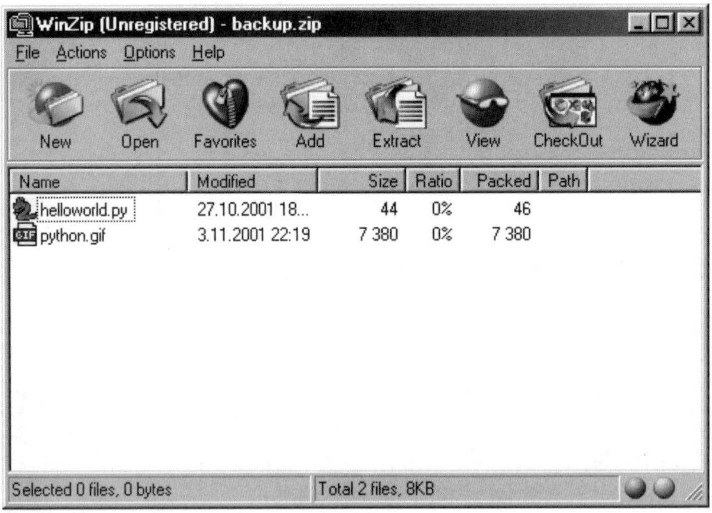

Abb. 3.2: Datei *backup.zip* (über das *zipfile*-Modul erstellt)

tempfile

Dieses Modul ist für das Erstellen von temporären Dateien gedacht - natürlich plattformunabhängig. Seine Funktionen sind:

Funktion	Ergebnis
mktemp(Erweiterung)	Datei mit der *Erweiterung* wird erstellt. Die Erweiterung muss nicht angeführt werden.
TemporaryFile()	Gibt ein *file*-Objekt zurück

Tab. 3.13: Funktionen von *tempfile*

Beispiele:

```
>>> tempfile.mktemp() #Windows
'C:\\WINDOWS\\TEMP\\~-3935275-0'
>>> tempfile.mktemp(".tmp") #UNIX, Dateierweiterung .tmp
'/var/tmp/@432.1.tmp'
>>> f=tempfile.TemporaryFile() # UNIX
>>> print f
<open file '(fdopen)', mode 'w+b' at 0x81d9c80>
>>> f.write("Hello World")
>>>
```

3.4 Zeit: time

time

Das *time*-Modul stellt in Python zeitbezogene Funktionen zur Verfügung. Die Zeit wird auf den PCs in Sekunden ab dem 1.1.1970 gerechnet, über verschiedene Funktionen des behandelten Moduls kann man diesen einen Wert übersichtlicher darstellen (jedes Datum in Sekunden seit 1.1.1970 anzugeben ist doch ein wenig unpraktisch). Die Funktionen *localtime()*, *gmtime()* und *strptime()* ergeben ein neunstelliges Tuple:

Index	Bedeutung	Mögliche Werte
0	Jahr	
1	Monat	1 bis 12

Index	Bedeutung	Mögliche Werte
2	Tag	1 bis 31
3	Stunde	0 bis 23
4	Minute	0 bis 59
5	Sekunde	0 bis 59
6	Wochentag	0 bis 6 (0 ist Montag)
7	Tag im Jahr	1 bis 366
8	Sommerzeit	0/1/-1 (-1 wenn unbekannt)

Tab. 3.14: *»timeTuple«*

Der Einfachheit halber habe ich dieses Tuple *»timeTuple«* genannt. Beispiele, in denen man dieses Tuple zu sehen bekommt, folgen nach den Funktionen, die das *time*-Modul definiert:

Funktion	Ergebnis
time()	gibt die aktuelle Zeit als eine Realzahl in Sekunden ab 1.1.1970 zurück
localtime(sec)	*sec* wird in oben beschriebenes »timeTuple« umgewandelt
gmtime()	wie *localtime()*, nur erfolgt die Ausgabe in GMT (***G**reenwich **M**ean **T**ime*)
asctime()	wandelt ein »timeTuple« (Ergebnis von *localtime()* oder *gmtime*) in einen String folgender Form um: '*Sat Dec 08 19:08:10 2001*'
mktime(timeTuple)	wandelt ein »timeTuple« in die Anzahl der Sekunden ab 1.1.1970 um. Für das letzte Element des »timeTuple« ist -1 einzusetzen.
strftime(Formatstring ,timeTuple)	nach dem *Formatstrings* wird das »timeTuple« formatiert
strptime(String, Formatstring)	Der *String* wird mit dem *Formatstring* geparst. Rückgabe ist ein »timeTuple«. Nicht unter Windows 9X verfügbar.

Funktion	Ergebnis
sleep(sec)	Die Ausführung des Programms wird um *sec* unterbrochen. *sec* kann auch eine Realzahl sein (0.2 als Argument ist auch möglich).

Tab. 3.15: *time*-Funktionen

Für die letzten zwei Funktionen gibt es eine Reihe von Konstanten, die das Format der Ausgabe, ähnlich wie bei *print*, beeinflussen:

Format	Bedeutung
%a	abgekürzter Name des Wochentags (*Locales*)
%A	voller Name des Wochentags (*Locales*)
%b	abgekürzter Name des Monats (*Locales*)
%B	voller Name des Monats (*Locales*)
%c	*Locales*-Einstellungen entsprechende Darstellung des Datums und der Uhrzeit
%d	Tag im Monat als Dezimalzahl
%H	Stunde als Dezimalzahl *(00 bis 23)*
%I	Stunde als Dezimalzahl *(01 bis 12)*
%j	Tag im Jahr als Dezimalzahl *(001 bis 366)*
%m	Monat als Dezimalzahl (*01 bis 12*)
%M	Minute als Dezimalzahl *(00 bis 59)*
%p	AM oder PM (*Locales*)
%S	Sekunde als Dezimalzahl *(00 bis 59)*
%U	Woche im Jahr (Sonntag ist der erste Tag der Woche) als Dezimalzahl *(00 bis 53)*
%w	Wochentag als Dezimalzahl *(0(Sonntag) bis 6)*
%W	Woche im Jahr (Montag ist der erste Tag der Woche) als Dezimalzahl *(00 bis 53)*
%x	*Locales*-Einstellungen entsprechende Darstellung des Datums

Format	Bedeutung
%X	*Locales*-Einstellungen entsprechende Darstellung der Uhrzeit
%y	Jahr als Dezimalzahl im Format JJ
%Y	Jahr als Dezimalzahl im Format JJJJ
%Z	Name der Zeitzone (leerer String, falls keine Zeitzone)
%%	%-Zeichen

Tab. 3.16: Direktiven für den *Formatierung-String*

HINWEIS

Locales bestimmen die Ländereinstellungen und Sprachpräferenzen des Users. Hat man deutsche *Locales* eingestellt, so werden Programme, die *Locales* unterstützen, versuchen, mit dem User in Deutsch zu kommunizieren. Mehr zu diesem Thema beim *locale*-Modul am Ende des Kapitels.

Beispiele (UNIX):

```
>>> from time import *
>>> time()
1007836676.882934
>>> mktime(localtime(time()))
1007836686.0
>>> localtime(time())
(2001, 12, 8, 19, 37, 32, 5, 342, 0)
>>> gmtime(time())
(2001, 12, 8, 18, 37, 36, 5, 342, 0)
>>> asctime(localtime(time()))
'Sat Dec  8 19:36:53 2001'
>>> asctime(gmtime(time()))
'Sat Dec  8 18:35:33 2001'
>>> strftime("%a, %d %b %Y %H:%M:%S %Z", localtime(time()))
'Sat, 08 Dec 2001 19:34:22 CET'
>>> strftime("%c")
'12/08/01 19:17:44'
>>> strptime("19:17:44","%X")[3:6]
```

```
(19, 17, 44)
>>> strftime("Das Datum: %x, die Uhrzeit: %X",localtime(time()))
'Das Datum: 12/08/01, die Uhrzeit: 19:33:24'
>>> strptime('Das Datum: 12/08/01, die Uhrzeit: 19:33:24',"Das
Datum: %x, die Uhrzeit: %X")
(2001, 12, 8, 19, 33, 24, 6, 1, 0)
```

3.5 Synchrone Prozesse: thread

thread

Alle Programme, die wir bisher geschen haben, waren auf einen einzigen Arbeitsablauf beschränkt, das heißt, wir konnten nicht gleichzeitig mehrere Aufgaben erledigen. Moderne Betriebssysteme (wie Linux oder die auf Windows NT basierenden) erlauben, dass innerhalb eines Prozesses (ein Prozess ist ein laufendes Programm) mehrere »Unterprogramme« zugleich ausgeführt werden können. Diese Unterprogramme bezeichnet man als *Threads*. Ein klassisches Programm ohne Threads wird von oben nach unten ausgeführt. Es ist nicht möglich, dass innerhalb des Programms zwei Funktionen, Schleifen oder Ähnliches parallel ausgeführt werden. Zwei zur gleichen Zeit ablaufende Schleifen sind im konventionellen Programm unmöglich. Dank der Threads wird es jedoch möglich.

Threads sind ein relativ komplexes Thema, über das man sicher ein dickes Buch schreiben könnte (allein das Thema »Die Kommunikation zwischen laufenden Threads« wäre ein sehr dickes Kapitel). Deshalb beschränken wir uns auf das Notwendigste (oft braucht man nicht mehr) – das Starten neuer Threads.

Um in Python mit Threads arbeiten zu können, importiert man das Modul *thread*.

Funktion	Ergebnis
start_new_thread(Funktion,Tuple)	Innerhalb des Programms wird ein separater Arbeitsablauf – die *Funktion* – gestartet, der parallel mit anderen ausgeführt wird. *Tuple* stellt die Argumente für diese Funktion dar.

Tab. 3.17: *start_new_thread*-Funktion

Bei diesen Beispielen ist jeweils auf die Ausgabe zu achten. An ihr kann man den Ablauf des Programms verfolgen.

Beispiel (ohne Threads):

```
>>> import thread, time
>>> def pow(a,b):
        print "Potenz"+'a**b'

>>> def p(a):
        print 'a'+" ist eine Zahl"

>>> for a in range(3):
        pow(a,a)
        p(a)

Potenz 1
0 ist eine Zahl
Potenz 1
1 ist eine Zahl
Potenz 4
2 ist eine Zahl
>>>
```

Beispiel (mit Threads);

```
>>> import primzahlen, thread, time

>>> def pow(a,b):
        print "Potenz"+'a**b'
```

```
        time.sleep(0.5)

>>> def p(a):
        print 'a'+" ist eine Zahl"
        time.sleep(0.4)

>>> for a in range(3):
        thread.start_new_thread(pow,(a,a))
        thread.start_new_thread(p(a,))
Potenz 1
0 ist eine Zahl
Potenz 1
Potenz 4
2 ist eine Zahl
1 ist eine Zahl
>>>
```

Aufgrund der Aufgabe sieht man, dass das erste Programm immer zuerst die Potenz berechnet und dann die Funktion *p()* ruft, was beim zweiten Beispiel nicht der Fall ist – die jeweils zwei Threads versuchen, gleichzeitig zu laufen.

Da die Ausgabe parallel auf *sys.stdout* verläuft, dürfen die zwei definierten Funktionen nicht zugleich auf *sys.stdout* zugreifen (es können nicht zugleich zwei Funktionen in eine Datei schreiben). Aus diesem Grund wurden die Definitionen erweitert und das Ausführen der einzelnen Threads mit *time.sleep()* um 0.4 bzw. 0.5 Sekunden verzögert.

Threads benutzt man gerne bei Client/Server-Applikationen auf der Serverseite, wenn man zugleich auf mehrere Anfragen der Clients antworten soll.

Außerdem werden, wie zum Ende des Kapitels 7 (»Die grafische Oberfläche: Tkinter«) zu sehen sein wird, fast alle größeren GUI-Applikationen über Threads programmiert. Oft ist Thread für das Zeichnen der Fenster zuständig, ein zweiter Thread (oder auch mehrere) antwortet auf Benutzeraktionen.

3.6 Mathematik: math

math

Das Modul *math* definiert zwei Konstanten:

Variable	Bedeutung
pi	mathematische Konstante PI
e	mathematische Konstante e

Tab. 3.18: Variablen – *math*

Außerdem definiert es noch eine beträchtliche Anzahl von Funktionen. Ein Auszug davon (alle sind in der Python-Dokumentation aufgelistet):

Funktion	Ergebnis
ceil(x)	*x* wird aufgerundet
cos(x)	Kosinus von *x*
exp(x)	gibt *math.e* ** *x* zurück
fabs(x)	absoluter Wert von *x*
floor(x)	*x* wird abgerundet
log(x)	natürlicher Logarithmus von *x*
modf(x)	Tuple mit den Nachkommastellen und Vorkommastellen von *x*
sin(x)	Sinus von *x*
sqrt(x)	zweite Wurzel von *x*
tan(x)	Tangens von *x*

Tab. 3.19: Funktionen des *math*-Moduls

Beispiele:

```
>>> from math import *
>>> ceil(33.33)
```

```
34.0
>>> cos(10)
-0.83907152907645244
>>> exp(10)
22026.465794806718
>>> fabs(-10)
10.0
>>> fabs(10)
10.0
>>> floor(88.88)
88.0
>>> log(2)
0.69314718055994529
>>> modf(1.23)
(0.22999999999999998, 1.0)
>>> sin(45)
0.85090352453411844
>>> sqrt(9)
3.0
>>> tan(35)
0.473814720414451
```

3.7 Argumente: getopt

getopt

getopt ist für diejenigen Programmierer wichtig, die hauptsächlich Programme für die Kommandozeile schreiben. Es erleichtert die Kommunikation zwischen dem Programm und dem User. Wenn man die Prinzipien dieses Moduls erlernt hat, kann man es gleich in mehreren Sprachen (C/C++, Java, Perl usw.) verwenden, da diese Sprachen es auch unterstützen. Normalerweise sieht ein Befehl auf der Kommandozeile ungefähr folgendermaßen aus:

```
befehl --long-opt -output=output.txt -f -i input.txt peter
```

Das Modul besteht also aus einem Befehl, langen Optionen, kurzen Optionen (beide eventuell mit Argumenten) und den restlichen Argumenten des Programms. Die Aufgabe des *getopt*-Moduls ist es, den Kommandostring zu parsen. Dabei interessiert sich das Modul nur für die Optionen und Argumente (*sys.argv[1:]*), nicht für den Namen des Befehls (das ist logisch, denn vom Namen des Programms wird das Programm selbst nicht abhängig sein), und es wird folgendermaßen verwendet:

Funktion	Ergebnis
getopt(Parameter,kurzeOpt,langeOpt)	gibt ein Tuple mit den Argumenten und Optionen zurück. *langeOpt* ist optional.

Tab. 3.20: *getopt*-Funktion

Kommt es während des Parsens zu einem Fehler, so wird folgende Ausnahme gebildet:

Ausnahme	Beschreibung
GetoptError	Diese Ausnahme wird bei Fehlern in der *getopt*-Funktion ausgeworfen.

Tab. 3.21: Die im *getopt*-Modul definierte Ausnahme

Beispiel – *parsecl.py*:

```
#!/usr/bin/env python

from getopt import *
import sys

input=None
output=None

opts,args=getopt(sys.argv[1:],'i:o:')
for o,a in opts:
        if o=="-i": input=a
        if o=="-o": output=a
```

```
print "Optionen:"
print "Input (-i): "+input
print "Output (-o): "+output+"\n"
print "Argumente:"
print str(args)
```

Die Ausgabe eines solchen Skripts:

```
[uza@zulu ~]$ ./parsecli.py -i /etc/passwd -o file arg1 arg2
arg3
Optionen:
Input (-i): /etc/passwd
Output (-o): file

Argumente:
['arg1', 'arg2', 'arg3']
[uza@zulu ~]$
```

Obwohl die Ausgabe des Skripts aus dem FreeBSD-Betriebssystem (UNIX) stammt, ist dieses Modul plattformunabhängig und funktioniert auch unter Windows.

Die Anwendung des *getopt*-Moduls in echten Beispielen erfolgt später im Buch.

3.8 Zufallsgenerator: random

random

Die Arbeit mit dem Zufallsgenerator war nie leichter als in Python. Nachdem man das *random*-Modul importiert hat, stehen dessen Funktionen zur Verfügung:

Funktion	**Ergebnis**
choice(Sammlung)	gibt ein zufällig ausgewähltes Element der *Sammlung* zurück
randint(i,j)	liefert einen zufällig generierten Integer zwischen *i* und *j* (inklusive)

Funktion	Ergebnis
random()	liefert eine zufällig generierte Realzahl zwischen 0 und 1
uniform(i,j)	liefert eine zufällig generierte Realzahl zwischen *i* und *j* (inklusive)

Tab. 3.22: Funktionen des *random*-Moduls

Beispiele:

```
>>> from random import *
>>> from primzahl import pListe
>>> choice(pListe(10)) #von den ersten 10 Primzahlen wird
zufällig eine ausgewählt
7
>>> # mögliche Lottozahlen
>>> for a in range(6): randint(1,49)
7
10
8
40
5
14
>>> random()
0.19298375481908692
>>> uniform(-100,100)
-51.640731215180139
>>>
```

Ein Beispiel aus der Praxis: Unter UNIX verwende ich zur Verschlüsselung meiner privaten Dateien das Programm *aescrypt* (Homepage unter *aescrypt.sourceforge.net*). Dieses Programm ist so minimalistisch, dass es mit keinem Schlüsselgenerator mitgeliefert wird.

Ein gültiger Schlüssel für *aescrypt* muss folgende Form haben:

```
kk=<mindestens 32 Hexazeichen (0-9,a-f)>
```

Der Schlüsselgenerator in Python sieht folgendermaßen aus:

```
#!/usr/bin/env python

import random
string="kk="
for a in range(128):
    string+=hex(random.randint(0,15))[2:]
print string
```

Wie funktioniert er? Zunächst wird das *random*-Modul importiert. Die Variable *string* wird auf "*kk=*" gesetzt. Danach wird eine Schleife mit 128 Iterationen gebildet (der Schlüssel wird also 128 Zeichen lang). Der Aufruf *random.randint(0,15)* gibt eine Zahl zwischen 0 und 15 zurück (mögliche Hexazeichen). Diese Zahl wird über die Funktion *hex* in einen String umgewandelt. Dieser String hat die Form *0xHexazeichen.* Uns interessiert nur das eine Hexazeichen (ein Byte). Dieses Zeichen wird an den String angehängt. Ausdruck: *Variable Operator= Wert* ist gleich dem Ausdruck *Variable = Variable Operator Wert*. Also steht *string+= hex(random.randint(0,15))[2:]* für *string=string+ hex(random.randint(0,15))[2:]*. Die meisten Programmierer verwenden nur diese abgekürzte Form der Zuweisung eines arithmetischen Ausdruckes.

Und so funktioniert das Programm:

```
[uza@zulu ~]$ python aescrypt-kyegen.py > schluessel

[uza@zulu ~]$ cat schluessel
kk=ef18ed1dfe031c5b94957cdc57878ed391aa242f218233d3e39b669f8cdc
dd795dcfd2fe88cbaa6b8b79c595767200733edced6fc4d9d7351a4a77d9a2a
64354

[uza@zulu ~]$ cat private.txt
meine private datei

[uza@zulu ~]$ cat private.txt | aescrypt -k schluessel >
private.aes

[uza@zulu ~]$ rm private.txt # löschen
```

```
[uza@zulu ~]$ cat private.aes #verschlüsselte Datei
\dK?,eCAS%‰5bâ×'a[uza@zulu ~]$

[uza@zulu ~]$ cat private.aes | aesget -k schluessel
meine private datei

[uza@zulu ~]$
```

3.9 Locales: locale

Bevor wir uns mit dem *locale*-Modul direkt beschäftigen, müssen wir uns vergegenwärtigen, was die *Locales* eigentlich sind.

Seit jeher bemühen sich die Programmierer, so komfortable Programme wie nur möglich zu schreiben. Sie müssen sich an den Benutzer anpassen können. Eines dieser Kriterien ist auch, dass der Benutzer die Möglichkeit bekommt, mit dem Programm in seiner Muttersprache zu kommunizieren und dass seine Ländereinstellungen akzeptiert werden (zum Beispiel Komma statt Punkt als Tausendertrennzeichen). Aus diesem Grund hat man eine Datenbank geschaffen, über die Programme mit dem User kommunizieren.

Nachdem der User die Sprach- und Ländereinstellungen konfiguriert hat (unter UNIX heißt es, mindestens *LC*-Variablen zu setzen, unter Windows geht dies über die *Systemsteuerung*), können die Programme, die *Locales* unterstützen, mit ihm in seiner Sprache »sprechen«. Außerdem betreffen die *Locales*-Einstellungen die Währung, Uhrzeit, das Datum und die Zahlen (z.B. wird in der deutschen *Locales*-Einstellung das Kommatrennzeichen als ein Komma dargestellt, in der englischen als ein Punkt).

Locales werden von der Umgebung (Umgebungsvariablen) eingelesen. Wichtige Variablen des Python-*locale*-Moduls sind:

Locale	Bedeutung
LC_MESSAGES	Nach dem Wert dieser Locale wird entschieden, in welcher Sprache das Programm Meldungen ausgeben soll.
LC_MONETRY	Formatierung der Währung
LC_NUMERIC	stellt die *Locales* für Zahlenwerte ein. Dies betrifft vor allem das Kommatrennzeichen (entweder Punkt oder Komma).
LC_TIME	Formatierung für Datum und Uhrzeit
LC_ALL	globale Einstellung – Kombination aller *Locales*

Tab. 3.23: *LC*-Variablen (*Locales*-Einstellungen)

Unter UNIX ist der Wert, den diese Variablen haben können, die zweistellige Abkürzung der Sprache, deren *Locales* man einstellen möchte. Zum Beispiel »en« für Englisch, »de« für Deutsch, »sk« für Slowakisch usw. Der Sprache kann noch in Großbuchstaben, hinter einem Unterstrich der Name des Landes folgen (günstig, wenn man *LC_ALL* einstellt). Zum Beispiel: *de_AT* für Österreich, *de_DE* für Deutschland. Diesem Wert können noch ein Punkt und der Zeichensatz für die jeweilige Einstellung folgen.

Beispiel für die kompletten Namen der deutschen *Locales* unter FreeBSD (unter Linux genauso):

```
[uza@zulu ~]$ ls /usr/share/locale/ | grep ^de
de_AT.DIS_8859-15
de_AT.ISO_8859-1
de_CH.DIS_8859-15
de_CH.ISO_8859-1
de_DE.DIS_8859-15
de_DE.ISO_8859-1
[uza@zulu ~]$
```

Unter Windows lautet das Schema:

```
Sprache_Land.Zeichensatz
```

Beispiele:

```
"German_Germany.1252"
"German_Austria.1252"
"English_United States.1252"
```

Dies kann man auch abkürzen, indem man nur den Namen des Landes verwendet, zum Beispiel:

```
"German"
```

Unter beiden Betriebssystemen reicht es schon, wenn man die Sprache eingibt. Zum Beispiel: '*de*' unter UNIX oder '*German*' unter Windows.

Der Wert '*C*' steht in beiden Betriebssystemen für die C- (Programmiersprache) *standard-Locales*.

Das Thema *Locales* betrifft nicht nur Python. Ein kleines Beispiel aus dem Betriebssystem FreeBSD:

```
[uza@kern ~]$ export LC_ALL=de
[uza@kern ~]$ date +"%A, %d %B, %X"
Sonntag, 09 Dezember, 21:40:18
[uza@kern ~]$ export LC_ALL=en
[uza@kern ~]$ date +"%A, %d %B, %X"
Sunday, 09 December, 09:40:28 PM
```

In diesem Beispiel erfolgt die Ausgabe zuerst in Englisch, nachdem dann die *Locales* umgestellt worden sind, in Deutsch. Das Beispiel wurde in der *Bash*-Shell getestet, wo die Umgebungsvariablen über das Kommando *export VARIABLE=Wert* gesetzt werden.

Hat man nicht sehr viel Erfahrung mit den *Locales*, so stellt man besser nur *LC_ALL* auf die gewünschte Ländereinstellung um.

So viel zur Theorie zum Thema *Locales*. Sehen wir uns jetzt gemeinsam das *locale*-Modul an.

locale

Python versucht automatisch, die richtigen *Locales* von der Umgebung einzulesen und zu setzen. Dennoch kann man die *Locales* auch explizit bestimmen. Ein paar Funktionen des *locale*-Moduls:

Funktion	Ergebnis
setlocale(Locale, Wert)	Die *Locale*-Variable wird auf den *Wert* gesetzt.
getlocale(Locale)	Der Wert der *Locale*-Variable wird abgefragt. Das Ergebnis ist ein Tuple, wo dem Wert noch der Zeichensatz für die *Locales*-Einstellung folgt.
strcoll(String1, String2)	vergleicht zwei Strings unter der Berücksichtigung der *Locales*. Das Ergebnis ist nur dann 0, wenn die zwei Strings gleich sind.

Tab. 3.24: *locale*-Modul

Beispiele (Linux):

```
>>> import locale
>>> locale.getlocale()
['sk_SK', 'ISO8859-2']
>>> locale.setlocale(locale.LC_ALL,'en')
'en'
>>> locale.setlocale(locale.LC_TIME,'de')
'de'
>>> locale.getlocale(locale.LC_TIME)
['de_DE', 'ISO8859-1']
>>> locale.setlocale(locale.LC_ALL,'de')
'de'
>>> locale.strcoll("möglich","möglich")
0
>>> locale.strcoll("mög","möglich")
-1
>>> locale.strcoll("möglich","mög")
1
```

```
>>> locale.strcoll("möglich","moeglich")
2
>>> locale.strcoll("moeglich","möglich")
-2
```

Unter Windows setzt man die *Locales* über das *locale*-Modul folgendermaßen:

```
>>> import locale
>>> locale.setlocale(locale.LC_ALL,'german')
'German_Germany.1252'
>>> locale.setlocale(locale.LC_ALL, 'German_Austria.1252')
'German_Austria.1252'
>>> locale.setlocale(locale.LC_ALL,'English_United
States.1252')
'English_United States.1252'
```

Sonst unterscheidet sich unter Windows die Arbeit mit den Funktionen des *locale*-Modules nicht von UNIX.

3.10 Einfache Datenbanken: DBM

Hinter dem Begriff *DBM* (***D**ata **B**ase **M**anagement*) verstecken sich sehr einfache Datenbanken. Möchte man sie in Programmen verwenden, so braucht man keine zusätzlichen Tools zu Python. Python wird mit standardmäßig mit Modulen geliefert, die Arbeit mit DBM-Datenbanken ermöglichen.

Arbeit mit DBM ist prinzipiell sehr einfach. Man öffnet eine Datenbank (eine Datei) und mit dem Objekt, dass zurückgeben wird, arbeitet man wie mit einem Dictionary.

Im zweiten Kapitel haben über das *pickle*-Modul ein Telefonbuch in eine Datei gespeichert. Eine Implementierung über DBM sieht folgendermaßen aus:

```
>>> import anydbm, sys
```

```
>>> db=anydbm.open("tel.dbm",'c')
>>> db
<bsddb.bsddb object at 0x00F9BE90>
>>> db["robert"]="183 426"
>>> db["manfred"]="684 158"
>>> db.keys()
['robert', 'manfred']
>>> db.close()
```

Das Einlesen der Daten aus einer DBM Datenquelle ist ein Kinderspiel:

```
>>> db=anydbm.open("tel.dbm",'r')
>>> db.keys()
['robert', 'manfred']
>>> db["manfred"]
'684 158'
>>>
```

Zuerst wird immer das Modul, in unserm Fall *anydbm* importiert.

Danach wird über seine *open()*-Methode ein Objekt erstellt, über das wir mit der Datenbank arbeiten werden. Das erste Argument ist der Name der Datei. Das Zweite bestimmt den Modus, in dem die Datei geöffnet wird:

Modus	Bedeutung
'r'	öffnet schreibgeschützt eine bestehende DBM Datenquelle
'w'	öffnet eine bestehende DBM Datenquelle fürs Lesen/Schreiben
'c'	wie 'w', falls die DBM Datenquelle (Datei) nicht existiert, wird eine neue erstellt
'n'	öffnet immer eine neue, leere DBM Datenquelle fürs Lesen/Schreiben

Tab. 3.25: Modi fürs Öffnen einer DBM Datenquelle

Danach kann man mit dem zurückgegebenen Objekt wie mit einem Dictionary arbeiten:

```
>>> import anydbm
>>> db=anydbm.open("tel.dbm",'w')
>>> db["peter"]="641 879"
>>> db["manfred"]
'684 158'
>>> db.keys()
['robert', 'peter', 'manfred']
>>> del db["manfred"]
>>> db.has_key("manfred")
0
>>> db.has_key("robert")
1
>>> db.keys()
['robert', 'peter']
>>> db.close()
>>>
```

Wie man sieht ist die Arbeit mit DBM-Datenquellen sehr einfach und dank der Indizierung wie bei den Dictionaries sehr elegant.

3.11 Zusammenfassung, Fragen und Übungen

Zusammenfassung

- Für die Arbeit mit Strings gibt es das *string*-Modul.
- Über die Funktion *string.find()* kann man Strings absuchen.
- Möchte man auf Systemfunktionen zugreifen und dennoch plattformunabhängige Programme schreiben, sollte man das *os*-Modul verwenden. Das *os.path*-Modul stellt Funktionen für die Pfadmanipulation zur Verfügung.
- Die Arbeit mit Dateien erleichtern die Module *xreadlines*, *shutil*, *filecmp*, *zipfile*, *tempfile*.

Zusammenfassung

- Das *time*-Modul stellt nützliche zeitbezogene Funktionen zur Verfügung.
- In Python kann man natürlich auch Threads benutzen – *thread*-Modul.
- Mathematische Funktionen sind im *math*-Modul definiert.
- Über das *getopt*-Modul werden die Argumente der Kommandozeile geparst – die Kommunikation zwischen Programmen der Kommandozeile und dem User wird wesentlich erleichtert.
- *Locales* werden über das *locale*-Modul gesetzt.
- Auf DBM-Datenbanken kann man in Python über das eingebaute *anydbm*-Modul zugreifen.
- Mit DBM-Datenbanken wird ähnlich wie mit Dictionaries gearbeitet.

Fragen und Übungen

1. Wieso sollte man *xreadlines()* statt *readlines()* verwenden?
2. Mit welcher Funktion kann man die Festplatte rekursiv absuchen? (Tipp: *os.path*)
3. Mit welcher Funktion vergleicht man zwei Dateien?
4. Wie heißt das Modul, über das man mit ZIP-Dateien arbeiten kann?
5. Wie gebe ich die aktuelle Uhrzeit aus (Format *HH:MM*)?
6. Wozu sind Threads geeignet?
7. In welchem Modul ist die Konstante *PI* (Variable) gespeichert?
8. Was ist die Aufgabe des *getopt*-Moduls?

Fragen und Übungen

9. Generieren Sie fünf Zufallszahlen von 1 bis 100.
10. Stellen Sie auf Ihrem Rechner die englischen *Locales* ein. Stellen Sie sie auf die deutschen zurück.

4 Reguläre Ausdrücke

4 Reguläre Ausdrücke

Versucht man die Textbearbeitung zu automatisieren, stößt man mit eingebauten Features vieler Programmiersprachen oft auf Probleme (Python ist keine Ausnahme). Die Arbeit ist nicht komfortabel und oft recht umständlich. Der Ausweg sind die Regulären Ausdrücke (*regular expressions*, ab hier nur noch RE). Über sie kann man, wie wir bald sehen werden, wahre Wunder mit Texten vollbringen. In Python werden sie über das *sre*-Modul (oft nur *re* genannt) implementiert.

4.1 Einleitung

Über die regulären Ausdrücke (RE) kann man schnell Operationen mit Texten durchführen. Oft werden die RE mit Perl assoziiert – Perl wurde dank der eingebauten Unterstützung der RE sehr bekannt. Das Prinzip der Arbeit mit den RE besteht darin, dass Muster gebildet werden, mit denen man dann Operationen mit Texten durchführen kann (suchen, splitten usw.). An Beispielen wird später diese kryptische Definition klarer. Zum Beispiel eignen sich diese Ausdrücke hervorragend, wenn man:

- aus einem Text alle Hyperlinks oder andere Textteile, die einem Muster entsprechen, herausholen muss
- einen Text nach einem bestimmten Muster teilen muss
- einen Parser schreiben muss

Sie fragen sich sicher schon, wie mit RE gearbeitet wird. Bevor ich noch ein wenig Theorie vorstelle, folgendes Beispiel:

```
>>> import re
>>> s="Hello, World!"
>>> regex=re.compile("World") #Suchmuster
"World"
>>> result=regex.search(s)
```

```
>>> print "Das gesuchte Wort\t:",result.group()
Das gesuchte Wort       : World
>>> print "Seine Start/End Indizes\t:",result.span(0)
Seine Start/End Indizes: (7, 12)
>>>
```

In unserem Beispiel wollen wir also das Wort »World« suchen (im String *s*), es funktioniert folgendermaßen:

Um überhaupt mit den regulären Ausdrücken arbeiten zu können, importieren wir das *re*-Modul. In der zweiten Zeile kompilieren wir das Muster für die Suche. Gesucht wird über das zurückgegebene RE-Objekt (der vollständige Name dieses Objektes lautet *SRE_Pattern-Objekt*), das später unter dem Namen *regex* verfügbar ist. Die Suche wird in der vierten Zeile über die Methode *search()* des RE-Objektes durchgeführt. Das Ergebnis der Suche ist ein *Match*-Objekt (eigentlich heißt dieses Objekt in Python *SRE_Match-Objekt*), das uns mehrere Methoden zur Verfügung stellt. Unter anderem *group()*, die das Ergebnis der Suche zurückgibt, und *span()*, die die Indizes des ersten Treffers in einem Tuple gepackt zurückgibt.

In den meisten Fällen ist der Vorgang in Python gleich:

- Ein regulärer Ausdruck wird kompiliert (der dem gesuchten Muster entspricht). Das RE-Objekt wird gebildet.
- *search()* / *match()* oder andere Methoden werden am zurückgegebenen RE-Objekt ausgeführt. Das Match-Objekt wird gebildet.
- *group()* / *span()* oder andere Methoden des zurückgegebenen Match-Objektes werden aufgerufen.

4.2 Einfache Suche

Das einfachste Beispiel, mit dem wir anfangen können, ist wohl die Suche nach einem Zeichen bzw. String:

```
>>> import re
>>> regex=re.compile("String")
```

```
>>> result=regex.search("Demo-String in Python")
>>> result.group()
'String'
>>>
```

HINWEIS

Bei der Musterbildung muss man unbedingt auf die Groß- und Kleinschreibung achten (»String« ist nicht gleicht »string«).

Sollte mit der Methode *search()* keine Übereinstimmung gefunden werden, so kommt es nach dem Aufruf von der *group()*-Methode zu einer Exception, also einer Ausnahme (der von der Methode *search()* zurückgegebene Datentyp ist leer – es handelt sich um *None*):

```
>>> result=regex.search("Demo-String in Python")
>>> result.group()
'String'
>>> regex=re.compile("string")
>>> result=regex.search("Demo-String in Python")
>>> result.group()
Traceback (most recent call last):
  File "<pyshell#12>", line 1, in ?
    result.group()
AttributeError: 'None' object has no attribute 'group'
>>> print result
None
>>>
```

Weitere im Buch angeführten Beispiele sind natürlich so geschrieben, dass der Aufruf *regex.search()* immer ein Match-Objekt zurückgibt, mit dem man weiter arbeiten kann. In der Praxis sollte man sich auf diese Tatsache nicht verlassen und immer testen, ob es zur Übereinstimmung gekommen ist, bevor man versucht, auf Methoden von *None* (hat keine!) zuzugreifen:

```
>>> if not result:
    raise "es wurde keine Übereinstimmung gefunden"
else:
```

```
    result.group()


Traceback (most recent call last):
  File "<pyshell#24>", line 2, in ?
    raise "es wurde keine Übereinstimmung gefunden"
es wurde keine Übereinstimmung gefunden
>>>
```

Der Punkt (.) hat eine spezielle Bedeutung. Er steht für jedes beliebige Zeichen:

```
>>> regex=re.compile(".....")
>>> result=regex.search("Demo-String")
>>> result.group()
'Demo-'
>>>
```

Wie soll man dann nach einem Punkt suchen? Um genau sagen zu können, dass nach einem Punkt gesucht wird, muss eine Escape-Sequenz gebildet werden (vor den Punkt wird ein Slash gestellt):

```
>>> regex=re.compile("..\...")
>>> result=regex.search("getopt.getopt()")
>>> result.group()
'pt.ge'
>>>
```

Außer dem Punkt gibt es noch andere Zeichen, die in den regulären Ausdrücken eine spezielle Bedeutung haben. Insgesamt handelt es sich um die folgenden Zeichen:

```
. ? * + ^ $ | \ ( ) [ ] { }
```

Möchte man nach diesen Zeichen suchen, so muss wie auch beim Punkt eine Escape-Sequenz gebildet werden. Die Bedeutung dieser Zeichen in den RE werden Sie bald erfahren.

Ähnlich wie bei den Windows-Pfadangaben sollte man auch bei der Bildung von Suchmustern *raw*-Strings verwenden:

```
>>> regex=re.compile("\\")
Traceback (most recent call last):
  File "<pyshell#13>", line 1, in ?
    regex=re.compile("\\")
  File "C:\PYTHON22\lib\sre.py", line 178, in compile
    return _compile(pattern, flags)
  File "C:\PYTHON22\lib\sre.py", line 228, in _compile
    raise error, v # invalid expression
error: bogus escape (end of line)
>>> regex=re.compile(r"\\")     #1
>>> regex=re.compile("\\\\")    #gleich wie 1
>>>
```

Dies wird besonders bei komplexen Mustern, in denen Slashes vorkommen, sehr vorteilhaft sein.

Kompilieren

Der erste Schritt bei der Arbeit mit den RE besteht darin, dass ein RE-Objekt gebildet werden muss. Wie wir schon gelernt haben, geschieht dies über die Methode *compile()*. Sie hat mindestens ein Argument. Es ist das Muster, nach dem gesucht wird. Weitere Argumente sind optional, sie können folgende *Flags* sein:

Flag	Bedeutung
I oder *IGNORECASE*	Auf die Groß/Kleinschreibung wird kein Wert gelegt.
L oder *LOCALE*	*\w, \W, \b, \B:* Zeichensätze (Erklärung kommt gleich) sind von den Ländereinstellungen abhängig.
M oder *MULTILINE*	Übereinstimmung wird auf jeder neuen Zeile gesucht, nicht nur am Anfang/Ende des Strings.
S oder *DOTALL*	'.' entspricht wirklich allen Zeichen, auch dem Zeichen für neue Zeile ("*\n*").
X oder *VERBOSE*	Whitespaces außerhalb der Zeichensätze ("*[...]*") werden nicht berücksichtigt.

Tab. 4.1: Flags für die *re.compile()*

HINWEIS

Ein *Flag* modifiziert die Bedeutung eines Musters im RE.

Beispiel:

```
>>> regex=re.compile("string",re.IGNORECASE)
>>> result=regex.search("Demo-String")
>>> result.group()
'String'
>>>
```

Ohne *re.IGNORECASE* würde Python keine Übereinstimmung finden.

Zeichenklassen

Um flexibler arbeiten zu können, gibt es bei den RE die Möglichkeit, Gruppen von Zeichen zu definieren. Um eine Sammlung (Reihenfolge) von Zeichen zu definieren, sollte man Folgendes wissen

- Sammlungen von Symbolen werden durch eckige Klammern (zum Beispiel: "*[abc]*") gebildet
- Das Minuszeichen (-) bildet einen Bereich (zum Beispiel: "*[a-z]*")
- Das Zirkumflex (^) am Anfang einer Sammlung bedeutet »alle Zeichen außer denen, die dem Zirkumflex folgen«

Beispiel:

```
>>> regex=re.compile("[abcdefghijkl]")
>>> regex.search("Demo-String").group()
'e'
>>>
```

Dasselbe erreicht man auch durch:

```
>>> regex=re.compile("[a-l]")
>>> regex.search("Demo-String").group()
```

```
'e'
>>>
```

Es werden hauptsächlich folgende Sammlungen definiert: *[a-z]*, *[A-Z]* und *[1-9]*. Eine Kombination mehrerer Sammlungen innerhalb eines Paars von Klammern ist natürlich auch möglich – *[_a-zA-Z1-9]* entspricht jedem Buchstaben, jeder Zahl und dem Unterstrich.

Außerdem gibt es für oft verwendete Muster folgende Abkürzungsmöglichkeiten:

Sequenz	Bedeutung
\d	eine Ziffer ("*[0-9]*")
\D	ein Zeichen außer einer Ziffer ("*[^0-9]*")
\s	ein Whitespace – unsichtbares Zeichen ("*[\t\n\r\f\v]*")
\S	kein Whitespace ("*[^ \t\n\r\f\v]*")
\w	ein beliebiges alphanumerisches Zeichen (*LOCALE*)
\W	kein alphanumerisches Zeichen (*LOCALE*)
\Z	Übereinstimmung nur am Ende des Strings

Tab. 4.2: Wichtige Zeichenklassen

Beispiel:

```
>>> regex=re.compile("\w\w\w")
>>> regex.search("Demo-String").group()
'Dem'
>>>
```

Wiederholungen

Besonders flexibel wird die Arbeit mit den RE durch die Möglichkeit zu sagen, wie oft ein Muster vorgefunden werden muss. Man hat folgende Möglichkeiten:

Wiederholungs-zeichen	Bedeutung
*	0-mal oder öfter muss das davor stehende Muster gefunden werden (es werden so viele Übereinstimmungen wie möglich gesucht).
+	1-mal oder öfter muss das davor stehende Muster gefunden werden (es werden so viele Übereinstimmungen wie möglich gesucht).
?	0- oder 1-mal darf das davorgestellte Muster vorkommen.
{m}	Das Muster muss genau m-mal gefunden werden.
{m,n}	m bis n Übereinstimmungen mit dem Muster müssen gefunden werden.
{m,n}?	m bis n Übereinstimmungen mit dem Muster müssen gefunden werden, wobei so wenig wie möglich gefunden werden.

Tab. 4.3: Wiederholungen

Jetzt können wir zum Beispiel viel leichter nach einem (durch die Länge) bestimmten Wort in einem String suchen:

```
>>> regex=re.compile("\w+")
>>> regex.search("Demo-String").group()
'Demo'
>>>
```

Oder nach den ersten fünf Buchstaben eines Wortes:

```
>>> regex=re.compile("\w{5}")
>>> regex.search("Demo-String").group()
'Strin'
>>>
```

Das Wort »Demo« fand keine Übereinstimmung, weil es nur aus vier Buchstaben besteht und das Zeichen, das diesem Wort folgt, nicht mehr in die Zeichenklasse "*\w*" gehört.

Wieso haben nur die ersten fünf Zeichen des Wortes »String« übereingestimmt? Das liegt daran, dass wir nur (mindestens) fünf verlangt haben. Die restlichen Zeichen interessieren nicht. Möchten Sie fünf und mehr Übereinstimmungen finden, so müssen Sie es explizit angeben:

```
>>> regex=re.compile("\w{5,}")
>>> regex.search("Demo-String").group()
'String'
>>>
```

In diesem Kapitel ist es günstig, die »Gier« der RE anzusprechen. Es wird immer versucht, so viele Wiederholungen wie möglich zu finden. Deshalb stimmt das Muster ".{2,}" mit einem ganzen String überein (eventuell nur bis zum ersten "\n"-Zeichen, Erklärung kommt bald) und nicht nur mit den ersten zwei Zeichen.

Möchte man explizit sagen, dass so wenige Übereinstimmungen wie nötig gefunden werden sollen, muss man hinter die Wiederholung ein Fragezeichen (?) setzen:

Beispiel:

```
>>> regex=re.compile(".{2,}") #hungrig
>>> regex.search("Demo-String").group()
'Demo-String'
>>> regex=re.compile(".{2,}?") #nicht hungrig
>>> regex.search("Demo-String").group()
'De'
>>>
```

Alternativen

Um zu sagen, dass entweder ein Muster oder etwas anderes gefunden werden soll, gibt es in den RE das *pipe*-Zeichen (|).

Beispiel:

```
>>> regex=re.compile("Python|Ruby|Java")
>>> regex.search("Python ist prima").group()
'Python'
```

```
>>> regex.search("Java ist in Python über Jython
integriert").group()
'Java'
>>> regex.search("Ruby ist ähnlich wie Python und Java").group()
'Ruby'
>>>
```

4.3 Anspruchsvolle Muster

Was bisher gezeigt wurde, waren in Wirklichkeit sehr einfache Muster. Mit den RE werden oft anspruchsvolle Aufgaben wie das Parsen von komplizierten Dateien gelöst.

Positionierung

Die RE kann man so bilden, dass an einer bestimmten Stelle im String nach auf Übereinstimmung geprüft werden soll. Dazu gibt es folgende Möglichkeiten:

Positionierungs-zeichen	Bedeutung
^	entspricht der Übereinstimmung am Anfang des Strings (im *re.MULTILINE*-Modus auch nach jeder neuen Zeile – *\n*)
$	entspricht der Übereinstimmung am Ende des Strings (im *re.MULTILINE*-Modus auch vor jeder neuen Zeile – *\n*)
\b	Übereinstimmung am Ende/Anfang eines Wortes
\B	Übereinstimmung, wenn man sich nicht am Anfang/Ende eines Wortes befindet
\A	Übereinstimmung am Anfang des Strings
\Z	Übereinstimmung am Ende des Strings

Tab. 4.4: Positionierung (Anfang/Ende Strings)

Beispiel:

```
>>> regex=re.compile(r"^Zwei",re.MULTILINE)
>>> regex.search("Eins,\nZwei,\nDrei").group()
'Zwei'
>>> regex=re.compile(r"\AZwei",re.MULTILINE)
>>> #keine Übereinstimmung- Rückgabewert None
>>> regex.search("Eins,\nZwei,\nDrei")
>>> #Übereinstimmung
>>> regex.search("Zwei,\nDrei").group()
'Zwei'
>>>
```

Wie man innerhalb eines Strings die Grenzen bestimmen kann, zeigt folgendes Beispiel:

```
>>> regex=re.compile(r"\bBSD\b")
>>> regex.search("BSD - power to server")
>>> regex.search("BSD - power to server").group()
'BSD'
>>> #keine Übereinstimmungen
>>> regex.search("FreeBSD")
>>> regex.search("www.FreeBSD.org")
>>>
```

Gruppen

Gruppen werden in RE gebildet, indem die Muster in Klammer gesetzt werden. So entsteht ein Muster, das nach außen hin wie eine Einheit aussieht. So kann man zum Beispiel die vorhin erwähnten Möglichkeiten wie Wiederholungen oder Alternativen auf ganze Gruppen anwenden. Dazu ein Beispiel:

```
>>> regex=re.compile("(\d Zeilen)+")
>>> regex.search("Ein Programm von 100 Zeilen Code").group()
'0 Zeilen'
```

Die Wiederholung, die hinter einer Klammer steht, bezieht sich natürlich nicht auf die in der Klammer stehenden RE (im vorigen Beispiel hat

Python versucht, so viele Wiederholungen von einer Zahl und dem Wort »Zeilen« wie möglich zu finden). So stellt man das Beispiel richtig:

```
>>> regex=re.compile("(\d+ Zeilen)+")
>>> regex.search("Ein Programm von 100 Zeilen Code").group()
'100 Zeilen'
>>>
```

Außerdem besteht der Zweck der Gruppenbildung darin, dass man mit Gruppen über die Methoden des Match-Objekts arbeiten kann. Zum Beispiel kann man über die Methode *group(Gruppe)* eine bestimmte *Gruppe* anzeigen lassen (ohne Argument werden alle Gruppen zurückgegeben).

Beispiel:

```
>>> regex=re.compile("(\d+) Pinguine")
>>> regex.search("120 Pinguine").group()
'120 Pinguine'
>>> regex.search("120 Pinguine").group(1)
'120'
>>>
```

Wie man sieht, beginnen die Gruppen bei der Zahl 1, nicht wie bei der Indizierung von Sammlungen bei 0. Die Zahl 0 als Argument steht für die ganze gefundene Übereinstimmung.

Dieser Code vertauscht das zweite Wort eines Satzes mit dem dritten:

```
>>> regex=re.compile("(\S+) (\S+) (\S+)")
>>> res=regex.search("120 Linux-Pinguine").group
>>> res()
'120 Linux-Pinguine'
>>> res(1)+" "+res(3)+" "+res(2)
'120 Pinguine Linux
>>>
```

Das in den Klammern gespeicherte Ergebnis der Suche kann man direkt im RE (beim Kompilieren) verwenden. Auf die einzelnen Übereinstimmungen innerhalb der Gruppen greift man über folgende Syntax zu:

```
\Nummer
```

Wobei die Nummer für die Nummer der Gruppe steht.

Beispiel:

```
>>> regex=re.compile(r"(.)(.).\2\1")
>>> regex.search("radar").group()
'radar'
>>>
```

Hier werden mit *\2* und *\1* die ersten zwei Anfangsbuchstaben (diese wurden über die Klammer *(.) (.)* gespeichert) vertauscht, und das Muster entspricht somit einem Wort, das aus fünf Buchstaben besteht, wobei der erste gleich dem fünften und der zweite gleich dem vierten ist. Dies ist beim Wort »radar« (oder auch »roxor« zum Beispiel) der Fall.

Möchte man darauf verzichten, dass über die runden Klammern Gruppen gespeichert werden (wenn sie nur gebildet werden sollen, so bildet man die Gruppe über *(?:...)*.

Beispiel:

```
>>> regex=re.compile(r"([^ ]+)")
>>> regex.search("this substring").groups()
('this',)
>>> regex=re.compile(r"(?:[^ ]+)")
>>> regex.search("this substring").groups()
()
>>>
```

Die Methode *groups()* eines Match-Objektes liefert die Übereinstimmungen der Gruppen (in einem Tuple verpackt) zurück.

Im Beispiel sieht man, dass das Ergebnis der Übereinstimmung des ersten RE in einer Gruppe gespeichert wird, was beim zweiten (die Gruppe wird über *(?:...)* gebildet), nicht der Fall ist.

Optionen

Anhand des letzten Beispiels haben wir etwas gesehen, was in dieses Kapitel gehört. Die Suche kann man über verschiedene Optionen beeinflussen:

Option	Bedeutung
(?:...)	bestimmt eine Gruppe, kein Memory-Effekt
(?=...)	stimmt überein, wenn ... "*Martin (?=Uzak)*" stimmt mit Martin überein, wenn »Martin« von »Uzak« gefolgt wird.
(?!...)	stimmt überein, wenn ... nicht die Negation von *(?=...)* ist "*Spaß (?!Perl)*": "*Spaß*", wenn »Spaß« nicht von »Perl« gefolgt wird.
(?P<Name>...)	Es wird eine benannte Gruppe erstellt.
(?P=Name)	stimmt mit der benannten Gruppe überein
(?#...)	Kommentar in einem Muster
(?Flag)	Flag ist ein Zeichen aus '*i*', '*L*', '*m*', '*s*', '*x*'. Für den ganzen RE wird der entsprechende *Flag* des *re*-Moduls gesetzt (*re.I*, *re.L*, *re.M*, *re.S*, *re.X*).

Tab. 4.5: Optionen bei der Bildung der RE

Das Prinzip ist ersichtlich – das zweite Zeichen, das der Klammer folgt, bestimmt die Bedeutung der Option.

Beispiel:

```
>>> regex=re.compile(r"Martin (?=Uzak)")
>>> regex.search("Autor: Martin Uzak")
<SRE_Match object at 0x81b4e00>
>>> regex.search("Autor: Martin Uzak").group()
'Martin '
>>> regex.search("Uzak Martin")
```

Wie schon oben erwähnt, wird nur dann eine Übereinstimmung festgestellt, wenn das Wort »Martin« von »Uzak« gefolgt wird.

Das folgende Beispiel zeigt, wie eine benannte Gruppe erstellt wird:

```
>>> regex=re.compile(r"(?P<Meter>\d+)")
>>> result=regex.search("300 Meter laufen")
>>> result.group("Meter")
'300'
```

Das letzte Beispiel zeigt, wie man direkt beim Kompilieren des RE die Flags im Muster selbst setzen kann. Es wird die *re.IGNORECASE*-Option verwendet:

```
>>> regex=re.compile("(?i)string")
>>> regex.search("Demo-String").group()
'String'
>>>
```

4.4 Splitten und Ersetzen

Mit den RE kann man nicht nur in den Strings suchen. Über die *split()*- bzw. *sub()*-Methoden der RE-Objekte kann man Strings splitten bzw. Teile von ihnen ersetzen. Zuerst sehen wir uns an, wie die Strings nach einem bestimmten RE gesplittet werden können:

split()-Funktion

Über die *split()*-Methode eines RE-Objektes gewinnt man zusätzliche Flexibilität bei der Textbearbeitung mit den RE. Diese Methode splittet einen String so, wie es ein RE vorschreibt, und gibt das Ergebnis als Liste zurück.

Die Syntax ist:

```
RE-Objekt.split(String)
```

Beispiel:

```
>>> regex=re.compile("\s+")
>>> regex.split("Linux from Scratch (LFS)")
['Linux', 'from', 'Scratch', '(LFS)']
>>>
```

Diese Methode hat noch zusätzlich ein optionales Argument, das sagt, nach wie vielen Splitts aufgehört werden soll (0 steht für so viele Splitts wie möglich). Die Syntax wird dann leicht abgeändert, es kommt ein Argument dazu:

```
RE-Objekt.split(String,Anzahl)
```

Ein Beispiel, in dem nur ein Splitt vorgenommen wird:

```
>>> regex.split("Linux from Scratch (LFS)",1)
['Linux', 'from Scratch (LFS)']
>>>
```

sub()-Funktion

Jedes RE-Objekt verfügt auch über die Methode *sub(Ersatz, String)*, mit der Substrings (diese werden durch einen RE bestimmt) in einem String ersetzt werden.

Wie schon angedeutet, lautet die Syntax:

```
RE-Objekt.sub(Ersatz,String)
```

Beispiel:

```
>>> regex=re.compile("(?i)Java|Perl|Ruby")
>>> regex.sub("Python","Ruby mit Java machen Spaß")
'Python mit Python machen Spa\xdf'
>>>
```

Das erste Argument (*Ersatz*) kann auch eine Funktion sein (dieser wird ein Match-Objekt übergeben), die zur Modifizierung der Übereinstimmung verwendet wird:

```
>>> def int2hex(i):
...     return hex(int(i.group()))
...
>>> regex=re.compile(r"\d+")
>>> regex.sub(int2hex,"Rufen Sie mich unter 123456 an")
'Rufen Sie mich unter 0x1e240 an'
>>>
```

Auch diese Methode verfügt über das optionale Argument, das sagt, wann aufgehört werden soll (0 steht wieder für möglichst viele Ersetzungen):

```
>>> regex.sub(int2hex,str(range(20,30)),5)
'[0x14, 0x15, 0x16, 0x17, 0x18, 25, 26, 27, 28, 29]'
>>>
```

In diesem Beispiel wurden die ersten fünf Zahlen der Sequenz von 20 bis 29 im Hexaformat ausgegeben. Die restlichen Zahlen blieben unverändert.

4.5 Das Modul re

Der bisherige Text war eher als Einführung für Leser ohne RE-Kenntnisse gedacht. Ohne diese Kenntnisse könnten wir uns das *re*-Modul nicht genauer ansehen. Deshalb kommt jetzt die Beschreibung des Moduls im Sinne des 3. Kapitels. Seine wichtigsten Funktionen.

Methode	Ergebnis
compile(Muster,Flag)	kompiliert ein Muster in ein RE-Objekt. Als zweites Argument dieser Funktion sind die bereits erwähnten *Flags* möglich (man kann mehrere Flags durch »|« verbinden).
escape(String)	gibt eine Kopie des *Strings* zurück, in dem alle speziellen Zeichen zu Escape-Sequenzen konvertiert wurden
findall(Muster, String)	Alle Übereinstimmungen des *Musters* in einem *String* werden in einer Liste zurückgegeben (andere Methoden liefern nur die erste Übereinstimmung).
match(Muster, String, Flags)	Wenn 0 oder mehr Zeichen am Anfang des *Strings* übereinstimmen, wird ein Match-Objekt zurückgegeben, sonst *None*. *Flags* sind optional.
search(Muster, String, Flags)	Wird irgendwo im *String* eine Übereinstimmung mit dem *Muster* gefunden, wird ein Match-Objekt zurückgegeben, sonst *None*. *Flags* sind optional.

Methode	**Ergebnis**
split(Muster, String, Maxsplit=0)	teilt den *String* nach dem *Muster*. Sonstige gruppenbildende Klammern werden auch als Teile des Strings zurückgegeben.
sub(Muster,Ersatz, String,Anzahl=0)	Es wird ein String zurückgegeben, in dem ab Anfang des Arguments *String* die Übereinstimmungen durch *Ersatz* ersetzt werden. *Anzahl* ist optional und gibt an, wie viele Ersetzungen vorgenommen werden sollen.
subn(Muster,Ersatz, String,Maxsplit=0)	Wie *sub()*, nur das Ergebnis ist ein Tuple *(neuerString, Anzahl_der_stattgefundenen_Ersetzungen)*.

Tab. 4.6: Funktionen des re-Moduls

Beispiele:

```
>>> re.escape("Klammer () und Backslash \\")
'Klammer\\ \\(\\)\\ und\\ Backslash\\ \\\\'
```

In diesem Beispiel wurden alle für die RE-Bildung relevanten Zeichen (die sonst spezielle Bedeutung haben) in Escape-Sequenzen umgewandelt.

Die Methode *findall()* kann sehr wichtig sein. Zuerst wird gezeigt, was zurückgegeben wird, wenn man sie nicht verwendet, dann wird die *findall()*-Funktion gezeigt:

```
>>> muster=r"\w+"
>>> string="Python ist wirklich prima"
>>> re.search(muster,string).group()
'Python'
>>> re.findall(muster,string)
['Python', 'ist', 'wirklich', 'prima']
>>>
```

Das nächste Beispiel zeigt die *re.IGNORECASE* (abgekürzt *re.I*)-Option. Der Vorteil gegenüber einem separaten Kompilieren des RE besteht darin, dass wir uns eine Zeile Code ersparen (dies ist nur bei RE von Bedeutung, die nur einmal verwendet werden, sonst sollte man immer die RE kompilieren und mit den RE-Objekten arbeiten):

```
>>> result=re.search("demo","Demo-String",re.I)
>>> result
<_sre.SRE_Match object at 0x00FA99A0>
>>> result.group()
'Demo'
>>>
```

Man kann ebenfalls, ohne ein RE-Objekt bilden zu müssen, die *split()*- und *sub()*-Funktionen des *re*-Moduls verwenden:

```
>>> re.split(":",open("/etc/passwd").readlines()[2])
['root', '*', '0', '0', 'Charlie &', '/root', '/usr/local/bin/
bash\012']
```

```
>>> re.sub("root|toor","Admin",
           open("/etc/passwd").readlines()[2])
'Admin:*:0:0:Charlie &:/Admin:/usr/local/bin/bash\012'
```

RE-Objekte

Die wichtigeren Attribute der RE-Objekte sind:

Attribut	Bedeutung
flags	*Flags*, die bei der Kompilierung gesetzt wurden. Waren es keine, wird 0 zurückgegeben.
pattern	Muster, das in das RE-Objekt hineinkompiliert wurde

Tab. 4.7: Attribute der RE-Objekte

Beispiele:

```
>>> regex=re.compile(r"(.)(.).\2\1",re.I)
>>> regex.flags
2
>>> regex.pattern
'(.)(.).\\2\\1'
>>>
```

Wieso gibt *re.I* (*re.IGNORECASE*) 2 zurück? Hinter dieser Konstante versteckt sich der Wert 2. Diese Art des Umgangs mit Dateien ist sowohl für den Programmierer als auch für den Computer praktisch. Der Programmierer kann mit Konstanten arbeiten, deren Namen ihm etwas sagen, und für den Computer versteckt sich hinter einer solchen Konstante eine Zahl, mit der er perfekt arbeiten kann.

Und schließlich besitzen die RE-Objekte Methoden, von denen uns manche relativ bekannt vorkommen werden:

Methode	Ergebnis
findall(String)	identisch mit *re.findall()*, statt Muster wird der in das RE-Objekt hineinkompilierte RE genommen
match(String)	identisch mit *re.match()*, statt Muster wird der in das RE-Objekt hineinkompilierte RE genommen
search(string)	identisch mit *re.search()*, statt Muster wird der in das RE-Objekt hineinkompilierte RE genommen
split(String,Maxsplit=0)	identisch mit *re.split()*, statt Muster wird der in das RE-Objekt hineinkompilierte RE genommen
Methode	**Ergebnis**
sub(Ersatz,String,Anzahl=0)	identisch mit *re.sub()*, statt Muster wird der in das RE-Objekt hineinkompilierte RE genommen
subn(Ersatz,String,Anzahl=0)	identisch mit *re.subn()*, statt Muster wird der in das RE-Objekt hineinkompilierte RE genommen.

Tab. 4.8: Methoden der RE-Objekte

Beispiel:

```
>>> string="Nix"*10
>>> string
'NixNixNixNixNixNixNixNixNixNix'
>>> regex=re.compile("Nix")
>>> regex.subn("Nichts",string,5)
('NichtsNichtsNichtsNichtsNichtsNixNixNixNixNix', 5)
>>>
```

Match-Objekte

Die Methoden *search()* und *match()* der RE-Objekte liefern ein Match-Objekt zurück. Dieses hat folgende Attribute:

Attribut	Bedeutung
re	RE-Objekt, über das gesucht wurde
string	String, in dem die Suche vorgenommen wurde

Tab. 4.9: Attribute der Match-Objekte

Beispiele:

```
>>> regex=re.compile(r"(.)(.).\2\1",re.I)
>>> match=regex.search("RADAR")
>>> match.re
<SRE_Pattern object at 0x822f000>
>>> match.string
'RADAR'
>>>
```

Die Methoden der Match-Objekte sollten auch nicht unbekannt sein:

Methode	Ergebnis
group(g1,..,gN])	Ohne Argumente gibt diese Methode die Übereinstimmung zurück. Mit Argumenten (Index/Indizes der Gruppen) gibt sie die Übereinstimmung für die jeweilige Gruppe zurück.
groups()	die Übereinstimmungen der Gruppen (in einem Tuple verpackt)
start(Gruppe), end(Gruppe)	Indizes, wo die jeweilige *Gruppe* im String beginnt/endet
span(Gruppe)	gibt ein Zweiertuple der Form *(start(Gruppe),end(Gruppe))* für die jeweilige Gruppe zurück. Ist die *Gruppe* leer, so ist das Ergebnis *(None, None)*.

Tab. 4.10: Methoden der Match-Objekte

Beispiele:

```
>>> regex=re.compile(r"(.)(.).\2\1",re.I)
>>> match=regex.search("RADAR")
>>> match.group(1)
'R'
>>> match.groups()
('R', 'A')
>>> match.start()
0
>>> match.end()
5
>>> match.span(2)
(1, 2)
>>>
```

4.6 Beispiele

Wie das gelernte Wissen angewandt wird, wird in diesem Absatz gezeigt. Zuerst schreiben wir ein Programm, das aus einer HTML-Seite alle Links holt.

grabURL

Um dieses Programm schreiben zu können, ist es sehr wichtig zu wissen, wie der richtige RE aussehen soll:

```
((((https?|ftp)://)|(mailto|file|news):)[^ \"\'<>;:,]+)
```

> HINWEIS
>
> *HTTPS* bedeutet HTTP (***H**yper**T**ext **T**ransfer **P**rotocol*) über das SSL-Protokoll. Dank des SSL-Protokolls können Verbindungen der Applikationsschicht (zum Beispiel HTTP-Verbindungen) verschlüsselt und somit abgesichert werden. Fast alle neuen Browser (Internet Explorer, Mozilla, Netscape Navigator) unterstützen HTTPS.

Mit dem RE selbst suchen wir zuerst nach dem Protokoll (das kann »http«, »https« oder »ftp« sein) oder wir suchen nach einem der Strings »mailto«, »file« oder »news«, durch die die URLs erweitert werden können. Danach muss ein Doppelpunkt folgen, dem der Computername und der Pfad zur Datei folgen.

Code *grabURL.py*:

```
#!/usr/bin/env python

import re,sys,os.path

def grabURL(file):
    fileObj=open(file)
    links=[]
    regex=re.compile("((((https?|ftp)://
)|(mailto|file|news):)[^ \"\'<>;:,]+)",re.I)
    for a in fileObj.xreadlines():
        result=regex.search(a)
        #wenn Übereinstimmung ...
        if result:
            print result.group()

if __name__=="__main__":
    for a in sys.argv[1:]:
        grabURL(a)
```

Mit diesem Programm kann ich jetzt zum Beispiel aus meinem Lebenslauf die URLs herausholen:

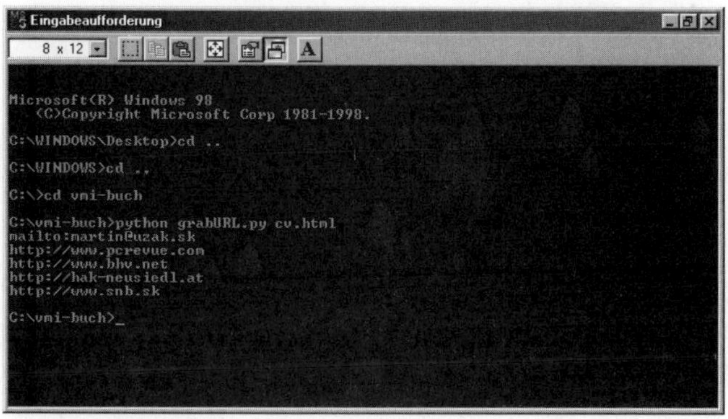

Abb. 4.1: grabURL.py

Das nächste Programm ist wahrscheinlich noch praxisorientierter. Mit ihm kann man Sicherungsspeicherungen (sog. *Backups*) in ZIP-Dateien machen. Dabei werden nur die Dateien gesichert, die ein RE bestimmt.

Code von *backup.py*:

```
#!/usr/bin/env python

#Module importieren
import os.path, zipfile, re, os

#Variablen setzen
path=r"c:\stuff"
zip="archive.zip"
extensions="txt,doc,txt,ppt,mdb,rtf"
backupfiles=[]

#RE kompilieren
extensions=extensions.replace(',','|')
regex=re.compile(r"(.+("+extensions+")$)",re.LOCALE)

#findThem() wird aus os.path.walk() gerufen und gibt
#die Liste mit Dateien zurück, die archiviert werden
def findThem(something,dir,files):
    for a in files:
        result=dir+os.sep+a
        if os.path.isfile(result):
            if regex.search(a):
                backupfiles.append(result)

os.path.walk(path,findThem,())

#Archiv öffnen; Dateien archivieren
archive=zipfile.ZipFile(zip,'w',zipfile.ZIP_DEFLATED)
for a in backupfiles:
    archive.write(a)
    print a
archive.close()
```

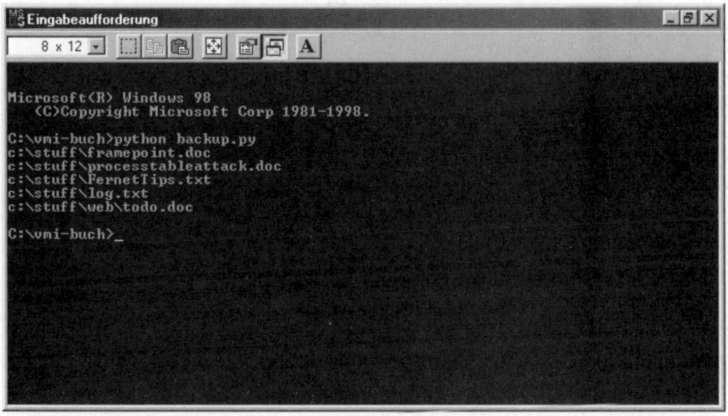

Abb. 4.2: *backup.py* wurde erfolgreich ausgeführt

Dieses Programm ist natürlich plattformunabhängig. Möchten Sie es unter UNIX verwenden, brauchen Sie nur die *path*-Variable zu ändern. Eine Lösung über das *getopt*-Modul (zum Zuweisen der Werte an die Variablen *path*, *zip*, *extension*, *backupfiles*) wäre noch eleganter.

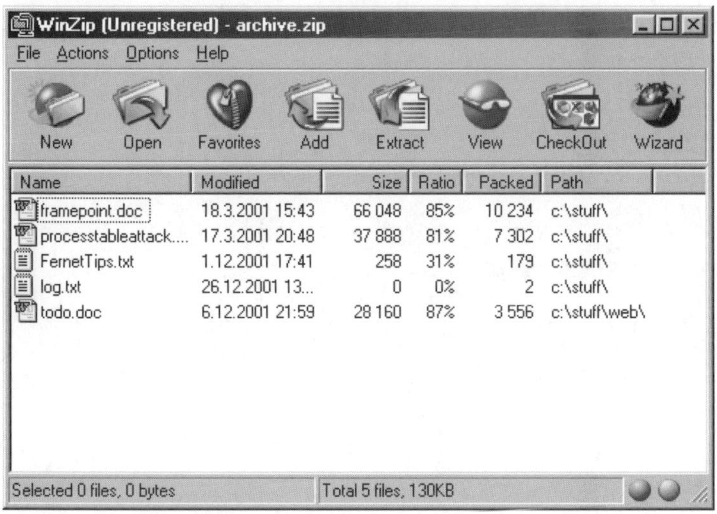

Abb. 4.3: Das über *backup.py* erstellte Archiv

4.7 Zusammenfassung, Fragen und Übungen

Zusammenfassung

- Mit regulären Ausdrücken werden Texte bearbeitet.
- RE müssen kompiliert werden. Das Ergebnis der Kompilierung ist ein RE-Objekt.
- Es ist vorteilhaft, *raw*-Strings als Muster zu kompilieren.
- Hauptsächlich wird in Strings über die Methode *search()* des RE-Objektes gesucht. Das Ergebnis ist ein Match-Objekt.
- Die wohl wichtigste Methode eines Match-Objektes ist *group()*, mit der man sich das Ergebnis der Suche anzeigen lassen kann.

Fragen und Übungen

1. Wozu eignen sich RE?
2. Über welches Modul wird in Python mit den RE gearbeitet?
3. Was bedeutet "*[^]*"?
4. Wofür (für welche Zeichen) steht "*[a-d-1-3]*"?
5. Was bedeutet "*w+*"?
6. Wie werden Gruppen gebildet?
7. Mit welchem String würde dieses Muster *r*"*d{2}*/*d{2}*/*d{4}*" übereinstimmen?

I G L 9 8 7 6 5 4 3 2 1 »

5 Internet-Programmierung

Python 2.x

5 Internet-Programmierung

Wie ich nun inzwischen schon so oft erwähnt habe, eignet sich Python hervorragend für eine breite Skala von Aufgaben. Eine dieser Aufgaben ist sicher die Programmierung von Internetapplikationen. Dieses Kapitel wird uns eindeutig zeigen, dass es kaum möglich ist, Internet-Programmierung noch einfacher als in Python zu machen.

5.1 Einleitung

Seit jeher versucht man, Computer in größeren Einheiten zu organisieren – in Computer-Netzen. Erst in Netzen kann man dann Computer wirklich ausnutzen, man kann Daten leichter verwalten, Arbeitsgruppen bilden usw.

Das größte Netz heutzutage ist das Internet. Es basiert auf einer Reihe von Protokollen. Sie sind in RFCs (***R**equest **f**or **C**omments*) beschrieben. Diese kann man unter *http://www.ietf.org/rfc/* abrufen. Es gibt schon weit über zweitausend *RFCs*. Sie bestimmen ganz genau, wie die Informationen von einem Computer zum anderen gelangen, von einer Netzwerkkarte zur anderen.

> **HINWEIS** Ein RFC ist ein Dokument, in dem Standards (Protokolle) für die Internetkommunikation definiert werden.

Die Protokolle bilden einen Stapel – den so genannten *TCP/IP-Stack*, der aus vier Schichten besteht.

Die Struktur des TCP/IP-Stacks sieht wie folgt aus:

	Ebene	Beispiele der Protokolle
4	Anwendungsschicht	HTTP, SMTP, POP, TELNET, DNS, SSH

	Ebene	Beispiele der Protokolle
3	Transport-Schicht	TCP, UDP
2	Internet-Schicht	ARP, IP, ICMP, IGMP, OSFP
1	Netzzugangsschicht	Ethernet, Token Ring, X.25, Novell

Tab. 5.1: TCP/IP-Stack

Die erste Schicht, die Netzzugangsschicht, enthält Routinen für den Zugriff auf physische Netze. Die zweite kümmert sich um das Routing, (Wahl des Datenwegs) während die dritte die Informationen transportiert.

Die letzte Schicht ist die einzige, die für uns interessant ist. Es ist die Anwendungsschicht, mit der Applikationen arbeiten. Wie man sieht, gibt es eine Reihe von Protokollen für diese Schicht. Mit diesen Protokollen werden wir in Python arbeiten. Für die Arbeit mit anderen Schichten des TCP/IP-Stacks sind andere Sprachen, wie zum Beispiel C, besser geeignet.

HINWEIS

Der Computer, der die Informationen im Netz zur Verfügung stellt, wird als Server bezeichnet, der Computer, der sie anfragt, als Client.

Eine Übersicht der Protokolle der Anwendungsschicht gibt folgende Tabelle:

Protokoll	RFC	Beschreibung
HTTP	2616	***H**yper**T**ext **T**ransfer **P**rotocol*. Webseiten werden über dieses Protokoll übertragen. Auf ihm basiert das ganze World Wide Web (WWW).
FTP	959	***F**ile **T**ransfer **P**rotocol*. Ein Protokoll, das speziell ans einfache Übertragen von Dateien angepasst ist.
SMTP	821	***S**imple **M**ail **T**ransfer **P**rotocol*. Über dieses Protokoll werden die E-Mails im Internet verschickt.

Protokoll	RFC	Beschreibung
IRC	1459	*Internet **R**elay **C**hat.* Ein Protokoll, das die Online-Kommunikation mehrerer Benutzer übers Internet ermöglicht.
POP	1725	*Post **O**ffice **P**rotocol.* Ein Protokoll, das die Arbeit mit Mailboxen ermöglicht.
IMAP	1730	*Internet **M**essage **A**ccess **P**rotocol* – Erweiterung des POP-Protokolls
DNS	1035	***D**omain **N**ame **S**ystem* – definiert, wie die IP-Adressen im Netz in Computernamen umgewandelt werden.
TELNET	854	ermöglicht interaktive Arbeit über virtuelle Terminals auf Rechnern im Netz

Tab. 5.2: Wichtige Internet-Protokolle der Anwendungsschicht

5.2 Das urllib-Modul

Um Daten im Netz organisieren zu können, muss man ein Schema haben, nach dem man auf sie zugreift. Dazu sind mindestens zwei Informationen notwendig, die sich auf den Ort im Netzwerk beziehen, an dem sich die Daten befinden: Dies sind meist ein *Computername* (der kann sich aus dem Namen des Computers und der Domäne zusammensetzen), von dem wir die Daten beziehen wollen, und ein *Pfad* zur Datei auf dem Rechner, von dem die Datei bezogen wird. Die Kombination dieser zwei Informationen (eines Computernamens und des Pfades) wird URL (*Uniform **R**esource **L**ocator*) genannt. Der *URL*-Aufbau ist genauer im RFC Nummer 1738 beschrieben.

Das Schema für URL-Bildung sieht wie folgt aus:

- rechnername.domainname/datei
- rechnername.domainname/verzeichnis/datei

Würde man für den Zugriff auf Dateien auf fremden Rechnern nur den Rechnernamen und die Pfadangabe brauchen, so wären die Informationen für jeden Benutzer des Netzes frei verfügbar. Dies ist oft nicht erwünscht, deshalb können URLs um eine einfache Authentifizierungsmethode erweitert werden. Es werden der Benutzername und sein Passwort hinzugefügt.

Das erweiterte Schema ist dann:

- *benutzer:passwort@computer/datei*
- *benutzer:passwort@computer.domain/verzeichnis/datei*

Um die Dateien, die durch URLs lokalisiert werden, übertragen zu können, braucht man Protokolle (der Anwendungsschicht). Für die Übertragung der durch URLs lokalisierten Dateien kommen folgende Protokolle in Frage:

- HTTP
- FTP
- Gopher (veraltet)

Da Daten oft nicht mit jedem Protokoll erreichbar sind, kann man in dem URL auch dieses bestimmen. Damit beginnt dann der URL.

Das noch einmal erweiterte Schema sieht dann so aus:

- *http://server.domain/datei*
- *ftp://server/verzeichnis/datei*
- *http://login:passwort@server.domain/verzeichnis/datei*

Im Allgemeinen kann man sich folgendes Schema merken:

Protokoll://Benutzer:Passwort@Computer.Domäne/Verzeichnis/Datei

Statt *Computer.Domäne* kann man natürlich auch die IP-Adresse des Rechners anführen.

> **HINWEIS**
> Über eine IP-Adresse kann ein Computer im Netz eindeutig lokalisiert werden. Da IP-Adressen wie zum Beispiel 192.168.1.1 nicht leicht zu merken sind, werden sie über das DNS-Protokoll in leicht lesbare und merkbare Namen (*Computername.Domänname*) umgewandelt.

In Python kann man auf Daten, die durch URLs lokalisiert werden, über das *urllib*-Modul zugreifen. Es ist sehr leicht zu verwenden:

```
import urllib
data=urllib.urlopen("Protokoll:Computer/Datei")
data.read()
```

Zuerst muss logischerweise das *urllib*-Modul importiert werden. Dann wird über seine Methode *urlopen(url)* ein URL geöffnet. Die Methode gibt ein *file*-Objekt zurück, aus dem man dann genau wie aus einer Datei die Informationen lesen kann (das heißt, die Informationen werden über die Methoden des *file*-Objekts gelesen). Eine vielleicht noch nützlichere Methode des Moduls ist *retrieve(URL, Datei)*. Sie holt sich die durch den *URL* adressierten Daten und speichert sie in die *Datei*.

Ein Programm, das die ihm als Argumente übergebenen URLs herunterlädt, ist

Beispiel *geturl.py*:

```
import sys, urllib

def get(url):
  datei=url.split('/')[-1]
  urllib.urlretrieve(url,datei)

for a in sys.argv[1:]:
  try:
    get(a)
  except:
    print "Download der Datei %s nicht möglich" % a
```

Möchte man zum Beispiel zwei Dateien aus dem Netz herunterladen, so geht es folgendermaßen:

```
[uza@kern ~]$ python geturl.py http://www.python.org/pics/
pythonHi.gif http://www.python.org/2.2/descrintro.html
[uza@kern ~]$
```

Die Dateien werden sofort, nachdem das Skript abgelaufen ist, auf der Festplatte verfügbar sein:

```
[uza@kern ~]$ ls -l pythonHi.gif descrintro.html
-rw-r--r--  1 uza uza 49001 Dec  9 18:45 descrintro.html
-rw-r--r--  1 uza uza 3765 Dec  9 18:45 pythonHi.gif
[uza@kern ~]$
```

Es ist zu betonen, dass das Herunterladen der Daten aus dem Netz, die über die URLs lokalisiert werden, nur für HTTP- und FTP-Protokolle von Bedeutung ist (Gopher wird zwar auch unterstützt, ist aber veraltet).

Das *urllib*-Modul ist relativ simpel. Eine deutliche Verbesserung, die besser an das weit verbreitete HTTP-Protokoll und auch seine verschlüsselte Version – HTTPS – angepasst ist, stellt das *ulrlib2*-Modul dar. Dieses ist ausführlich in der mitgelieferten Python-Dokumentation beschrieben.

Was ich zum Aufbau der URLs erwähnt habe, stimmt nicht so ganz. Er wurde ziemlich vereinfacht dargestellt. Wie komplexe URLs aufgebaut werden, wird im RFC 1738 beschrieben.

5.3 Parsen - Das urlparse-Modul

Mit diesem recht einfachen Modul kann man den URL parsen, d.h. auf bestimmte Begriffe hin überprüfen. Dazu dient seine *urlparse()*-Methode. Sie gibt ein sechsstelliges Tuple zurück. Von diesem Tuple interessieren uns die Elemente mit den Indizes 0, 1 und 2. Es sind das Protokoll, der Computer und der Pfad.

Beispiel:

```
>>> from urlparse import urlparse
>>> urlparse("http://www.python.org/2.2/descrintro.html")
('http', 'www.python.org', '/2.2/descrintro.html', '', '', '')
>>>
```

5.4 HTTP-Datenübertragung - Das httplib-Modul

HTTP ist das Protokoll, über das im Internet die Webseiten übertragen werden. Es ist eines der am häufigsten verwendeten Protokolle. Seine Definition erfolgte im RFC Nummer 2616. Heutzutage wird hauptsächlich die Version 1.1 verwendet. In Python arbeitet man mit diesem Protokoll über das *httplib*-Modul.

Beispiel *getHtml.py*:

```
!#/usr/bin/env python

import httplib

def htmlGet(server,uri="/"):
    header=httplib.HTTP(server)
    header.putrequest('GET', uri)
    header.putheader('Accept', 'text/html')
    header.putheader('Accept', 'text/plain')
    header.endheaders()
    errcode,errmsg,headers=h.getreply()
    #errcode sollte 200 sein
    print errcode
    f=header.getfile()
    #die HTML-Seite wird in data gespeichert
    data=f.read()
    f.close()
```

```
    return data

if __name__=="__main__":
    import sys
        print htmlGet(sys.argv[1])
```

Zuerst wird das benötigte Modul importiert. Dann wird die Funktion *htmlGet()* definiert. Diese öffnet eine Verbindung – http genannt – zum Zielserver über das Objekt. Danach werden über dic Methode *putheader()* die HTTP-Befehle eingegeben. Der Rest sollte schon klar sein.

Der Unterschied zum vorigen Beispiel (*urlget*-Modul) besteht darin, dass auch HTTP-Befehle dem Server überreicht wurden. Zum Beispiel haben wir über »Accept« festgelegt, dass wir die Ausgabe in HTML oder in *plaintext* (nur Text) akzeptieren.

5.5 FTP-Datenübertragung - Das ftplib-Modul

Python eignet sich auch hervorragend als Programmiersprache für Skripten und Frontends für das FTP-Protokoll, das zum Übertragen von Dateien konzipiert ist.

Alle Linux-Fans wissen wohl, wovon ich rede, wenn ich sage, dass es ein Muss ist, mit den Linux-Kernel-Sources immer auf dem neuesten Stand zu sein. Diese Daten (Updates) kann man von einem FTP-Server herunterladen Das Herunterladen der aktuellen Daten kann für uns folgendes Programm erledigen (funktioniert nur unter Unix-Betriebssystemen richtig):

HINWEIS

Frontends sind grafische Benutzeroberflächen textbasierter Programme.

Beispiel *getKernel.py*:

```
!#/usr/bin/env python

from ftplib import FTP
import os

ftp = FTP("ftp.kernel.org")
ftp.login()
ftp.cwd("pub/linux/kernel/v2.4/")
latest=ftp.nlst("LATEST-IS-*")
kernel="linux"+latest[0][9:]+".tar.bz2"
if not os.path.isfile(kernel):
    data=open(kernel,'w')
    ftp.retrbinary("RETR "+kernel, data.write, 1024)
    os.system("echo "+kernel+" | mail -s \"neuer
Kernel ist da\" root")
ftp.quit()
```

Die Erklärung zum Programm:

Nachdem man die notwendigen Module importiert hat, wird über das *FTP*-Objekt eine Verbindung zum Zielserver erstellt. Wir geben keinen Benutzernamen und kein Passwort ein. Das bedeutet, dass wir uns anonym anmelden (ein anonymer Benutzer hat meistens weniger Rechte als der, der sich angemeldet hat).

In unserem Fall ist der Zielserver, auf dem wir uns anmelden, *ftp.kernel.org*. Auf dem Server wird vom Verzeichnis *pub/linux/kernel/v2.4* die Datei *LATEST-IS-[Versionsnummer]* gelesen. Diese Datei ist immer nach dem neuesten Kernel benannt.

Danach wird im Arbeitsverzeichnis nachgesehen, ob es diese Version bereits auf der Festplatte gibt. Ist dies nicht der Fall, so wird die Datei heruntergeladen und dem Administrator (er heißt unter UNIX-Systemen *root*) eine Mail geschickt.

getKernel.py wird folgendermaßen verwendet:

```
[uza@www ~/kernel]$ python getKernel.py
```

```
[uza@www ~/kernel]$ ls -l
total 23217
-rw-r-----   1 uza  uza       375 Dec  9 15:48 getKernel.py
-rw-r-----   1 uza  uza  23746229 Dec  9 16:01 linux-
2.4.16.tar.bz2
[uza@www ~/kernel]$
```

Obwohl dieses Programm nicht wirklich zum Laufen unter Windows bestimmt ist (es wird zwar bis auf den *mail*-Befehl funktionieren, hat jedoch wenig Sinn), kann man selbstverständlich das *ftplib*-Modul (sowie alle anderen aus diesem Kapitel) auch unter diesem Betriebssystem effizient verwenden.

Um Ihr Wissen über das FTP-Protokoll zu vervollständigen und somit auch dieses Programm komplett verstehen zu können, sollten Sie das RFC 959 lesen, in dem sich die erste Definition des FTP-Protokolls befindet. Mehr Informationen über die FTP-Klasse des *ftplib*-Moduls finden Sie in der Python-Dokumentation.

5.6 Mails versenden: Das smtplib-Modul

Das *Simple Mail Transfer Protocol* (SMTP) übernimmt im Internet das Verschicken der Mails. Dieses Protokoll wurde im RFC Nummer 822 definiert und in vielen weiteren RFCs erweitert. In Python arbeitet man mit dem SMTP-Protokoll über Instanzen der Klasse SMTP, die im *smtplib*-Modul zu finden ist.

HINWEIS

Programme, die Mails im Internet verschicken, heißen *MTA* (***M**ail **T**ransport **A**gent*). Programme, die die Mails lokal auf einem Computer zustellen, werden *MDA* (***M**ail **D**elivery **A**gent*) genannt. Programme, mit denen sich der User Mails ansieht und versendet, heißen *MUA* (***M**ail **U**ser **A**gent*).

Unter Windows habe ich lange ein CGI-Programm zum Verschicken von Mails für meine Skripten vermisst. Nach einer gewissen Zeit habe ich es mir selbst in Python geschrieben.

Beispiel *cliMail.py*:

```
!#/usr/bin/env python

import smtplib, string, sys

def mail(From,To,Subject,Msg,relayhost="localhost"):
    Msg="Subject: "+Subject+"\n"+Msg.strip()
    server=smtplib.SMTP(relayhost)
    server.sendmail(From,To,Msg)
    print "Nachricht gesendet"
    server.quit()

def prompt(prompt):
    return string.strip(raw_input(prompt))

if __name__ == "__main__":
    fromaddr = prompt("From: ")
    toaddrs  = string.split(prompt("To: "))
    subject = prompt("Subject: ")
    print "Enter message, end with ^D:"
    msg = ("From: %s\r\nTo: %s\r\n\r\n"
          % (fromaddr, string.join(toaddrs, ", ")))
    while 1:
        line = raw_input()
        if not line:
            break
        msg = msg + line
    print "Message length is " + `len(msg)`
    mail(fromaddr,toaddrs,subject,
         msg,relayhost="mail.mein.provider.de")
```

Zum Verschicken der Mails dient die Funktion *mail()*. Diese eröffnet eine Verbindung (*SMTP*-Objekt) zum MTA (dieser muss Mails von uns akzeptieren) und über die *sendmail()*-Methode des *SMTP*-Objektes wird die E-Mail verschickt. Der Rest sollte klar sein – er ermöglicht es, dass man das Skript auch interaktiv benutzen kann.

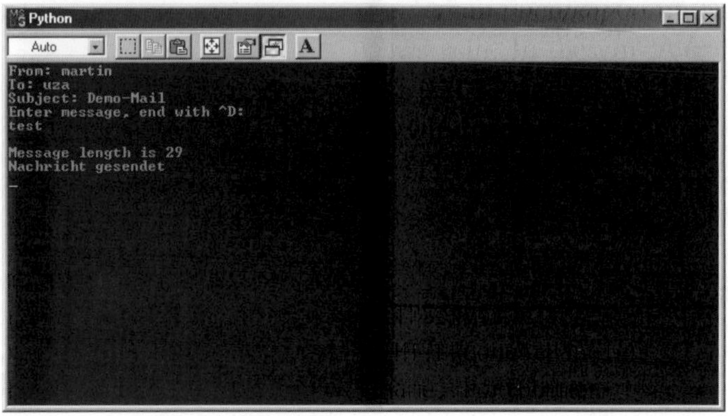

Abb. 5.1: ***cliMail.py*** **unter Windows**

5.7 Mails abrufen: Das poplib-Modul

SMTP dient zum Verschicken der Mails im Internet, das *POP*-Protokoll (um genau zu sein, ist es das *POP3*-Protokoll) ist für die Arbeit mit Mailboxen gedacht (Verwalten der Mails – hauptsächlich Abrufen und Löschen). Über dieses Protokoll kann man nach der Anmeldung (Benutzername und Passwort) Nachrichten von einer Mailbox anschauen und löschen. Das POP-Protokoll wurde im RFC Nummer 1725 definiert. In Python arbeitet man mit POP-Mailboxen über das *poplib*-Modul, das die Klasse *POP3(Server)* beinhaltet. Ihre Instanzen besitzen unter anderem folgende Methoden:

Funktionen	Ergebnis
user(Benutzername)	beginnt die Anmeldung. Der *Benutzername* wird übermittelt.
pass(Passwort)	überbringt das *Passwort* zur Mailbox des Benutzers
stat()	Ein Tuple mit dem Status der Mailbox wird zurückgegeben. Es setzt sich zusammen aus *(Anzahl_der_Nachrichten,Größe_der_Mailbox)*.
retr(Nummer)	holt die Nachricht mit der *Nummer*

Funktionen	Ergebnis
dele(Nummer)	Die Nachricht mit der *Nummer* wird mit einer Löschmarke versehen. Nachrichten werden erst nach Übermittlung des QUIT-Befehls (*quit()*-Methode) wirklich gelöscht.
rset()	Alle Löschmarken werden aufgehoben.
quit()	Mit der Methode *dele()* gekennzeichnete Nachrichten werden gelöscht und die Verbindung zum Server wird abgebrochen.

Tab. 5.3: Funktionen des *poplib*-Moduls

Beispiel *fetchpop.py*:

```
#!/usr/bin/env python

import poplib, getopt, sys

def fetchpop(host,user,password):
    pop=poplib.POP3(host)
    pop.user(user)
    pop.pass_(password)
    numMessages=len(pop.list()[1])
    for i in range(numMessages):
        for j in pop.retr(i+1)[1]:
            print j

if __name__=="__main__":
    import getpass
    host,user,password="","",""
    try:
        opts,args = getopt.getopt(sys.argv[1:],'h:u:p:')
        for o,a in opts:
            if o=="-h": host=a
            if o=="-u": user=a
            if o=="-p": password=a
        fetchpop(host,user,password)
```

```
    except:
        print >> sys.stderr, "Programm konnte nicht korrekt aus-
geführt werden"
```

Mit diesem Programm kann man Nachrichten einer POP-Mailbox (in diesem Beispiel handelt es sich um die Nachrichten meiner privaten Mailbox) anzeigen lassen:

```
[uza@zulu ~]$ ./fetchpop.py -u uza -p geheim -h zulu
From martin@zulu.uzak.sk  Wed Dec 26 21:44:56 2001
Return-Path: <martin@zulu.uzak.sk>
Delivered-To: uza@zulu.uzak.sk
Received: from KERN (kern [192.168.0.2])
        by zulu (Postfix) with ESMTP id 32DF91D174
        for <uza>; Wed, 26 Dec 2001 21:44:56 +0100 (CET)
Subject: Demo-Mail
From: martin@zulu.uzak.sk
To: uza@zulu.uzak.sk
Message-Id: <20011226204456.32DF91D174@zulu>
Date: Wed, 26 Dec 2001 21:44:56 +0100 (CET)
Status: O
Content-Length: 5
Lines: 1

test

[uza@zulu ~]$
```

Diese Nachricht wurde in meinem Netz über das *cliMail.py*-Programm verschickt. Alle Angaben bis auf die letzen drei Zeilen der Nachricht (in denen das Wort *test* zu finden ist) sind Befehle des SMTP-Protokolls.

Leitet man die Ausgabe in eine Datei um, so kann man sich die Mails auch mit einem MUA ansehen (unter UNIX):

```
[uza@zulu ~]$ ./fetchpop.py -u uza -p asdf -h zulu > mailbox
[uza@zulu ~]$ mutt -f mailbox
```

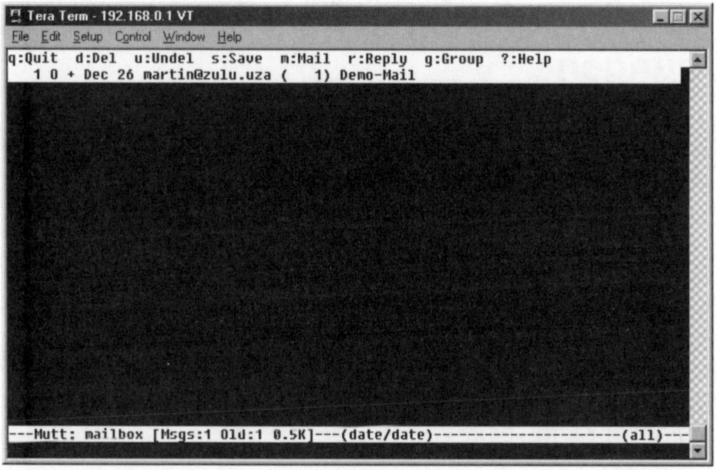

Abb. 5.2: Mails, die über *fetchpop.py* downgeloadet wurden, in einem MUA

> **HINWEIS**
>
> Wie schon einmal erwähnt, steht MUA für *Mail User Agent*. Es ist ein Programm, mit man direkt mit dem Inhalt einer Mailbox arbeitet. Beispiele für MUAs sind: mutt, elm, pine, Microsoft Outlook, Netscape Messenger.

Das nächste Kapitel wird sich mit einem der größten Programme in diesem Buch beschäftigen: mit dem POP-Protokoll. Für Neugierige sei vorausgeschickt, dass es sich um eine kleine Webmail-Applikation handeln wird.

Heutzutage wird langsam, aber sicher das veraltete POP3-Protokoll durch das neue, viel universellere Protokoll *IMAP* erweitert bzw. komplett ersetzt. *IMAP* ist im RFC Nummer 1035 beschrieben. Im Vergleich zu POP3 handelt es sich um ein relativ komplexes Protokoll. In Python ist es über das *imaplib*-Modul implementiert. Mehr Informationen samt Beispielen finden Sie in der Python-Dokumentation.

5.8 Zusammenfassung, Fragen und Übungen

Zusammenfassung

- In Python kann man leicht und effizient Programme fürs Internet erstellen.
- Python-Programme sind auf die Anwendungsschicht des TCP/IP-Stacks ausgerichtet.
- Format eines URLs: *Protokoll://Benutzer:Passwort@Computer.Domäne/Verzeichnis/Datei*

Fragen und Übungen

1. Was ist ein RFC? Was wird in ihm beschrieben?
2. Aus wie vielen Schichten ist der TCP/IP-Stack aufgebaut?
3. Mit welchen Protokollen kann man Dateien, die durch URLs lokalisiert sind, downloaden?
4. Mit welchem Modul werden die URLs geparst?
5. Wozu dient das *httplib*-Modul? Wo ist der Unterschied zum *urllib*-Modul?
6. Was ist die Aufgabe des *ftplib*-Moduls?
7. Welche Module gibt es fürs Versenden der Mails und für die Arbeit mit den Mailboxen?

6 CGI-Programmierung

6 CGI-Programmierung

Wenn es darauf ankommt, bestehende Skripten ins Internet zu stellen, dann kommt die *CGI*-Schnittstelle zur Geltung. Die Abkürzung *CGI* bedeutet ***C**ommon **G**ateway **I**nterface* und kennzeichnet eine Schnittstelle, über die man fast jedes Programm ins Internet (auf einen WWW-Server) stellen kann. Am häufigsten sieht es dann so aus, dass auf einer HTML-Seite (Webseite) die Eingabe über ein Formular abgefragt wird, diese wird dem Server geschickt, der sie wiederum dem Programm über die CGI-Schnittstelle zur Verfügung stellt. Die Ausgabe des Programms ist oft eine HTML-Seite, über die der User informiert wird, was das Programm gemacht hat.

Die Eingabe der Daten ins Programm erfolgt über die Umgebungsvariablen (als ein Dictionary unter dem Namen *os.environ* verfügbar). Die *REQUEST_METHOD*-Variable bestimmt, wie die Eingabe ins Programm gelangt. Es gibt zwei Möglichkeiten: entweder über den URL, an den die Argumente angehängt werden. Das Schema für die Syntax so eines URL ist:

Protokoll://Computer/Pfad?Variable1=Wert1&Variable2=Wert2

also zum Beispiel:

http://www.google.de/search?q=python&hl=de&meta=

Diese Methode (hat nichts zu tun mit den Methoden der Objekte, es ist bloß die Bezeichnung der Art, wie die Eingabe in das Skript gelangt) wird *GET* genannt.

Die andere Möglichkeit ist die Methode, die *POST* genannt wird. Bei ihr gelangt die Eingabe über die Standardeingabe (*sys.stdin*) in das Skript. Das heißt, dass sie in dem URL selbst nicht sichtbar ist.

Die Ausgabe eines CGI-Skripts erfolgt auf die Standardausgabe (*sys.stdout*), wobei der Anfang dieser Ausgabe ihre Art bestimmt. Das heißt, dass wir für HTML-Seiten folgenden HTTP-Header (mit ihm soll die Ausgabe anfangen) verwenden werden:

```
Content-type: text/html
```

gefolgt von zwei Leerzeilen.

Python eignet sich zwar ganz gut für das Schreiben von kleineren CGI-Skripten, dennoch gibt es für größere Projekte die Entwicklungsumgebung ZOPE (Homepage unter *http://www.zope.org*), mit der man sehr effektiv Programme fürs WWW entwickeln kann.

Dieses Kapitel setzt voraus, dass Sie mindestens Basiskenntnisse der HTML-Sprache haben.

6.1 CGI-Webserver

Damit wir CGI-Skripten überhaupt schreiben können, brauchen wir einen Webserver, der die CGI-Schnittstelle unterstützt. Für professionelle Applikationen nimmt man am besten den freien *Apache*-Webserver (Homepage unter *www.apache.org*). Für uns wäre jedoch seine Konfiguration zu umständlich, deshalb schreiben wir uns einen eigenen CGI-fähigen HTTP-Server. Dank der dafür bereitstehenden Modulen *BaseHTTPServer* und *CGIHTTPServer* ist es kein Problem.

Für das folgende Programm (der HTTP-Server) sollten wir ein separates Verzeichnis erstellen. Der Name des Verzeichnisses ist nicht von Bedeutung, es kann zum Beispiel *~/vmi-buch/kap06* unter UNIX oder *c:\vmi-buch\kap06* unter Windows sein. In diesem Verzeichnis muss sich außer dem Programm selbst (HTTP-Server) ein Unterverzeichnis genannt *cgi-bin* befinden, in dem wir unsere CGI-Skripten ablegen werden. Jetzt folgt aber der Code des HTTP-Servers:

httpd.py:

```
import os
from BaseHTTPServer import HTTPServer
from CGIHTTPServer import CGIHTTPRequestHandler
srvraddr=("",8080) #Computername, Portnummer
cgisrv=HTTPServer(srvraddr,CGIHTTPRequestHandler)
cgisrv.serve_forever()
```

Kurz noch eine Bemerkung zu diesem Programm: Nachdem diese Module importiert wurden, bestimmt man, auf welchem Computer (leerer String bedeutet alle bekannten Namen für den aktuellen Computer) und welchem Port (8080 in unserem Fall) der Server aktiv sein wird. Dann muss man noch angeben, dass er unendlich viele Anfragen bedienen soll.

Das Verzeichnis, das nach dem Start des *httpd.py*-Programms über das HTTP-Protokoll veröffentlicht wird (in diesem befinden sich meistens die HTML-Seiten), ist das Verzeichnis, vom dem aus dieses Skript gestartet wurde. Wie schon erwähnt, müssen sich unsere CGI-Skripten, die wir testen wollen, in seinem Unterverzeichnis *cgi-bin* befinden.

> **HINWEIS**
> Der *Port* ist eine Nummer zwischen 1 und 65535, über die die Kommunikation zwischen Prozessen in Netzen realisiert wird. Möchte man unter UNIX ein Programm auf einen Port unter 1024 binden, so muss das Programm mit Administratorrechten laufen.

Wenn man explizit im URL den Port bestimmen möchte (normalerweise wird der für das Protokoll standardmäßig verwendete genommen, was z.B. 21 für FTP, 25 für SMTP oder 80 für HTTP ist), so wird er hinter den Computernamen angefügt, z.B.: *http://localhost:80/.* Da wir aber unser *httpd.py*-Programm auf die Port-Nummer 8080 gebunden haben (aus Sicherheitsgründen – unter UNIX müssen Programme, die auf Ports unter 1024 gebunden werden, mit Administratorrechten gestartet werden, was wir definitiv nicht wollen), sieht der URL, den wir verwenden, folgendermaßen aus:

```
http://localhost:8080
```

> **HINWEIS**
> *localhost* ist immer der Name für den Rechner, mit dem wir gerade arbeiten.

So sieht das Ergebnis im Browser aus, nachdem wir das Programm gestartet haben:

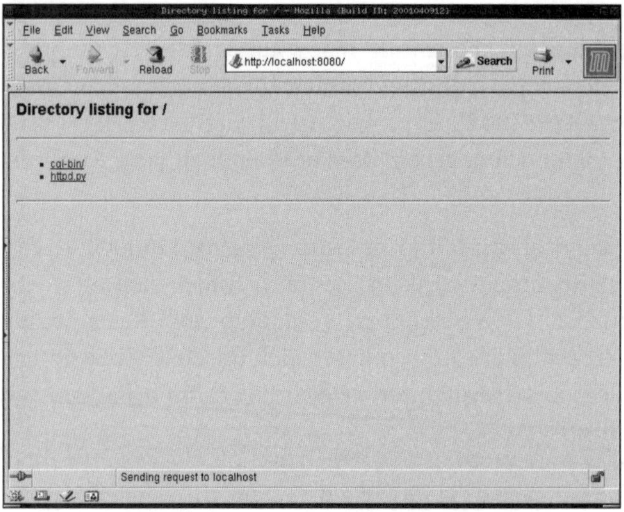

Abb. 6.1: *httpd.py* im Einsatz

Und noch etwas: Dies ist kein wirklich leistungsfähiger und sicherer Webserver. Er eignet sich zwar prima fürs Erstellen und Testen eigener Skripten, dennoch sollte man für große CGI-Skripten die Verwendung eines professionellen Webservers erwägen.

Möchte man dieses Programm unter UNIX verwenden, so ist zu beachten, dass es im *CGIHTTPServer*-Modul einen Fehler gibt (unter Windows sollte auch standardmäßig alles funktionieren). Damit das Modul auch unter UNIX funktioniert, führen Sie als Benutzer *root* (man braucht Administratorrechte, um das Modul überschreiben zu können) folgendes Programm aus:

Beispiel *correctCGIHTTPServer.py*:

```
#!/usr/bin/env python2.2
import re

#Pfad zum CGIHTTPServer-Modul
file="/usr/local/lib/python2.2/CGIHTTPServer.py"
replaced=0
```

```
data=open(file).readlines()
f=open(file,"w+")
for a in data:
        f.write(a)
        if a.find("have_fork")!=-1 and not replaced:
                f.write(re.search("\s+",a)\
                group()+"have_fork=None\n")
                replaced=1
```

Kurz die Erklärung zu diesem Programm: Die Datei mit dem Modul wird geöffnet und Zeile für Zeile geparst. Beim ersten Vorkommen des Strings *have_fork* wird eine Zeile hinzugefügt, die sicherstellt, dass später das Skript einwandfrei funktioniert.

6.2 Einleitung

Ich denke, für jetzt reicht es mit der Theorie, jetzt ist es an der Zeit, eine CGI-Applikation zu schreiben. Natürlich wird es sich um das »Hello World«-Programm handeln.

Beispiel *helloworld.py*:

```
import os

print "Content-Type: text/html"
print
print "<h1>Hello World!</h1>"
```

Damit wir dieses Programm testen können, müssen wir es in das *cgi-bin*-Unterverzeichnis (welches wir selbst erstellen müssen) des Verzeichnisses verschieben, in dem sich der Server – das *httpd.py*-Programm – befindet. Wenn wir so weit sind, starten wir den Server und geben in die URL-Leiste unseres Browsers folgende Adresse (URL) ein:

```
http://localhost:8080/cgi-bin/helloworld.py
```

Und das Ergebnis kann sich sehen lassen:

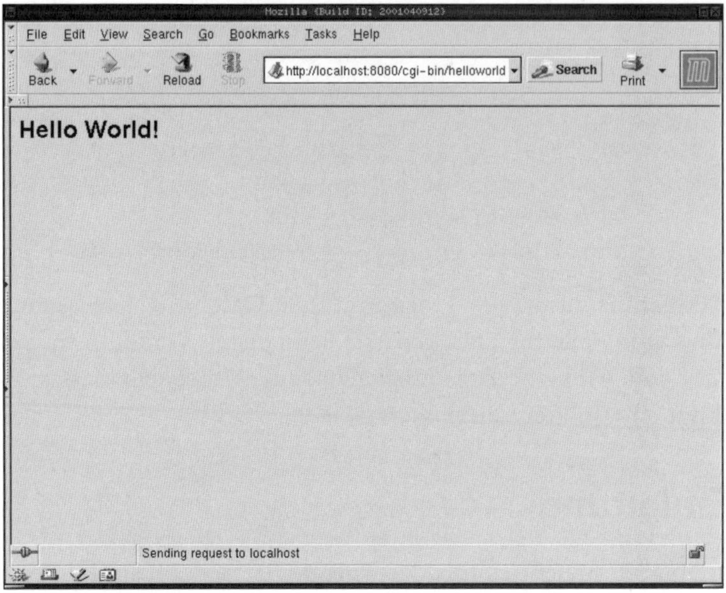

Abb. 6.2: Die CGI-Version von *helloworld.py* im Browser

6.3 Das cgi-Modul

Um das Erstellen der CGI-Applikationen zu erleichtern, gibt es in Python das *cgi*-Modul.

Die Arbeit mit diesem Modul beginnt damit, dass seine *FieldStorage()*-Methode gerufen wird. Diese gibt ein Objekt zurück, aus dem man auf die Argumente des Skripts leicht zugreifen kann. Sie wird folgendermaßen angewendet:

```
form=cgi.FieldStorage()
```

Das zurückgegebene Objekt (das in der *form*-Variable gespeichert ist) verhält sich wie ein Dictionary:

```
if form.has_key("Variable"):
    print form["Variable"].value
```

Eine andere Art, wie man die Werte der Argumente bestimmen kann, ergibt sich mit der *getvalue()*-Methode. Ihr erstes Argument ist der Name des GGI-Arguments, dessen Wert man bestimmen möchte, das zweite der Wert, der zurückgegeben wird, falls es das CGI-Argument nicht gibt.

```
wert=form.getvalue("Variable","default")
```

Im Beispiel beinhaltet die *wert*-Variable den Wert der *Variable*, kann dieser nicht bestimmt werden, so ist ihr Wert der String *default*.

Die *test()*-Funktion des *cgi*-Moduls kann auch oft nützlich sein. Sie zeigt viele über CGI bezogene Informationen, unter anderem zeigt sie die Umgebungsvariablen:

Beispiel *test.py*:

```
import cgi
cgi.test()
```

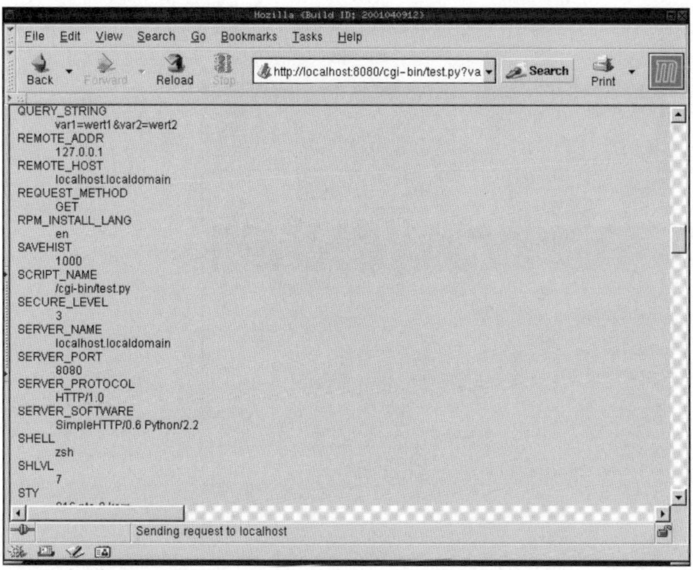

Abb. 6.3: ***cgi.test()***

6.4 CGI-Skripten debuggen – Das cgitb-Modul

Dieses Modul gibt es in Python erst ab der Version 2.2, es wurde eingeführt, um das Debuggen der CGI-Skripten zu erleichtern. Man sollte es in jedem CGI-Skript verwenden. Dies geschieht folgendermaßen (die ersten zwei Zeilen sind wichtig):

Beispiel *nameError.py*:

```
import cgitb
cgitb.enable()

print "Content-type: text/html\n\n"
print "<h1><i>cgitb</i>-Modul</h1>"
print nicht_definierte_Variable
```

Die Ausgabe, die erscheint, wenn es zu einem Fehler kommt, sieht beispielsweise so aus (in unserem Beispiel wollen wir den Wert einer Variablen ausgeben, obwohl diese nicht definiert ist):

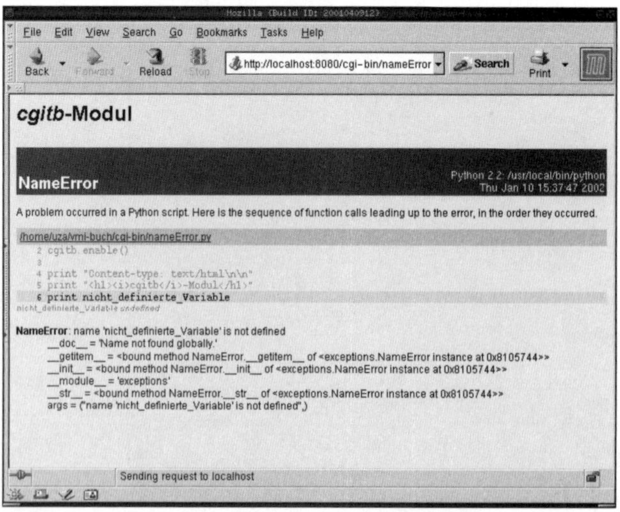

Abb. 6.4: Fehlerbehandlung durch das *cgitb*-Modul

Ohne dieses Modul würde man keine übersichtliche Fehlermeldung bekommen, wenn es zu einem Fehler kommen sollte, sondern nur eine leere HTML-Seite.

Wenn Sie die Fehlermeldungen den Usern nicht anzeigen, sondern sie in einem Verzeichnis speichern möchten, müssen Sie am Anfang des CGI-Skripts folgende zwei Zeilen anführen:

```
import cgitb
cgitb.enable(display=0,logir="LogVerzeichnis")
```

6.5 Das Cookie-Modul

Cookies stellen eine Erweiterung zum HTTP-Protokoll dar, über die es dem Webserver möglich ist, Informationen mit Hilfe Ihres Browsers zu speichern bzw. abzurufen. Sie ermöglichen es zum Beispiel, dass auf Web-Seiten Ihr individuelles Benutzerverhalten (wie oft Sie beispielsweise eine Seite besucht haben) dargestellt wird.

In Python arbeitet man mit Cookies über das *Cookie*-Modul. Erstellt man eine Instanz der *SmartCookie*-Klasse, steht ein leeres Cookie zur Verfügung. Dieses verhält sich wie ein Dictionary:

```
import Cookie

cookie=Cookie.SmartCookie()
cookie["key"]="ein Wert für einen Schlüssel"
cookie["os"]="Linux"
```

Wollen Sie ein solches Cookie dem Client schicken, müssen Sie es im HTTP-Header schicken. Dies geschieht, indem Sie das Cookie ausgeben – also *print CookieObjekt*.

```
print "Content-type: text/html"
print cookie
print
```

Es ist wichtig, dass die Zeile *print cookie* vor dem leeren *print*-Befehl (dieser gibt "*\n*" auf *sys.stdin* aus) steht, denn dieser kennzeichnet das

Ende des HTTP-Headers. Alles, was nach ihm kommt, ist für den User bestimmt und wird in seinem Browser gezeigt.

Damit hätten wir unsere Cookies vom Server aus zu den Clients verschickt. Wie kann man diese Informationen später verwenden? Der Client sendet alle Cookies, die vom angesprochenen Server stammen, mit der Anfrage nach einer Webseite. Auf Cookies kann man über die *HTTP-COOKIE*- Umgebungsvariable zugreifen. Wie wir schon gelernt haben, sind Umgebungsvariablen über das *os.environ*-Dictionary verfügbar. Der Wert aus *HTTP-COOKIE* ist ein String, kein Cookie-Objekt. Ein leeres Cookie kann man über die *load()*-Methode des Cookie-Objekts in eine Variable laden. Beispiel (es wird angenommen, dass der Client schon Cookies mit den Schlüsseln »*key*« und »*os*« vom angesprochenen Server besitzt):

```
import Cookie, os

cookie=Cookie.SmartCookie()
cookiestring=os.environ["HTTP_COOKIE"]
cookie.load(cookiestring)

print cookie["key"]
print cookie["os"]
```

CGI-Scripten, die Cookies verwenden, sehen beispielsweise so aus:

Beispiel *cookie.py*:

```
import cgi, Cookie, os

def willkommen(anzahl,color="black"):
    print "<font color="+color+"><h1>Willkommen zum "\
    +str(anzahl)+" Mal auf unserer Seite</h1></font>"

print "Content-Type: text/html"
cookie=Cookie.SmartCookie()
try:
    cookie.load(os.environ["HTTP_COOKIE"])
```

```
    cookie["count"]=cookie["count"].value+1
except:
    cookie["count"]=1
print cookie
print

visits=cookie["count"].value
if visits == 1:
    willkommen(visits,"red")
elif visits > 5:
    willkommen(visits,"blue")
    print "Sie sind ein Dauerbesucher"
else:
     willkommen(visits)
```

Nachdem man die Module importiert hat, wird im Programm die *willkommen()*-Funktion definiert, die sich um die HTML-Ausgabe des Skripts kümmert. Danach folgt der Versuch, aus der Umgebung die *HTTP-COOKIE*-Variable einzulesen und damit den Wert der *cookie*-Variablen zu setzen. Gelingt dies nicht (das könnte heißen, es wurden noch keine Cookies von uns im Browser abgespeichert), wird diese Variable explizit auf den Wert 1 gesetzt. Danach folgt noch der Block mit der *if*-Anweisung, in dem, je nach Wert der *visits*-Variablen (eingelesen aus der vorher erstellten *cookie*-Variablen), dann die Ausgabe des Skripts erfolgt.

Damit dieses Programm auch richtig funktioniert, muss man im Browser die Unterstützung für Cookies eingeschaltet haben.

Und aus den Bildern sieht man, dass es wirklich funktioniert:

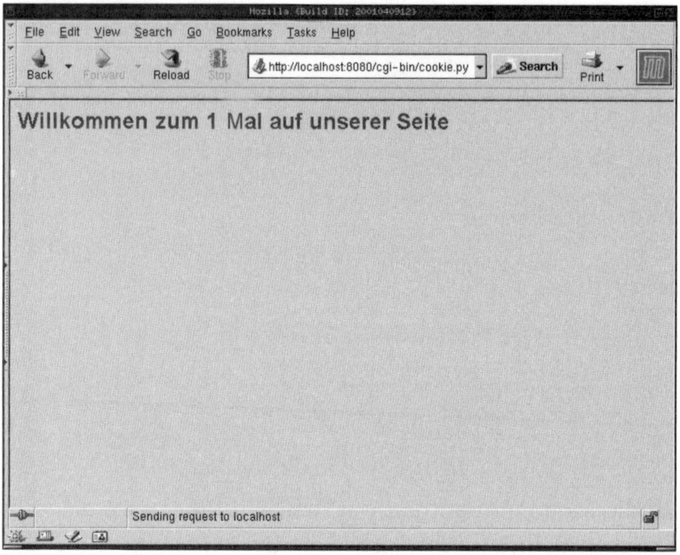

Abb. 6.5: Webseite beim ersten Besuch

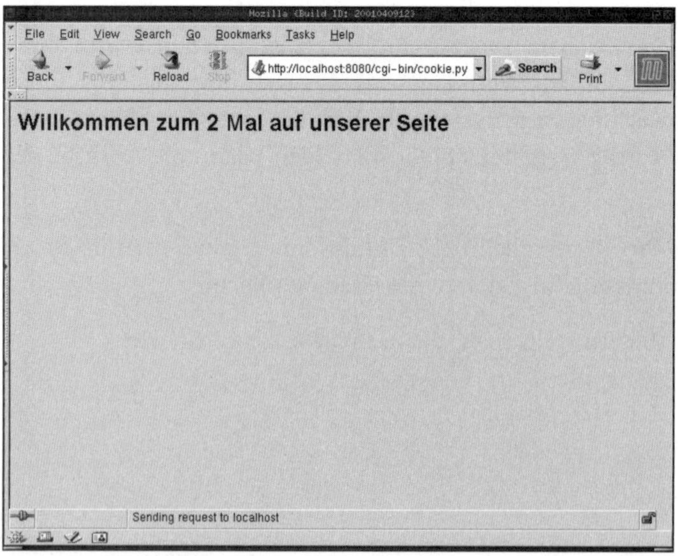

Abb. 6.6: Webseite beim zweiten Besuch

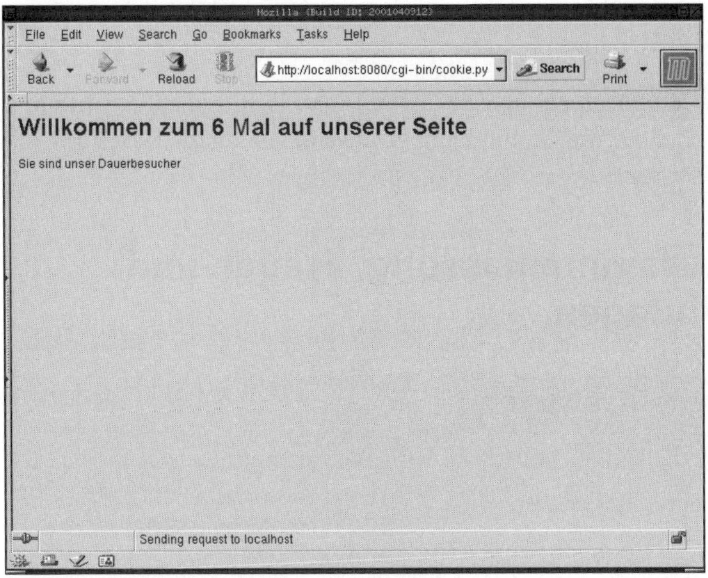

Abb. 6.7: Webseite beim sechsten Besuch

6.6 Sicherheit

Man sollte immer die Tatsache im Auge behalten, dass man den Internet-Usern über CGI-Skripten die Möglichkeit gibt, Programme auf unserem Server auszuführen.

Heutzutage gibt es sehr viele Hacker im Netz, die auch die kleinsten Fehler in unseren Skripten ausnutzen können, um auf den Server Zugriff zu bekommen. Deshalb sollte man beim Schreiben der CGI-Skripten zumindest folgende Regel beachten:

- Man verzichtet besser auf die Funktion *os.system()* und ähnliche Funktionen, die externe Programme aus Python starten können. Bei Dateinamen, die dem Skript als Argument übergeben werden, sollte man sicherstellen, dass nicht jede beliebige Datei auf dem System geöffnet werden kann (absolute Pfadangaben verwenden).

- CGI-Server sollten nie als Superuser (*root* unter UNIX, *Administrator* unter Windows) gestartet werden!

Außerdem kann es nicht schaden, wenn man in Bezug auf das Internet immer sehr vorsichtig ist und nicht grundsätzlich auf die Harmlosigkeit anderer User vertraut.

6.7 Zusammenfassung, Fragen und Übungen

Zusammenfassung

- Über die CGI-Schnittstelle wird die Kommunikation zwischen einem Programm und dem Webserver ermöglicht.
- Neben Python sind fürs Programmieren von Internetapplikationen zumindest Kenntnisse von HTML und vom HTTP-Protokoll notwendig.
- Für größere Web-Projekte, die in Python implementiert werden sollen, eignet sich am besten die ZOPE-Umgebung.
- Argumente der CGI-Skripten sollten über das *cgi*-Modul (*cgi.FieldStorage()*) eingelesen werden, nicht direkt aus der Umgebung.
- Über Cookies kann der Webserver Informationen, die bei vorigen Besuchen des Webserver gespeichert wurden, mit dem Client austauschen.

Fragen und Übungen

1. Was bedeutet die Abkürzung CGI?
2. Wie kann man einem CGI-Skript übergebene Argumente in Variablen einlesen?

Fragen und Übungen

3. Welches Modul ist zum Debuggen der CGI-Skripten bestimmt? Wie wird es verwendet?
4. Wie schickt man dem Client ein Cookie?
5. Wie wird ein Cookie eingelesen?

Die grafische Oberfläche: Tkinter

7 Die grafische Oberfläche: Tkinter

In den letzen Jahren wurden fast alle Programme mit einer grafischen Benutzerumgebung ausgeliefert. Solche Programme werden auch *GUI*-Programme genannt, wobei GUI für ***G**rafical **U**ser **I**nterface* steht. Natürlich kann man GUI-Programme auch in Python erstellen, es geht sogar sehr rasch und effektiv.

In diesem Buch widmen wir uns ausschließlich der mit Python standardmäßig ausgelieferten GUI-Bibliothek, dem *Tkinter*-Modul. Es ist sehr leicht zu erlernen und äußert effektiv. Der wohl größte Vorteil dieses Moduls besteht darin, dass es sowohl unter UNIX-Betriebssystemen (uns interessiert hauptsächlich Linux) als auch unter Windows in der gleichen Weise verwendet wird.

7.1 Einleitung

Die GUI-Programmierung ist eigentlich sehr simpel. Zu bestehenden Programmen ohne Benutzeroberfläche (Programme, die hauptsächlich auf der Kommandozeile verwendet wurden) wird eine grafische Oberfläche erstellt und das Programm wird in ihr gepackt.

Bevor wir mit dem Programmieren anfangen, müssen wir noch ein paar Begriffe klären:

- *Ein Widget* ist ein grafisches Element, mit dem man GUIs erstellen kann. Hierzu gehören z.B. Checkboxen oder ein Textfeld. Widgets sind selbstverständlich als Objekte implementiert. Dank der gut durchdachten Klassenhierarchie ist es in Tkinter möglich, eigene Widgets zu erstellen.
- *Der Layout-Manager* wird in Tkinter als eine Methode des Widgets implementiert. Der Layout-Manager hat die Aufgabe, die Anordnung der Widgets auf dem Bildschirm zu verwalten.

Jetzt stellen Sie sich sicher die Frage, wie GUI-Programme geschrieben werden? Nachdem das Programm die Widgets gezeichnet und sie mit dem Programm verbunden hat, wird eine Endlosschleife gestartet, in der die Benutzeraktionen ausgewertet werden. Diese Schleife ist in Tkinter als die *mainloop()*-Funktion implementiert. Ihre Anwendung werden wir uns später ansehen.

Grundsätzlich ist bei der GUI-Programmierung folgendermaßen vorzugehen:

- Das Problem konventionell (über OOP bzw. prozedurales Programmieren) lösen
- Widgets zeichnen
- Widgets anpassen
- Funktionalität in die Widgets einbauen. Das heißt, Widgets, die man gezeichnet hat, werden mit der Lösung des Problems (hauptsächlich Methoden- und Funktionenaufrufe) verbunden.

Hello World 1

Am besten fangen wir gleich mit einem Beispiel an. Das so berühmte »Hello World«-Programm kann man natürlich auch in ein GUI verpacken.

Beispiel *tkHelloWorld.py*:

```
from Tkinter import * #(1)
root=Tk() #(2)
root.label=Label(root,text="Hello TKinter World!") #(3)
root.label.pack() #(4)
root.mainloop() #(5)
```

Dafür, dass für dieses Programm nur fünf Zeilen Code notwendig waren, kann sich das Ergebnis sehen lassen. Beurteilen Sie selbst (am besten, indem Sie diese fünf Zeilen in eine Datei speichern und diese ausführen):

Abb. 7.1: Das »Hello World!«-Programm im *Tkinter*-Modul verpackt

Die Erklärung zu diesem Fünf-Zeilen-Code ist genauso unkompliziert wie das Beispiel selbst.

Zuerst muss natürlich das Modul *Tkinter* importiert werden. In diesem Beispiel geschieht es so, dass in den aktuellen Namensraum der Name dieses Moduls importiert wird.

Danach wird auf der zweiten Zeile die Bibliothek initialisiert. Dem Programmierer wird durch den *Tk()*-Aufruf eine Oberfläche zur Verfügung gestellt, auf der er die Widgets platzieren kann. Dies wird sehr gut sichtbar, wenn man sich entscheidet, das Programm interaktiv im Interpreter auszuprobieren. Nach der Eingabe

```
>>> from Tkinter import *
>>> root=Tk()
```

erscheint diese Oberfläche:

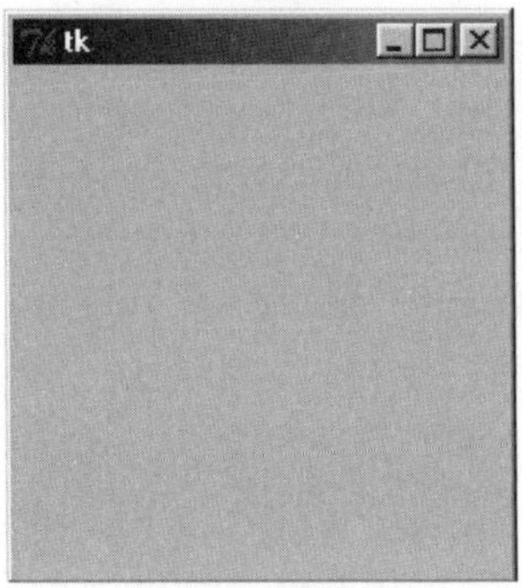

Abb. 7.2: *Tkinter.Tk()*

Es ist zu beachten, dass der Name für die Oberfläche (das Hauptanwendungsfenster) nicht unbedingt *root* sein muss. Er könnte ruhig zum Beispiel *anwendung* oder *hauptfenster* sein. Der Name *root* wird jedoch konventionell verwendet.

In der dritten Zeile des Codes verwenden wir zum ersten Mal ein Widget. Es ist das *Label*-Widget, dessen Aufgabe in der Darstellung von Texten (sollen hauptsächlich als Beschriftungen dienen) und auch Bildern besteht.

Man sollte sich die Art und Weise merken, wie die Widgets verwendet werden:

- Im Namensraum der *Tk()*-Oberfläche (es ist ein ganz normales Objekt, so wie wir sie im zweiten Kapitel kennen gelernt haben) wird die Variable erstellt, die das Widget speichert. Dies ist zwar nicht unbedingt notwendig, wenn man ein Widget zeichnen möchte, wird aber später für uns von Vorteil sein, wenn wir die Kommunikation zwischen Widgets zustande bringen möchten (diese erfolgt über Methodenaufrufe der einzelnen Widgets).
- In der Variablen wird das Objekt gespeichert, das die *Label()*-Funktion des *Tkinter*-Moduls erstellt (die Vorgehensweise ist bei anderen Widgets analog). Grundsätzlich ist so viel zu sagen, dass im Allgemeinen das erste Argument eines Widgets die Oberfläche ist, auf der das Widget gezeichnet wird. Alle anderen Argumente sind meistens optional (benannte Argumente mit Vorgabewerten) und über sie wird das Widget nach unseren Wünschen angepasst. In diesem Fall wird über das *text*-Argument die Beschriftung des Widgets erstellt. Diese optionalen Argumente sehen wir uns im nächsten Unterkapitel genauer an.

Die vierte Zeile ist sehr wichtig. In dieser wird dem *pack*-Layout-Manager (auch *Packer* genannt) mitgeteilt, dass er unser Widget verwalten soll. Dies geschieht über die *pack()*-Methode des betroffenen Widgets.

Dies kann man natürlich auch interaktiv ausprobieren:

```
>>> from Tkinter import *
>>> root=Tk()
```

```
>>> root.label=Label(root,text="Hello TKinter World!")
>>> root.label.pack()
```

Hier wird auch sofort gut sichtbar, wieso es von Vorteil ist, wenn man auf die einzelnen Widgets im Namensraum der Oberfläche zugreifen kann. Hätten wir das *Label*-Widget nicht in die *root.label*-Variable gespeichert, müssten wir es sofort dem Layout-Manager übergeben (*Label(root,text="Hello Tkinter World!").pack()*). Dadurch würden wir die Möglichkeit verlieren, später im Programm auf das Widget (zum Beispiel, weil wir es anders konfigurieren möchten) leicht zuzugreifen.

Über die fünfte Zeile wird die bereits erwähnte Endlosschleife *mainloop()* in Gang gesetzt.

Ein sich in der *mainloop()*-Schleife befindendes Programm kann man am leichtesten beenden, indem man auf das »X« in seiner Titelleiste (rechts oben) klickt.

Hello World 2

Hoffentlich war das erste »Hello Tkinter World!«-Programm so umfangreich erklärt, dass Sie einen kleinen Einblick in die Technik der GUI-Programmierung gewinnen konnten.

Jetzt ist es an der Zeit, unser Programm optisch schöner zu machen. Damit es sofort klar wird, dass es sich um ein Python-Programm handelt, wird das Bild einer Schlange in das Programm eingefügt. Damit das folgende Programm funktioniert, muss sich das Bild mit der Schlange (bei mir ist es *python.gif*) im selben Verzeichnis wie der Code befinden.

Beispiel *tkHelloWorld2.py*:

```
from Tkinter import *

root=Tk()
root.label=Label(root,
  text="Hello in Python/TKinter!")
root.label.pack()
```

```
root.bild=PhotoImage(file="python.gif")
root.label2=Label(root,image=root.bild)
root.label2.pack()
root.mainloop()
```

Das Ergebnis sieht jetzt viel besser aus:

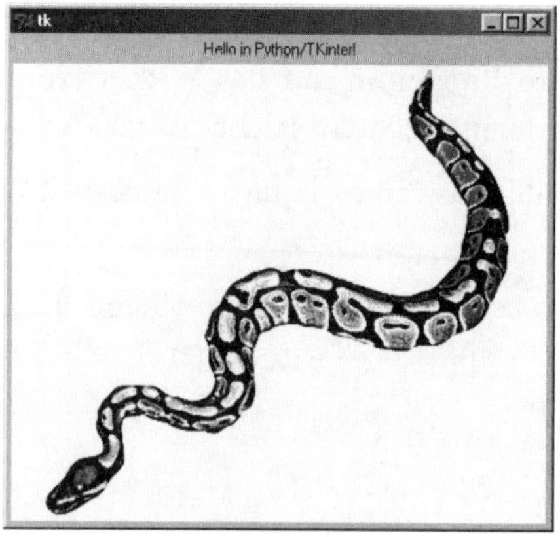

Abb. 7.3: ***tkHelloWorld2.py***

Unter dem Namen *root.bild* wurde ein Tkinter-Bildobjekt gespeichert, das über die *PhotoImage()*-Klasse erstellt wurde. Da es sich um kein Widget handelt, vermisst diese Klasse das erste Argument der übrigen Widgets – die Oberfläche, auf der das Widget gezeichnet wird. Der Grund dafür ist, dass dieses Objekt zum Darstellen in anderen Widgets bestimmt ist (über das optionale *image*-Argument der konkreten Widgets). Das für diese Klasse wichtige Argument (auch Option genannt) heißt *file*. Es ist der Name der Datei, von der das Bild geladen wird.

Dieses Programm kann man wiederum am leichtesten beenden, indem man auf das »X« in seiner Titelleiste klickt.

Hello World 3

Die letzte Verbesserung unseres »Hello Tkinter World!«-Programms besteht darin, dass die Kommunikation mit dem Benutzer ermöglicht wird. Für den Anfang reicht uns etwas Primitives – zum Beispiel ein Button, der die Applikation schließt.

Beispiel *tkHelloWorld3.py*:

```
from Tkinter import *

class tkHelloWorld:
    def __init__(self,master):
        self.master=master
        self.label=Label(master,
          text="Hello in Python/TKinter!")
        self.label.pack()
        self.bild=PhotoImage(file="python.gif")
        self.label2=Label(master,image=self.bild)
        self.label2.pack()
        self.button=Button(master,
          text="Beenden",command=master.quit)
        self.button.pack()

root=Tk()
hello=tkHelloWorld(root)
root.mainloop()
```

Die Darstellung sehen Sie in Abbildung 7.4:

Abb. 7.4: Hello World 3

Obwohl im vorigen Absatz von etwas Simplem die Rede war, kann man sofort sehen, dass das Programm stark modifiziert wurde. Von ein paar ursprünglichen Funktions-Aufrufen ist es zu einer Klasse gewachsen. Im Prinzip sehen alle GUI-Programme so aus (sie werden als Klassen implementiert).

Die *tkHelloWorld*-Klasse erwartet in ihrem Konstruktor ein Argument – die Oberfläche (das Fenster), auf der die Widgets dieser Klasse (eigentlich kann man von einer Applikation reden) gezeichnet werden.

Der Konstruktor der Klasse (Applikation) hat in der GUI-Programmierung meistens die Aufgabe, die Widgets zu zeichnen. Andere in der Applikation definierte Methoden werden mit den Widgets verbunden und gerufen, wenn das Programm auf eine Aktion des Benutzers reagiert.

Ein weiteres Widget, das wir verwenden, ist *Button*. Wie uns schon sein Name verrät, erstellt es eine Schaltfläche. Wenn diese Methode ausgelöst wird, so wird eine ihm zugewiesene Methode/Funktion gerufen. Der Name dieser Methode (ohne Klammern und Argumente) wird über das *command*-Argument übergeben. Da dieser Methode keine Argumente übergeben werden können, sollte sie mit dem Programm über die *self*-Referenz kommunizieren. Möchte die Methode also zum Beispiel auf die *master*-Variable zugreifen, so macht sie das, indem sie auf *self.master* zugreift. Aus diesem Grund ist es vorteilhaft, im Namensraum der Klasse unter dem Namen *self* Variablen zu definieren (zum Beispiel *self.widget*). Auch für die Argumente des Konstruktors sollten in dieser Weise Variablen im Namensraum der Klasse erstellt werden.

Jetzt muss nur noch gezeigt werden, wie man so in Klassen verpackte Applikationen verwendet. Wie Sie aus dem Code bereits sehen können, ist es nicht kompliziert. Zuerst wird über *Tk()* die Oberfläche erstellt. Diese wird dann im Konstruktor der Applikation (Klasse) übergeben, die auf ihr die Widgets zeichnet und verwaltet. Schlussendlich wird die Endlosschleife über *mainloop()* von der *Tk()*-Oberfläche gerufen.

7.2 Grafische Komponenten - Einfache Widgets

Da Sie nun einen Einblick in die Technik der GUI-Programmierung gewonnen haben, sehen wir uns jetzt an, was uns Tkinter anbieten kann. Es ist wohl selbstverständlich, dass wir bei den Widgets anfangen werden. Deshalb ist dieses Kapitel primär den grafischen Komponenten (Widgets) gewidmet. Daneben werden auch die Helferklassen für diese Widgets vorgestellt.

Beschriftungsfelder mit Label

Label ist eins der Widgets, die wir bereits kennen gelernt haben. Es ist relativ einfach zu verwenden und seine Bedeutung besteht darin, dass es Beschriftungsfelder schafft. Es kann entweder Bilder oder Texte darstellen.

Die Syntax lautet:

```
Label(Oberfläche, Optionen ...)
```

Damit wird das *Label*-Widget auf der *Oberfläche* platziert. Man kann beliebig viele *Optionen* einstellen. Diese *Optionen* (*text* und *image* haben wir schon kennen gelernt) werde ich nun Schritt für Schritt erläutern.

Beispiel:

```
>>> from Tkinter import *
>>> root=Tk()
>>> label=Label(root,width=30,text="Label")
>>> label.pack()
>>> root.mainloop()
```

Darstellung:

Abb. 7.5: Das *Label*-Widget

Grafiken – Die Photoimage-Klasse

Diese Klasse erstellt ein Objekt mit einer Grafik (diese muss entweder in Graustufen oder der TrueColor-Farbenstufe gestaltet sein), das zur Verwendung in anderen Widgets über das optionale *image*-Argument bestimmt ist. Das Argument *file* des Konstruktors dieser Klasse ist der Pfad zur Grafik.

Die Syntax lautet:

```
grafik=PhotoImage(file=Datei)
```

In der *grafik*-Variablen wird das aus der *Datei* erstellte Objekt gespeichert. Dies kann später in anderen Widgets als Bild eingefügt werden.

Beispiel:

```
>>> grafik=PhotoImage(file=r"c:\bilder\python.jpg")
```

Schaltflächen mit Button

Dieses Widget ist uns auch bereits bekannt.

Seine Syntax ist:

```
Button(Oberfläche, Optionen ...)
```

Und ein kleines Beispiel:

```
>>> def fun():
    print "Hello World!"
    return 2

>>> from Tkinter import *
```

```
>>> root=Tk()
>>> root.button=Button(root,
      text="say hello!",command=fun)
>>> root.button.pack()
```

Darstellung:

Abb. 7.6: Das *Button*-Widget

Wenn die *root.button*-Schaltfläche betätigt wird, zum Beispiel durch Klicken mit der Maus, so gibt dieses Skript den Text »Hello World!« auf die Standardausgabe (*sys.stdout*) aus.

Button-Objekte verfügen zusätzlich über die *invoke()*-Methode, mit der die dem Button zugeordnete Funktion (*command*-Option) ausgeführt wird.

Beispiel:

```
>>> root.button.invoke()
Hello World!
'2'
>>>
```

Entry

Entry ist eins der Widgets, über das man die Eingabe des Benutzers bekommen kann. Natürlich kann dieses Widget Texte darstellen (eben wie das *Label*-Widget, nur mit dem Unterschied, dass dies auch modifiziert werden kann).

Die Syntax lautet:

```
Entry(Oberfläche, Optionen ...)
```

Beispiel:

```
>>> from Tkinter import *
>>> root = Tk()
>>> root.entry=Entry(root,width=30)
>>> root.entry.pack()
```

Darstellung:

Abb. 7.7: Das *Entry*-Widget

Über das optionale *width*-Argument haben wir gesagt, wie breit das Widget sein muss. Mehr zu den optionalen Argumenten der Widgets folgt im nächsten Unterkapitel.

Indizes

Innerhalb des *Entry*-Widgets kann man Operationen wie das Einfügen und Löschen durchführen. Um die Zeichenposition bei diesen Operationen zu bestimmen, gibt es folgende Möglichkeiten der Indizes:

- *Numerische Indizes:* gearbeitet wird mit ihnen nach dem Prinzip der Indizes der Collections (Container). Zum Beispiel bestimmt der Index 0 das erste Zeichen im Widget.
- *END-Index*: letztes Zeichen im Widget
- *INSERT-Index*: Dieser Index entspricht der Position des Cursors im Widget.

Außerhalb dieser Indizes gibt es noch welche, über die man die markierten Zeichen bzw. die unter dem Mauszeiger liegenden bestimmen kann.

Zusätzliche Methoden für das *Entry*-Widget sind:

Methode	Ergebnis
insert(Index,Text)	im Widget wird nach dem *Index* der *Text* hinzugefügt
delete(Index), *delete(von,bis)*	löscht das Zeichen mit den *Index*. *delete(von,bis)* löscht die Zeichen mit den Indizes *von* bis nach *bis*
icursor(Index)	verschiebt den Mauscursor auf den *Index*
get()	gibt den Text im Widget zurück

Tab. 7.1: Methoden des *Entry*-Widgets

Beispiel:

```
>>> root.entry.delete(0,END) #alles löschen
>>> root.entry.insert(0,"Das Widget ...")
>>> root.entry.insert(4,"Entry-")
>>> root.entry.get()
'Das Entry-Widget ...'
>>> root.entry.delete(0,4)
>>> root.entry.delete(5,END)
>>> root.entry.get()
'Entry'
>>>
```

StringVar-Klasse

Möchten Sie in einem Widget einen Text darstellen, der sich ändern kann, werden Sie über das *text*-Argument des Labels (und auch anderer Widgets) keinen Erfolg haben. Für diesen Fall hat der Konstruktor mancher Widgets das *textvariable*-Argument, dem man einen *StringVar*-Wert (Instanz dieser Klasse) zuweisen kann. Möchte man dann den Text im Widget ändern, so braucht man nur den Inhalt des *StringVar*-Wertes zu ändern. Der Text im zugehörigen Widget (oder auch in mehreren) wird automatisch geändert.

Das Argument, das die *StringVar*-Klasse verlangt, ist die zu ihr relevante Oberfläche. Die Syntax sieht also folgendermaßen aus:

```
StringVar(Oberfläche)
```

Beispiel:

```
>>> from Tkinter import *
>>> root=Tk()
>>> descr=StringVar(root)
```

In ein Widget wird das *StringVar*-Objekt über das *textvariable*-Argument gesetzt:

```
>>> root.l=Label(root,textvariable=descr)
>>> root.l.pack()
```

Durch diesen Code ergibt sich ein leeres *Label*-Widget:

Abb. 7.8: Das *Label*-Widget mit einem leeren *StringVar*-Wert

Um den Text ändern zu können, müssen wir noch erfahren, wie man mit den Instanzen der *StringVar*-Klasse arbeitet. Dazu gibt es folgende Methoden:

Methode	Ergebnis
set(String)	setzt die Beschriftung im zugehörigen Widget auf *String*
get()	gibt die Beschriftung des zugehörigen Widgets zurück

Tab. 7.2: *StringVar*-Methoden

Beispiel:

```
>>> descr.set("Demo-Text")
>>> descr.get()
'Demo-Text'
>>>
```

Darstellung:

Abb. 7.9: Ergebnis des Aufrufes der *set()*-Methode des *StringVar*-Objektes

Message

Message ist eine Variante des *Label*-Widgets, die sich für die Darstellung von längeren Texten eignet.

Die Syntax lautet:

```
Message(Oberfläche, Optionen ...)
```

Beispiel:

```
>>> from Tkinter import *
>>> root=Tk()
>>> string="Langer Text,\n\n \
      der über mehrere Zeilen geht!"
>>> root.message=Message(root,text=string)
>>> root.message.pack()
>>> root.mainloop()
>>>
```

Darstellung:

Abb. 7.10: Das *Message*-Widget

Grundsätzlich ist dieses Widget dem *Label*-Widget sehr ähnlich. Dieses eignet sich aber besser zur Darstellung von längeren, mehrzeiligen Texten. Derselbe Text sieht im *Label*-Widget so aus:

Abb. 7.11: Mehrzeiliger Text im *Label*-Widget

IntVar-Klasse

Ähnlich wie die *StringVar*-Klasse dient *IntVar* als Integer-Datentyp für Widgets. Er wird bei Radiobuttons und Checkbuttons wichtig sein, wo die Auswahl des Benutzers in einer *IntVar*-Variable gespeichert wird.

Die Syntax ist:

```
IntVar(Oberfläche)
```

Beispiel:

```
>>> from Tkinter import *
>>> root=Tk()
>>> choice=IntVar(root)
>>> choice.set(2)
>>> choice.get()
2
>>>
```

Wie diese Klasse hauptsächlich verwendet wird, sehen Sie bei den folgenden zwei Widgets.

Radiobutton

Der *Radiobutton* ist ein grafisches Element, das die Auswahl genau einer Option aus wenigen (bis zu 10) Optionen erleichtern soll. In seinem Konstruktor sind drei Argumente von Bedeutung:

Argumentname	Bedeutung
Text	Beschriftung
variable	*IntVar*-Objekt, in dem die Wahl des Users gespeichert wird. Es sollte dasselbe *IntVar*-Objekt für alle Radiobuttons verwendet werden.
value	Wert, der im *IntVar*-Objekt (Argument *variable*) gesetzt wird, wenn der User den aktuellen Radiobutton auswählt.

Tab. 7.3: Argumente - Radiobutton

Die Syntax lautet:

```
RadioButton(Oberfläche, Optionen ...)
```

Beispiel:

```
>>> from Tkinter import *
>>> root=Tk()
>>> v=IntVar(root)
>>> Radiobutton(root,
      text="Option 1",variable=v,value=0).pack()
>>> Radiobutton(root,
      text="Option 2",variable=v,value=1).pack()
>>>
```

Und das Ergebnis des Codes sieht folgendermaßen aus:

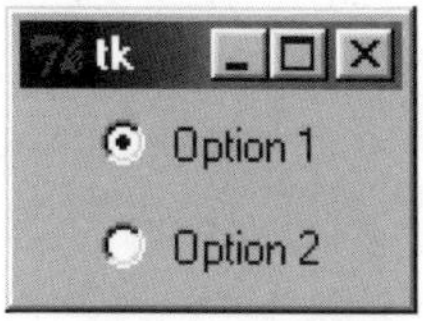

Abb. 7.12: Das *Radiobutton*-Widget

So kann man die Wahl des Benutzers herausfinden:

```
>>> v.get()
0
>>>
```

Der zurückgegebene Wert ist der im Konstruktor des *Radiobutton*-Widgets über das *value*-Argument bestimmte Integer-Wert.

Checkbutton

Dieses Element dient ebenfalls wie das *Radiobutton*-Widget zur Auswahl aus mehreren Möglichkeiten. Der Unterschied zum Radiobutton besteht darin, dass für den Benutzer eine Mehrfachauswahl möglich ist. Verwendet wird das Widget ebenso wie das *Radiobutton*-Widget. Der Unterschied besteht darin, dass für jedes *Checkbutton*-Widget ein *IntVar*-Objekt notwendig ist.

Die Syntax lautet:

```
Checkbutton(Oberfläche, Optionen ...)
```

Beispiel:

```
>>> from Tkinter import *
>>> root=Tk()
>>> v1=IntVar()
>>> v2=IntVar()
>>> v3=IntVar()
>>> Checkbutton(root, text="Option 1",
      variable=v1).pack()
>>> Checkbutton(root, text="Option 2",
      variable=v2).pack()
>>> Checkbutton(root, text="Option 3",
      variable=v3).pack()
```

Die grafische Darstellung dieses Codes sehen Sie hier:

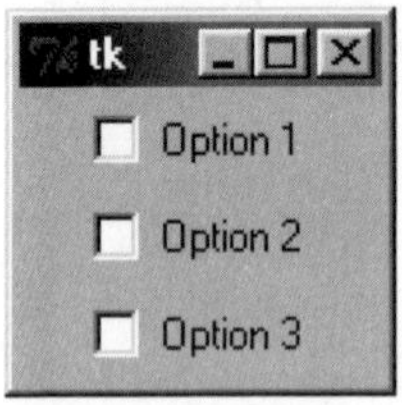

Abb. 7.13: Das *Checkbutton*-Widget

Um zu bestimmen, welche Optionen der Benutzer »angehakt« hat, dient folgender Code:

```
>>> for a in range(1,4):
	exec "print v"+str(a)+".get()"

1
1
0
>>>
```

Was wird mit dem Code bewirkt und wie funktioniert es? Bisher haben wir die *exec*-Anweisung nicht verwendet. Da diese Funktion in Python eingebaut ist, kann sie ohne Klammer verwendet werden (der Aufruf *for a in range(1,4): exec("print v"+str(a)+".get()")* funktioniert jedoch auch). Vereinfacht gesagt, kann man mit ihr einen String zu einem Befehl umformen und ausführen lassen. Unser Code macht also nichts anderes, als dass er in einer Schleife den Wert jeder *IntVar*-Variable abfragt. Nach dem gleichem Prinzip könnten wir uns jeweils mindestens eine Zeile sparen, hätten wie die *exec*-Anweisung bereits bei der Definition der *IntVar*-Variablen verwendet.

Aufgrund der Ausgabe sieht man, dass der User – in diesem Fall ich – die ersten zwei Optionen gewählt hat.

7.3 Konfiguration der Widgets

Nachdem wir uns mit den wichtigsten Widgets vertraut gemacht haben, können wir uns ansehen, wie man sie konfigurieren kann. Einige optionale Argumente haben wir schon gesehen, jetzt folgen die restlichen.

Allgemeines

Jedem Widget, das erstellt wird, kann man im Konstruktor gewisse Argumente übergeben. Diese sind bis auf den ersten – die Oberfläche, auf der das Widget gezeichnet wird – optional. Einige, wie *text* oder *textvariable,* haben wir schon kennen gelernt, andere werden wir im Laufe dieses Kapitels noch ausprobieren.

Diese Optionen können auch für bereits gezeichnete Widgets eingestellt werden. Für die Arbeit mit diesen Argumenten werden folgende Methoden definiert:

Methode	Ergebnis
cget (Option)	gibt den Wert einer *Option* zurück
config(Option=Wert), *configure (Option=Wert)*	Diese zwei Methoden sind synonym, sie setzen jeweils die *Option* auf den *Wert*.

Tab. 7.4: Methoden zum Manipulieren der Widget-Optionen

Beispiele:

```
>>> from Tkinter import *
>>> root=Tk()
>>> label=Label(root,text="Demo-String")
>>> label.pack()

>>> label.cget("text")
'Demo-String'
>>> label.config(width=40)
>>> label.configure(height=20)
>>>
```

Außerdem verhalten sich die Widgets teilweise wie ein Dictionary – man kann über Indizes auf die Optionen und ihre Werte zugreifen:

```
>>> label["width"]
'40'
>>>
```

bzw. ihren Wert setzen:

```
>>> label["height"]=5
>>>
```

Mit der *keys()*-Methode kann man alle Optionen anzeigen:

```
>>> #alle Optionen die das Widget unterstützt
>>> label.keys()
['activebackground', 'activeforeground', 'anchor',
'background', 'bd', 'bg', 'bitmap', 'borderwidth', 'cursor',
'disabledforeground', 'fg', 'font', 'foreground', 'height',
'highlightbackground', 'highlightcolor', 'highlightthickness',
'image', 'justify', 'padx', 'pady', 'relief', 'state',
'takefocus', 'text', 'textvariable', 'underline', 'width',
'wraplength']
>>>
```

Farben

Standardmäßig kann man für jedes Widget die Hintergrund- und Vordergrundfarbe bestimmen. Dies geschieht durch die *bg*- bzw. *fg*-Optionen (bg = background, auf Deutsch Hintergrund, rg = foreground, auf Deutsch Vordergrund).

Farbennamen wurden aus dem Englischen übernommen, deshalb verwendet man Bezeichnungen wie *»green«*, *»red«*, *»blue«* oder auch *»aliceblue«*. Um die ganze Palette der benannten Farben zu erforschen, wird mit Python das *pynche*-Programm mitgeliefert, mit dem man die benannten Farben suchen kann. Dieses Programm befindet sich im *Tools*-Unterverzeichnis des Installationsverzeichnisses (*Tools/pynche/pynche.py*). Unter Windows ist es, je nachdem, in welchem Ordner Python gespeichert wurde, der Pfad *C:\Python22\Tools\pynche\pynche.py*.

> **HINWEIS**
> Bei den Farbennamen wird auf die Groß-/Kleinschreibung nicht geachtet.

Beispiel:

```
>>> from Tkinter import *
```

```
>>> root=Tk()
>>> Label(root,text="Bunter Demo-String",
      fg="yellow",bg="blue").pack()
>>>
```

Außerdem besteht die Möglichkeit, die Farbe als einen RGB- (***R**ot*-*__G__rün*-***B**lau*) String zu definieren. Dieser String hat die Form *#RRGGBB*.

Als Beispiel wandeln wir ein Tuple mit der Intensität der Farben (Werte zwischen 1 und 255) in einen RGB-String um.

Beispiel:

```
>>> farbe="#%02x%02x%02x" % (1, 1, 255)
>>> farbe
'#0101ff'
>>> from Tkinter import *
>>> root=Tk()
>>> Button(root,text="Button",
      fg=farbe,bg="#00ff00").pack()
>>>
```

Darstellung:

Abb. 7.14: Das *Button*-Widget in Farben (hier leider nur in schwarz-weiß)

Schriftarten

Bei Widgets, in denen Texte gezeichnet werden, kann man das *font*-Argument verwenden, um zu sagen, in welcher Schrift der Text dargestellt werden soll.

Diesem Argument wird ein Tuple zugeordnet, das aus folgenden Elementen besteht:

- *Schriftfamilie* – zum Beispiel *»helvetica« (»arial«)*, *»courier«* oder *»times«*
- *Schriftgröße* – in Punkt, zum Beispiel *12*
- *Stil* – ist optional und kann mehrmals vorkommen. Folgende Werte werden verwendet: *»normal«*, *»italic«* (kursiv), *»bold«* (fett), *»underline«* (unterstrichen), *»overstrike«* (durchgestrichen)

> **HINWEIS**
>
> Damit man eine Schriftfamilie verwenden kann, muss sie auf dem PC installiert sein.

Beispiel:

```
>>> from Tkinter import *
>>> root=Tk()
>>> Label(root,text="Demo-String",
      font=("courier",12,"italic","bold")).pack()
>>>
```

Darstellung:

Abb. 7.15: Die *font*-Option der Widgets

Es muss aber nicht unbedingt ein Tuple sein, es reicht schon, wenn es sich um einen String mit durch Whitespaces getrennten Werten handelt:

```
>>> from Tkinter import *
>>> root=Tk()
>>> Label(root,text="Demo-String",
      font=("courier 12 italic bold")).pack()
>>> Button(root,text="Schließen",
      font="times 14 underline bold").pack()
>>>
```

Darstellung:

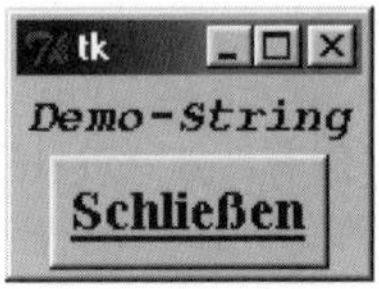

Abb. 7.16: Die *font*-Option im *Button*-Widget

Rahmen

Alle *Tkinter*-Widgets haben einen Rahmen (nur bei manchen ist er nicht sichtbar). Dieser kann nach unseren Wünschen angepasst werden.

Das Argument *bd* (oder *borderwidth*) gibt die Breite des Rahmens in Pixel an. Der *relief*-Option, die die Art des Rahmens bestimmt, können folgende Werte zugeordnet werden:

- *SUNKEN*
- *RAISED*
- *GROOVE*
- *RIDGE*
- *FLAT*

Wie sie aussehen, wird aus dem Screenshot des Beispiels klar.

Beispiel:

```
>>> from Tkinter import *
>>> root=Tk()
>>> borders="SUNKEN","RAISED","GROOVE","RIDGE","FLAT"
>>> for rahmen in borders:
        exec "Label(root,width=20,text="+rahmen+",
        bd=3,relief="+rahmen+").pack()"


>>>
```

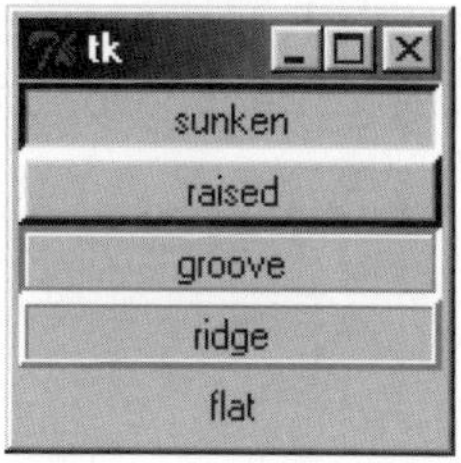

Abb. 7.17: Die im *Tkinter*-Modul verfügbaren Rahmen der Widgets

7.4 Der Layout-Manager

Wie schon am Anfang des Kapitels erwähnt, kümmert sich der Layout-Manager um die Darstellung der Widgets auf dem Bildschirm. Bisher habe ich nur die *pack()*-Methode der Widgets vorgestellt, über die man ein Widget dem *pack*-Layout-Manager anvertrauen kann.

pack-Layout-Manager

Widgets, die durch den *pack*-Layout-Manager (er wird auch *Packer* genannt) verwaltet werden, besitzen folgende Methoden:

Methode	Ergebnis
pack(Option)	Widget wird dem *pack*-Layout-Manager »anvertraut«. Es sind folgende *Optionen* möglich: *side – TOP/LEFT/BOTTOM/RIGHT* *fill – NONE/BOTH/X/Y* *expand – YES/NO*
pack_configure(Option)	Dem Widget wird die *Option* eingestellt.
pack_forget()	Das Widget, dessen *pack_forget()*-Methode gerufen wird, wird vom *pack*-Layout-Manager gelöst (z.B. weil es einem anderen Manager anvertraut wird).
pack_info()	Dictionary mit den Optionen des Widgets

Tab. 7.5: Methoden des *pack*-Layout-Managers

Dieser Layout-Manager ist wirklich einfach zu handhaben. Anhand eines kleinen Beispieles kann man ihn sehr schnell begreifen (ich würde empfehlen, es Schritt für Schritt interaktiv auszuprobieren).

Beispiel:

```
>>> from Tkinter import *
>>> root=Tk()
>>> eins=Label(root,text="eins",relief=RIDGE)
>>> eins.pack()
>>>
>>> zwei=Label(root,text="zwei",relief=RIDGE)
>>> zwei.pack(side=LEFT)
>>>
>>> drei=Label(root,text="drei",relief=RIDGE)
>>> drei.pack(side=RIGHT)
>>>
>>> vier=Label(root,text="vier",relief=RIDGE)
>>> vier.pack(side=BOTTOM,fill=X)
>>>
>>> eins.pack_configure(fill=BOTH)
>>> zwei.configure(height=5)
>>> drei.pack_configure(fill=Y)
>>>
```

Abb. 7.18: *pack*-Layout-Manager

Nachdem wir die Namen aus dem Modul *Tkinter* importiert und die Oberfläche erstellt haben, auf der wir unsere Widgets platzieren wollen (*root=Tk()*), werden insgesamt vier *Label*-Widgets erstellt. Sie werden absichtlich mit einem Rahmen ausgestattet, damit man sieht, bis wohin ihre Grenzen gehen.

Der *pack*-Layout-Manager versucht, die Elemente jeweils in einem Viereck (Tabelle aus vier Zellen) zu positionieren. Standardmäßig werden die Widgets auf der Oberfläche unten links platziert. Diese Anordnung kann man durch das *side*-Argument der *pack()*-Methode verändern.

Wie im Beispiel sichtbar wird, kann man über die *fill*-Option festlegen, ob Freiraum in der Zelle zwischen den Widgets ausgefüllt werden soll. Ausfüllen kann man in die *Y*- bzw. *X*-Richtung, in beide Richtungen (Wert *BOTH*) bzw. in keine über den Wert *NONE*.

Die *expand*-Option, die im nächsten Beispiel gezeigt wird, gibt an, ob das Widget innerhalb der Oberfläche bewegt wird, wenn sie sich vergrößert/verkleinert (weil zum Beispiel das Fenster durch den Benutzer modifiziert wurde).

Beispiel:

```
>>> from Tkinter import *
>>> root=Tk()
>>> Label(root,text="expand=YES",
      relief=RIDGE).pack(expand=YES)
>>> Label(root,text="expand=NO",
      relief=RIDGE).pack(expand=NO)
>>>
```

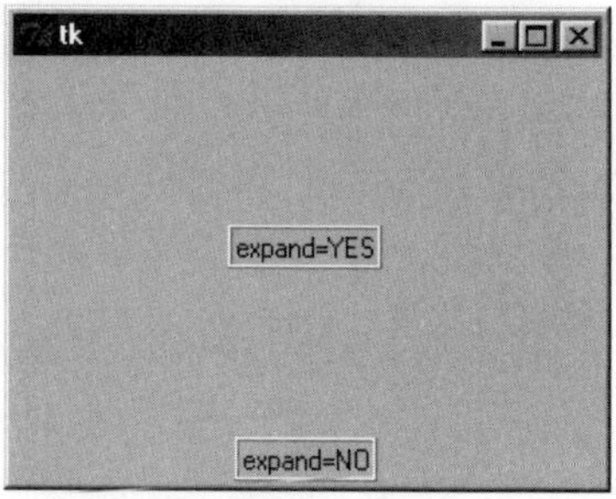

Abb. 7.19: Die *expand*-Option

Oberflächen, auf denen die Widgets platziert werden (bisher war das nur das Objekt, das vom Aufruf *Tkinter.Tk()* zurückgegeben wird), besitzen noch die *pack_slaves()*-Methode. Sie gibt die Referenzen auf die durch den *pack*-Layout-Manager verwalteten Widgets in einer Liste zurück (auf die Objekte, die die Widgets darstellen).

Beispiel:

```
>>> from Tkinter import *
>>> root=Tk()
>>> Label(root,text="eins").pack()
>>> Button(root,text="zwei").pack()
>>> Message(root,text="drei").pack()
>>> root.pack_slaves()
[<Tkinter.Label instance at 0x00A9DF70>, <Tkinter.Button
instance at 0x00AA5EB0>, <Tkinter.Message instance at
0x00AA8F40>]
>>>
>>> root.pack_slaves()[1].configure(width=30)
>>>
```

grid-Layout-Manager

Der *grid*-Layout-Manager ist wahrscheinlich der flexibelste aller Tkinter-Layout-Manager. Er verwaltet die Widgets in einer 2D-Liste, die Sie sich wie eine Tabelle vorstellen können. Einzelne Zellen der Tabelle können verschachtelt (verknüpft) sein. Dieser Layout-Manager ist relativ einfach zu verwenden. Es folgen die Methoden der durch ihn verwalteten Widgets:

Methode	Ergebnis
grid(Option)	Widget wird dem *grid*-Layout-Manager »anvertraut«. Es sind folgende Optionen möglichen: *column* – Spalte *row* – Zeile *columnspan* – Anzahl der Zellen, die in einer Spalte verbunden werden. *rowspan* – Anzahl der Zellen, die in einer Zeile verbunden werden
grid_configure(Option)	Dem Widget wird die *Option* eingestellt.
grid_forget()	Das Widget, dessen *grid_forget()*-Methode gerufen wird, wird vom *grid*-Layout-Manager gelöst (z.B. weil es einem anderen Manager anvertraut wird).
grid_info()	Dictionary mit den Optionen des Widgets

Tab. 7.6: Methoden des *grid*-Layout-Managers

Die Oberflächen, auf denen der *grid*-Layout-Manager verwendet wird, verfügen wie auch der *pack*-Layout-Manager über die *grid_slaves()*-Methode.

Beispiel:

```
>>> from Tkinter import *
>>> root=Tk()
>>> Label(root,
      text="Benutzername").grid(row=1,column=1)
>>> Label(root,
      text="Passwort").grid(row=2,column=1)
>>> Entry(root).grid(row=1,column=2,columnspan=3)
>>> Entry(root).grid(row=2,column=2,columnspan=3)
>>> Checkbutton(root,text="Passwort speichern?"
      ).grid(row=3,column=1)
>>> Button(root,
      text="Abbrechen").grid(row=3,column=4)
```

```
>>> Button(root,
      text="Bestätigen").grid(row=3,column=3)
>>>
```

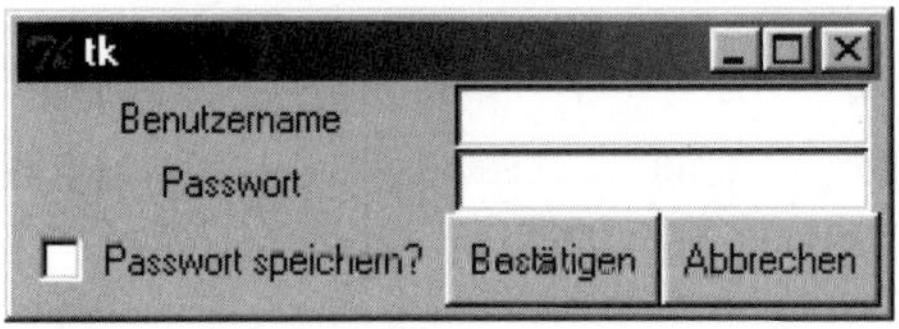

Abb. 7.20: Der *grid*-Layout-Manager

Ich würde empfehlen, das vorige Beispiel interaktiv im Interpreter auszuprobieren.

Man darf auf einer Oberfläche nie die *grid*- und *pack*-Layouts gemeinsam verwenden, sonst endet das Programm in einer Endlosschleife. Möchte man ein Widget aus einem Layout-Manager lösen und es dem anderen anvertrauen, so muss man seine *pack_forget()*- bzw. *grid_forget()*-Methode rufen.

Beispiel:

```
>>> from Tkinter import *
>>> root=Tk()
>>> label=Label(root,text="Label")
>>> label.pack()
>>> label.pack_forget()
>>> label.grid()
>>>
```

7.5 Oberflächen

Bisher waren wir in unseren Programmen auf eine Oberfläche für unsere Widgets angewiesen, die der *Tk()*-Aufruf zurückgegeben hat.

Die nächsten Widgets, die wir uns ansehen werden, haben nicht mehr direkt mit grafischen Elementen zu tun. Es handelt sich um Oberflächen, auf denen andere Widgets gezeichnet werden.

Fangen wir mit dem *Frame*-Widget an.

Frame

Dieses Widget erstellt innerhalb einer bestehenden Oberfläche eine neue Oberfläche, auf der Widgets platziert werden können.

Beispiel:

```
>>> from Tkinter import *
>>> root=Tk()
>>> links=Frame(root)
>>> rechts=Frame(root)
>>> links.pack(side=LEFT)
>>> rechts.pack(side=RIGHT)
>>> Label(links,
      text="Benutzername").grid(row=1,column=1)
>>> Label(links,text="Passwort").grid(row=2,column=1)
>>> Entry(links).grid(row=1,column=2,columnspan=3)
>>> Entry(links).grid(row=2,column=2,columnspan=3)
>>> Message(rechts,text="Info ...").pack()
>>> Button(rechts,text="Bestätigen").pack()
>>> Button(rechts,text="Abbrechen").pack()
>>>
```

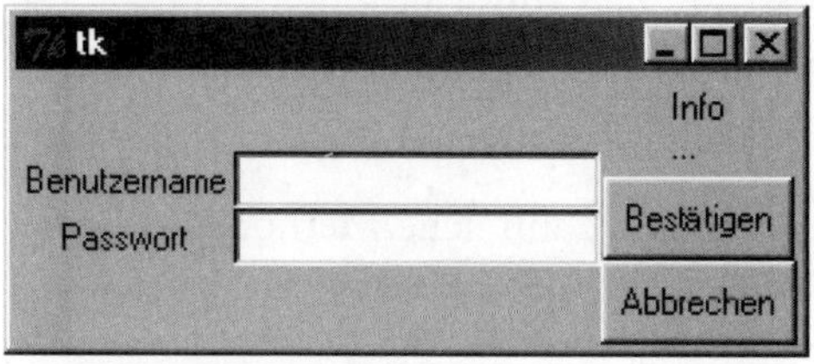

Abb. 7.21: Das *Frame*-Widget

An dem Beispiel wird auch sichtbar, dass man innerhalb verschiedener Oberflächen die Layout-Manager mischen kann. So kann man mit Hilfe von *Frame*-Widgets auch komplexe Widget-Hierarchien schaffen.

Toplevel

Mit dem *Toplevel*-Widget kann man ähnlich wie mit den *Frames* eine neue Oberfläche erstellen. Der Unterschied zum *Frame*-Widget besteht darin, dass bei diesem Widget für die neue Oberfläche ein neues Fenster gezeichnet wird.

Beispiel:

```
>>> from Tkinter import *
>>> root=Tk()
>>> Label(root,text="Tk()").pack()
>>> root2=Toplevel()
>>> Label(root2,text="Toplevel()").pack()
>>>
```

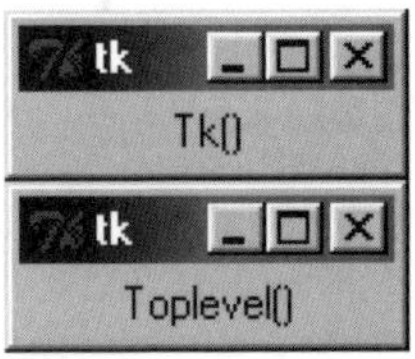

Abb. 7.22: Das *Toplevel*-Widget

Gearbeitet wird mit dem *Toplevel*-Widget genauso wie mit dem Objekt, das der *Tk()*-Aufruf zurückgibt. Dennoch muss in einer echten GUI-Applikation das erste Fenster von der *Tk()* stammen (hängt mit *mainloop()* zusammen).

Tk() und *Toplevel*-Oberflächen besitzen zahlreiche Methoden. Es folgt ein Auszug daraus:

Methode	Ergebnis
iconifiy()	Die Oberfläche wird minimiert.
deiconify()	Die Oberfläche wird angezeigt.
quit()	Alle Oberflächen werden zerstört.

Methode	Ergebnis
title(String)	Die Beschriftung der Oberfläche (des Fensters) in der Titelleiste wird auf *String* gesetzt.
geometry()	gibt die Koordinaten der Oberfläche zurück

Tab. 7.7: Methoden der *Tk()*- und *Toplevel*-Oberflächen

Beispiel:

```
>>> from Tkinter import *
>>> root=Tk()
>>> root.iconify()
''
>>> root.deiconify()
''
>>> root.title("Tk()-Oberfläche")
''
>>> root.geometry()
'200x200+66+66'
>>> root.quit()
```

Dialogfelder

Dialogfelder werden in Python im *tkMessageBox*-Modul implementiert. Man sollte die Namen dieses Moduls nie in den Namensraum des *Tkinter*-Moduls (also *from Tkinter import* * und gleichzeitig *from tkMessageBox import* *) importieren, weil es zu Namenskonflikten kommen wird.

Man unterscheidet zwei Arten von Dialogfeldern. Mit der ersten Art wird der Benutzer mit Meldungen konfrontiert, diese kann er nur bestätigen.

Beispiel:

```
>>> import tkMessageBox
>>> file=r"c:\nonexistent.none"
```

```
>>> try:
    fr=open(file)
except:
    tkMessageBox.showwarning("Datei öffnen",
     "Datei kann nicht geöffnet werden\n(%s)" % file)


''
>>>
```

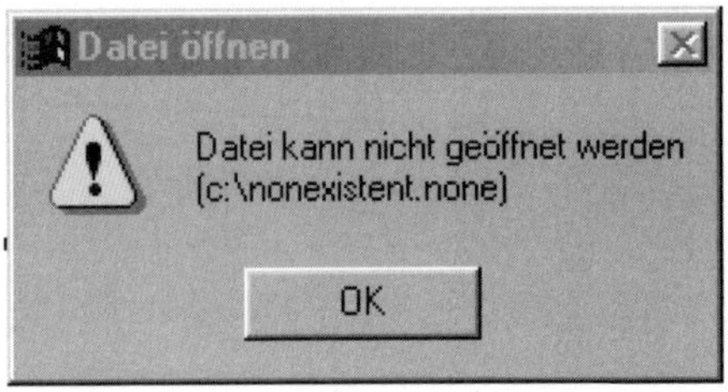

Abb. 7.23: Das *showwarning*-Dialogfeld

Alle diese Dialogfelder beginnen mit dem Wort *show*:

Funktion	Dialogfeld
showinfo()	Informative Meldung
showerror()	Fehlermeldung
showwarning()	Warnung

Tab. 7.8: Die *show*-Dialogfelder

Das erste Argument ist jeweils die Überschrift in der Titelleiste, das zweite die Meldung, die angezeigt wird.

Beispiele:

Abb. 7.24: Das *showerror*-Dialogfeld

Abb. 7.25: Das *showinfo*-Dialogfeld

Die andere Art der Dialogfelder wird hauptsächlich dann verwendet, wenn der Benutzer auf eine mit ja/nein zu beantwortende Frage (z.B.: »Möchten Sie, dass diese Datei überschrieben wird?«) antworten soll. Diese Dialogfelder werden auch in diesem Modul implementiert.

tkFileDialog

Dialogfelder, die zur Auswahl aus Dateien dienen, werden im *tkFileDialog*-Modul implementiert.

Die Dialogfelder kann man über folgende Funktionen aufrufen:

- *askopenfilename()* – das Dialogfeld fürs Öffnen
- *asksaveasfilename()* – das Dialogfeld fürs Speichern

Beispiel (UNIX):

```
>>> import tkFileDialog
>>> tkFileDialog.askopenfilename()
'/etc/passwd'
>>>
```

Der Rückgabewert ist ein String mit dem Namen der Datei, die der Benutzer ausgewählt hat.

Zu diesen zwei Dialogfeldern gibt es auch als Erweiterung sehr ähnliche Dialogfelder, *askopenfile()* und *asksaveasfile()*, die ein geöffnetes *file*-Objekt zurückgeben.

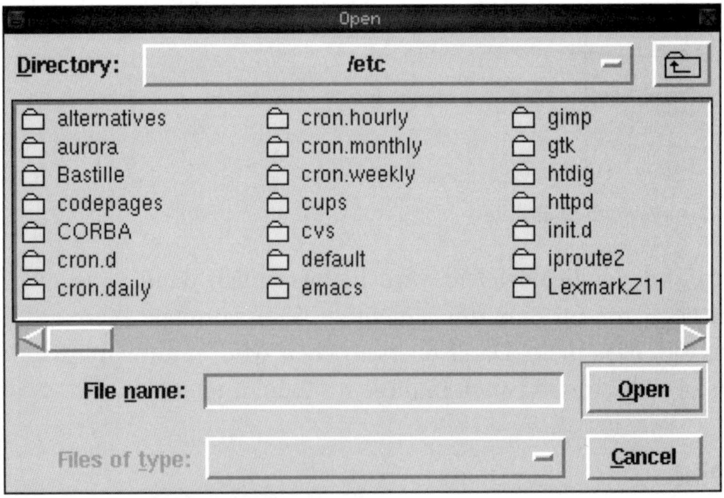

Abb. 7.26: ***tkFileDialog.askopenfilename()***

Dieser Screenshot wurde unter Linux erstellt, wo die *Tkinter*-Widgets (auch die Dialogfelder der *tkMessageBox* und *tkFileDialog*-Module) anders als unter Windows aussehen. Dieses Modul ist dennoch plattformunabhängig und Programme, die in ihm geschrieben wurden, können sowohl unter Windows als auch unter UNIX ausgeführt werden.

7.6 Ereignisse

Jede GUI-Applikation muss auf die Aktionen des Benutzers reagieren können. Bisher haben wir nur gesehen, wie wir Applikationen aus Widgets aufbauen können. Jetzt ist es an der Zeit, sie lebendig zu machen.

In Tkinter kann man über die *bind()*-Methode den Widgets mitteilen, was passieren soll, wenn ein bestimmtes Ereignis (Event) passiert. Ereignisse sind zum Beispiel Mausklick, Doppelklick oder Eingabe eines Zeichens. Die konkreten Ereignisse werden später behandelt. Die Syntax der *bind()*-Methode ist:

```
Widget.bind(Ereignis,Funktion)
```

Die *Funktion* (bzw. Methode) wird dann aufgerufen, wenn das konkrete *Ereignis* passiert. Ihr erstes Argument ist immer das Objekt, das für das Ereignis erstellt wurde.

Beispiel:

```
>>> from Tkinter import *
>>> root=Tk()
>>> def handler(event):
      print "Ereignisart: "+event.type



>>> label=Label(root,text="Klick mich")
>>> label.bind("<Button-1>",handler)
'11120896handler'
>>> label.pack()
>>> root.mainloop()
>>> Ereignisart: 4
```

In diesem Code darf man den *mainloop()*-Aufruf nicht vergessen. Geschlossen wird das Programm über die »X«-Schaltfläche in seiner rechten oberen Ecke.

Die letzte Zeile des Beispiels ist die Ausgabe. Wie wir gleich erfahren werden, handelt es sich dabei um die Art des Ereignisses.

Arten der Ereignisse

In der Tabelle sind die wichtigsten Events beschrieben:

Ereignis	Beschreibung
<Button-1>	Klick mit der linken Maustaste
<Double-Button-1>	Doppelklick mit der linken Maustaste
<Button-3>	Klick mit der rechten Maustaste
<Enter>	Der Mauscursor ist in das Widget eingetreten.
<Leave>	Der Mauscursor hat das Widget verlassen.
<Return>	Der Benutzer hat [↵] gedrückt. Bezeichnungen anderer wichtigen Tasten: *space, less* ([> <]-Taste), *BackSpace, Tab, Shift_L* (irgendeine [⇧]-Taste), *Control_L* (irgendeine [Strg]-Taste), *Alt_L* (irgendeine [Alt]-Taste), *Pause, Caps_Lock, Escape, Prior* ([Bild↑]), *Next* ([Bild↓]), *End, Home, Left, Up, Right, Down, Print, Insert, Delete, F1, F2, F3, F4, F5, F6, F7, F8, F9, F10, F11, F12, Num_Lock, Scroll_Lock.*
a	Der Benutzer hat [A] eingegeben.
<Shift-Up>	Der Benutzer hat gleichzeitig die [⇧] und die [↑]-Taste gedrückt. Statt [⇧] kann man auch [Strg] oder [A] verwenden.

Tab. 7.9: Ereignisse (Events)

Events können sich nicht nur auf Widgets beziehen, sondern auf die ganze Applikation. Dies geschieht über die *bind_all()*-Methode.

Beispiel:

```
from Tkinter import *
from sys import *

def echo(s):
    sys.stdout.write(s+"\n")
```

```
root=Tk()
label=Label(root,text="Demo-Label")
label.bind("<Button-1>",
  lambda event: echo("linke Maustaste"))
label.bind("<Button-3>",
  lambda event: echo("rechte Maustaste"))
label.bind_all("<space>",
  lambda event: echo("Leertaste"))
label.bind_all("<Return>",
  lambda event: echo("Enter"))
label.bind_all("<Control-q>",
  lambda event: echo("Control-q"))
label.bind_all("a",lambda event: echo("a"))
label.pack()
root.mainloop()
```

Die Ausgabe dieses Skripts erfolgt auf der Standardausgabe (*sys.stdout*).

Event-Objekte

Ein *Event*-Objekt entsteht, wenn ein Ereignis eintritt. Dieses Objekt wird als erstes Argument der *Handler*-Funktion/Methode übergeben. Es hat folgende Attribute:

Attribut	Bedeutung
widget	Instanz des Widgets, das dieses Event erstellt hat
x, y	Koordinaten der Position des Mauscursors
x_root, y_root	Koordinaten der Position des Mauscursors bezogen auf die linke obere Ecke des Bildschirms
char	Testencode (nur bei Tastatur-Events)
num	Nummer der Maustaste (nur bei Maus-Events)
width, height	neue Breite, Höhe des Widgets in Pixel
type	Art des Events (Integer-Wert)

Tab. 7.10: Attribute der *Event*-Objekte

Beispiel:

tkdescrEvent.py:

```
from Tkinter import *
from sys import *

def descrEvent(event):
    "Beschreibung eines Ereignisses)"
    print "Koordinaten: %sx, %sy" % (event.x,
      event.y)
    print "Taste %s" % event.char
    print "Maustaste %d" % event.num
    print "Höhe: %s\nBreite: %s" % (event.width,
      event.height)

root=Tk()
label=Label(root,text="Demo-Label")
label.bind("<Button-1>",descrEvent)
label.bind_all("<space>",descrEvent)
label.bind_all("a",descrEvent)
label.bind_all("<Control-q>",descrEvent)

label.pack()
root.mainloop()
```

In diesem Beispiel wird ein *Label*-Widget erstellt, das auf mehrere Ereignisarten (Mausklick, Leerzeichen, Zeichen [A] und [Strg] + [Q]) über die *descrEvent()*-Funktion reagiert.

Man kann das Programm am leichtesten schließen, indem man auf das »X« in der rechten oberen Ecke der Titelleiste klickt.

7.7 Komplexe Widgets

Größere Applikationen brauchen mehr als ein paar *Label-*, *Button-* oder *Message*-Widgets und einen Layout-Manager. Standardmäßig bieten deshalb GUI-Bibliotheken eine breite Skala an Widgets. Tkinter ist keine Ausnahme.

Listbox

Möchte man, dass der Benutzer die Auswahl aus einer Vielzahl an Möglichkeiten trifft (über 10), dann sollte man das *Listbox*-Widget verwenden. Obwohl dieses Widget Mehrfachauswahlen ermöglicht, sehen wir uns der Einfachheit halber nur die Möglichkeit einer Auswahl an. Die einzelnen Auswahlmöglichkeiten innerhalb des Widgets sind mit Indizes nummeriert. Das Schema sieht so aus:

- *Numerische Indizes* – funktionieren nach dem Prinzip der Indizes der Sammlungen. Zum Beispiel bestimmt der Index 0 die erste Option.
- *END* – die letzte Option im gesamten *Listbox*-Widget
- *ACTIVE* – die ausgewählte Option

Die Syntax dieses Widgets ist:

```
Listbox(Oberfläche, Optionen ...)
```

Folgende *Listbox*-Methoden werden für uns von Bedeutung sein:

Methode	Ergebnis
curselection()	Ein Tuple mit den Indizes der ausgewählten Optionen wird zurückgegeben (wir verwenden aber nur das *Listbox*-Widget mit einer Option, also wird bei uns ein Tuple mit nur einem Index zurückgegeben).
delete(Index), *delete(von,bis)*	löscht den *Index* bzw. löscht alle Optionen mit den Indizes *von bis*
get(Index)	Wert der Option mit dem *Index*
insert(Index,Option)	Nach dem *Index* wird die *Option* eingefügt.
size()	Anzahl der Optionen des *Listbox*-Widgets
see(Index)	Es wird sichergestellt, dass die Option mit dem *Index* im Widget sichtbar ist (vorteilhaft bei sehr vielen Optionen, von denen die wichtigen sichtbar sein sollen).

Tab. 7.11: Methoden des *Listbox*-Widgets

Beispiel:

```
>>> from Tkinter import *
>>> root=Tk()
>>> listbox=Listbox(root,selectmode=SINGLE)
>>> listbox.insert(END,"Anfang")
>>> for a in "eins","zwei","drei","vier":
    listbox.insert(END,a)


>>> listbox.see(4)
>>> listbox.pack()
>>> listbox.size()
5
>>> listbox.get(1)
'eins'
```

Darstellung:

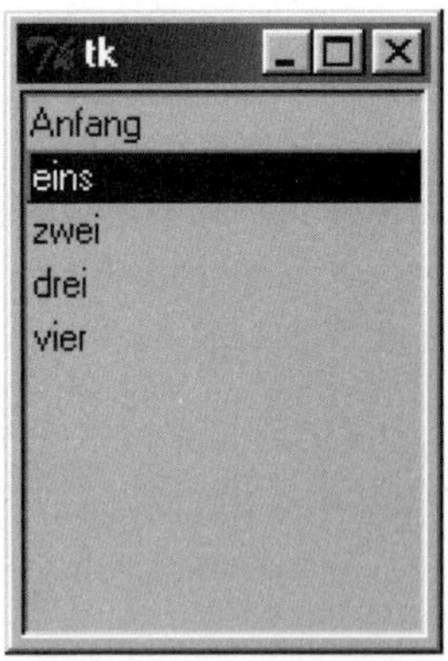

Abb. 7.27: Das *Listbox*-Widget in seiner einfachster Form (Feld *eins* ist mit einem Mausklick markiert worden, nicht über das Programm!)

Wie schon erwähnt, beschränken wir uns der Einfachheit halber nur auf die Möglichkeit, höchstens eine Option aus der Liste auswählen zu können. Dies geschieht, indem man die Option *selectmode=SINGLE* verwendet.

Mit dem Aufruf *get(ACTIVE)* kann man feststellen, welche Option der Benutzer ausgewählt hat. Dasselbe ist noch effektiver über die *curselection()*-Methode zu erreichen. Diese Methode gibt ein Tuple zurück, dessen erstes Element der Index der ausgewählten Option ist. Ist kein Element ausgewählt, so gibt diese Methode ein leeres Tuple zurück.

Beispiel:

```
>>> from Tkinter import *
>>> root=Tk()
>>> listbox=Listbox(root)
>>> listbox.pack()
>>> listbox.insert(END,"eins")
>>> listbox.insert(END,"zwei")
>>> listbox.get(ACTIVE)
'eins'
>>> listbox.curselection()
()
>>> listbox.get(ACTIVE)
'zwei'
>>> listbox.curselection()
('1',)
>>>
```

In diesem Beispiel wurden zuerst zwei Optionen in das *Listbox*-Widget eingefügt. Ohne mit der Maus auszuwählen, wurde der Wert der Option mit dem Index *ACTIVE* abgefragt und schließlich wurde auch die *curselection()*-Methode gerufen. Danach wurde mit der Maus die zweite Option der Liste ausgewählt (angeklickt) und dieselben Methoden gerufen.

Oft wird der *Listbox*-Widget mit einem *Event*-Handler verbunden, meistens mit dem Doppelklick.

Beispiel:

```
from Tkinter import *
```

```
class TestBox:
    def __init__(self,master):
       self.listbox=Listbox(master,selectmode=SINGLE)
        for a in range(10):
            self.listbox.insert(END,str(a))
        self.listbox.pack()
        self.listbox.bind("<Double-Button-1>",
          self.doSomething)
    def doSomething(self,event):
        auswahl=self.listbox.curselection()[0]
        print self.listbox.get(auswahl)


root=Tk()
testbox=TestBox(root)
root.mainloop()
```

Text

Das *Text*-Widget ist eins der mächtigsten und kompliziertesten Tkinter-Widgets. Es erstellt ein Textfeld, in dem man Texte bearbeiten kann. In gewisser Hinsicht ist es dem *Entry*-Widget ähnlich, jedoch ist es viel komplizierter. Fangen wir mit der einfachsten Form an, wie man es verwenden kann.

Die Syntax lautet:

```
Text(Oberfläche, Optionen ...)
```

Beispiel:

```
>>> from Tkinter import *
>>> root=Tk()
>>> Text(root).pack()
```

Darstellung:

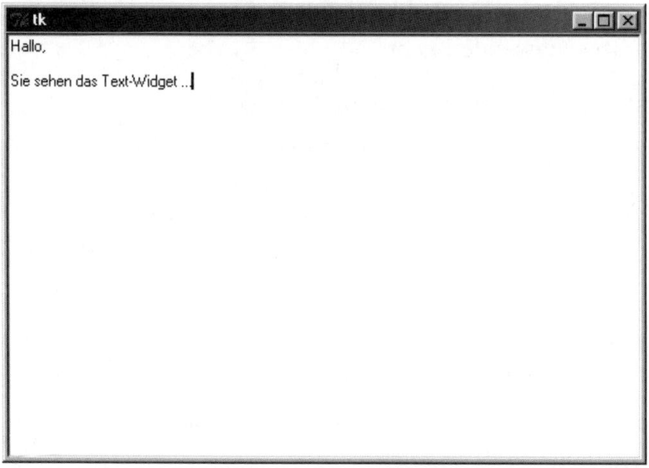

Abb. 7.28: Das *Text*-Widget in seiner einfachster Form

Wie üblich erfolgt auch im *Text*-Widget die Positionierung über die Indizes.

Indizes

Die wichtigsten Möglichkeiten der Indizierung des *Text*-Widgets sind:

- *Zeile/Spalte* (*line.column*) – Index in der betroffenen Zeile und Spalte. Zeilenindizes beginnen ab 1, Spaltenindizes ab 0, so wie es bei den Sammlungen üblich ist. *2.3* ist zum Beispiel der Index des vierten Zeichens auf der zweiten Zeile.
- *Zeile/Ende* (*line.end*) – Ende der Zeile. Zeilenindizes beginnen ab 1. Zum Beispiel ist *2.end* der Index des letzen Zeichens der zweiten Zeile.
- *INSERT/CURRENT* – Stelle (Index), an der sich gerade der Cursor befindet
- *END* – Das letzte Zeichen im Widget

Außerdem gibt es noch die Möglichkeit, Textmarken zu erstellen, die man auch als Indizes verwenden kann.

Zu den wichtigsten Methoden dieses Widgets zählen:

Methode	**Ereignis**
insert(Index, Text)	An der Stelle *Index* wird der Text eingefügt.
delete(Index), delete(von,bis)	löscht den *Index* bzw. löscht den Text zwischen den Indizes *von bis*
get(Index), get(von,bis)	gibt das Zeichen an der Stelle *Index* bzw. die Zeichen zwischen den Indizes *von bis* zurück
see(Index)	Es wird sichergestellt, dass die Stelle mit dem *Index* sichtbar ist.

Tab. 7.12: Die Methoden des *Text*-Widgets

Beispiel:

```
>>> from Tkinter import *
>>>
>>> root=Tk()
>>> text=Text(root,width=80,height=10)
>>> text.pack()
>>> for a in range(10): #10 leere Zeilen einfügen
    text.insert(END,"\n")
>>> text.insert("0.end","Erste Zeile")
>>> text.insert("3.end","Dritte Zeile")
>>> text.insert(END,"Letzte Zeile")
>>> text.delete("3.0","3.end")
>>> print text.get("3.end")
>>> text.see(END)
>>>
```

Abb. 7.29: Das *Text*-Widget zum zweiten Mal

Der Konstruktor des Widgets hat nicht gesagt, dass das Widget 80x10 Pixel breit sein wird, sondern dass es 10 Zeilen breit sein wird. Jede dieser Zeilen kann bis zu 80 Zeichen darstellcn. Dies gilt für alle Widgets, die Strings anzeigen sollen (*Label*, *Message* etc.).

Marken

Wenn man im Text eine unsichtbare Marke erstellen möchte, die man als Index verwenden kann (wie zum Beispiel *INSERT*, das auch nur eine Textmarke ist), wird man auf folgende Methoden der *Text*-Widgets zurückgreifen:

Methode	Ereignis
mark_set(Marke, Index)	An der durch den *Index* gekennzeichneten Stelle wird die *Marke* gesetzt.
mark_unset(Marke)	Die *Marke* wird gelöscht.
index(Marke)	Der Index der *Marke* wird zurückgegeben.
mark_names()	gibt alle Markennamen im Widget zurück

Tab. 7.13: Tabellenunterschrift?

Bei jeder Textmarke wird der Text standardmäßig rechts von ihr eingefügt. Markennamen sind case insensitive (das bedeutet, dass nicht auf Groß- und Kleinschreibung geachtet wird).

Beispiel:

```
from Tkinter import *

root=Tk()
text=Text(root,width=80,height=25)
text.pack()
for a in range(24):
    text.insert(END,"%03d"%(a+1)+". Zeile\n")
text.mark_set("eins","1.end")
text.mark_set("drei","3.5")
text.insert("drei","-"*20)
text.delete("1.0","eins")
print text.mark_names()
print text.index("current")
```

Tags

Über die Tags bekommt man die Möglichkeit, Textabschnitte unterschiedlich zu formatieren. Für die Arbeit mit Tags hat das *Text*-Widget folgende Methoden parat:

Methode	**Ereignis**
tag_add(Tag, Index), *tag_add(Tag,von,bis)*	An der durch den *Index* bzw. durch die Indizes *von bis* gekennzeichneter Stelle wird das *Tag* gesetzt.
tag_bind(Tag, Event, Handler)	An das Tag wird ein *Event* mit dem *Handler* gebunden.
tag_delete(Tag)	Das *Tag* wird gelöscht.
tag_config(Tag, Optionen)	Die *Optionen* (bzw. Option) werden für das *Tag* eingestellt.
tag_cget(Tag, Option)	Der Wert der *Option* für das *Tag*
tag_names()	Namen alle im Widget definierten Tags

Tab. 7.14: *Tag*-Methoden (*Text*-Widget)

Die nützlichsten Optionen, die man mit Tags einstellen kann, sind:

Option	Bedeutung
background	die Hintergrundfarbe
font	die Schriftart
foreground	die Vordergrundfarbe
justify	Ausrichtung (*LEFT*, *CENTER* oder *RIGHT*)
lmargin1	Abstand in Pixel vom linken Widget-Rahmen
overstrike	Der Text wird durchgestrichen.
rmargin	Abstand in Pixel vom rechten Widget-Rahmen
spacing1	Abstand in Pixel zwischen den einzelnen Zeilen
underline	Der Text wird unterstrichen.

Tab. 7.15: Optionen für die Tags

Beispiel:

```
from Tkinter import *

def callback(event):
    print " ... Aktion ..."

root=Tk()
text=Text(root,width=60,height=15)
text.pack()
for a in range(10):
    text.insert(END,"%03d"%(a+1)+". Zeile\n")
text.tag_add("eins","1.0","1.end")
text.tag_add("zwei","2.0","2.end")
text.tag_add("drei","3.0","3.end")
text.tag_add("vier","4.0","4.end")
text.tag_add("fuenf","5.0","5.end")
text.tag_add("rest","6.0",END)
text.tag_add("alles","0.0",END)
font="Helvetica 14 bold"
text.tag_config("alles",background="aliceblue")
```

```
text.tag_config("eins",foreground="red")
text.tag_config("eins",font=font)
text.tag_config("zwei",lmargin1=10)
text.tag_config("drei",justify=CENTER,font=font)
text.tag_config("drei",overstrike=1)
text.tag_config("vier",rmargin=30,justify=RIGHT)
text.tag_config("rest",lmargin1=10,spacing1=5)
text.tag_bind("alles","<Button-1>",callback)
```

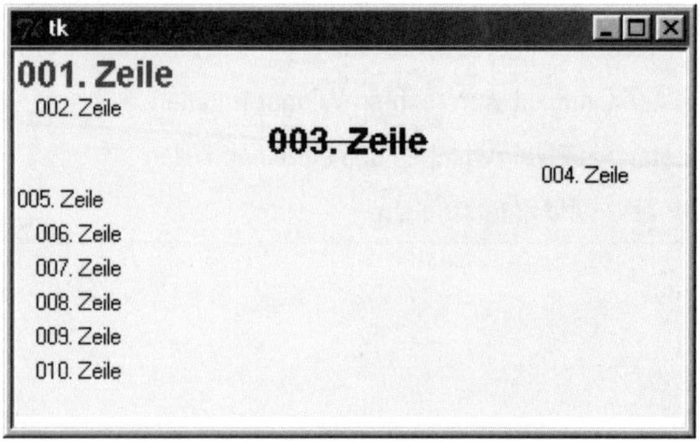

Abb. 7.30: Das *Text*-Widget mit gesetzten Tags

Aufgrund der limitierten Seitenzahl des Buches ist es nicht möglich, alle Details dieses Widgets zu beschreiben. Die Tkinter-Bibliothek wäre Thema für ein ganzes Buch, in dem das *Text*-Widget mindestens ein ganzes Kapitel für sich beanspruchen würde. Es ist zum Beispiel möglich, in den Text Bilder einzufügen.

Wie dieses Widget implementiert wird, zeige ich zum Schluss dieses Kapitels, indem wir einen einfachen Texteditor in Tkinter erstellen werden.

Canvas

Dieses Widget bietet uns Möglichkeiten, selbst grafische Operationen zu realisieren. Es ist neben dem *Text*-Widget eines der kompliziertesten, die Tkinter anzubieten hat.

Mit diesem Widget kann man folgende grafische Elemente zeichnen:

- Bogen (*arc*)
- Bitmap/Image-Bild (*bitmap*)
- Linie (*line*)
- Kreis (*oval*)
- Vieleck (*polygon*)
- Rechteck (*rectangle*)
- Text (*text*)
- Fenster (*window*)

Diese Elemente werden über Methoden des *Canvas*-Widgets auf seiner Oberfläche platziert. Für sie sind keine Layout-Manager notwendig.

Die Syntax zum Erstellen des Canvas-Widgets sieht so aus:

```
Canvas(Oberfläche, Optionen ...)
```

Beim Erstellen werden häufig folgende *Optionen* gesetzt:

- *bg* – Hintergrundfarbe (meistens »*white*«)
- *height* – Höhe
- *width* – Breite

Wir sehen uns nur die Arbeit mit den notwendigsten Methoden zum Zeichnen der grafischen Elemente an:

Methode	**Ergebnis**
create_arc(x1,y1,x2,y2)	ein Bogen mit den Koordinaten *x1, y1, x2, y2*
create_bitmap(x,y), create_image(x,y)	ein Bild mit den Koordinaten *x, y*
create_line(x1,y1,x2,y2)	eine Linie mit den Koordinaten *x1, y1, x2, y2*

Methode	Ergebnis
create_oval(x1,y1,x2,y2)	ein Oval mit den Koordinaten *x1*, *y1*, *x2*, *y2*
create_text(x,y)	ein Text auf den Koordinaten *x*, *y*

Tab. 7.16: Methoden des *Canvas*-Widgets

Jede der Methoden aus der Tabelle 7.16 gibt ein Objekt zurück, das man in einer Variablen speichern sollte. Dadurch wird man später im Programm die Möglichkeit haben, folgende Operationen mit dem grafischen Objekt zu realisieren:

Methode	Ergebnis
delete(Objekt)	Das *Objekt* wird gelöscht.
itemcget(Option)	Der Wert für die *Option* wird zurückgegeben.
itemconfig(Objekt,Option=Wert)	Die *Option* des *Objektes* wird auf den *Wert* gesetzt.
coords(Objekt)	Koordinaten des *Objektes* werden zurückgegeben.
coords(Objekt,x,y), *coords(Objekt,x1,y1,x2,y2)*	Das *Objekt* wird auf die Koordinaten *x*, *y* bzw. *x1*, *y1*, *x2*, *y2* verschoben.
lift(Objekt)	Das *Objekt* wird um eine Ebene nach vorne verschoben.
lower(Objekt)	Das *Objekt* wird um eine Ebene nach hinten verschoben.
move(Objekt,x,y)	Das *Objekt* wird relativ zu seinen Koordinaten um *x*, *y* Pixel verschoben.

Tab. 7.17: Methoden der *Canvas*-Elemente

Beispiel:

```
>>> from Tkinter import *
>>> root=Tk()
>>> canvas=Canvas(root,
```

```
      width=400,height=400,bg="white")
>>> canvas.pack()
>>> bogen=canvas.create_arc(2,2,200,200,fill="red")
>>> linie=canvas.create_line(100,150,250,150)
>>> ei=canvas.create_oval(180,180,
      120,320,fill="orange")
>>> viereck=canvas.create_rectangle(250,250,350,350)
>>> label1=canvas.create_text(300,300,
      text="4eck",font="Helvetica 10 bold")
>>> label2=canvas.create_text(150,140,text="Linie")
>>> canvas.delete(ei)
>>> canvas.itemcget(bogen,"fill")
'red'
>>> canvas.itemconfig(viereck,fill="green")
>>> canvas.coords(bogen)
[2.0, 2.0, 200.0, 200.0]
>>> canvas.coords(bogen,150,150,400,400)
[]
>>> canvas.lift(bogen)
>>> canvas.lower(label1)
>>> canvas.move(linie,-30,50)
>>>
```

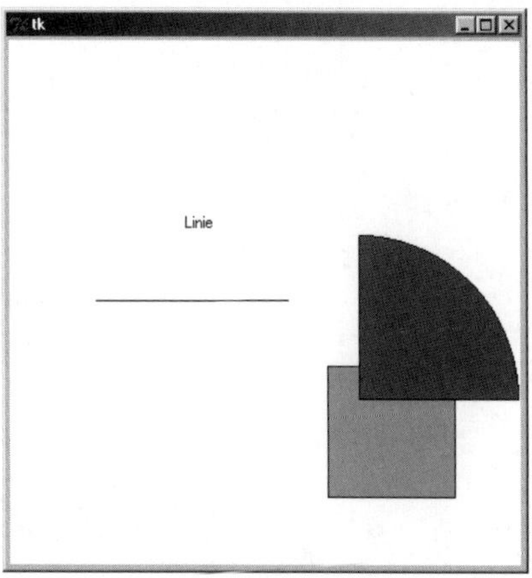

Abb. 7.31: Das *Canvas*-Widget

Die Option *fill* bestimmt die Hintergrundfarbe des *Canvas*-Elements.

Dieses Beispiel können Sie am besten dann nachvollziehen, wenn Sie es selbst im Interpreter ausprobieren.

Als ein komplexeres Beispiel, an dem Sie die Möglichkeiten dieses Widgets sehen können, möchte ich ein größeres Programm anführen. Zusätzlich spielen in diesem Beispiel, wie wir gleich sehen werden, die Threads eine große Rollc

Beispiel *tkFly.py*:

```
from Tkinter import *
import random, thread, time

class tkFly:
    def __init__(self,master):
        self.master=master
        self.canvas = Canvas(master,width=450,
          height=450,bg="white")
        self.canvas.pack()
        self.photo=PhotoImage(file="python.gif")
        self.canvas.create_image(225,210,
          anchor=CENTER,image=self.photo)
        self.canvas.create_text(225,20,
          text="Das ist Python")
        self.c1=self.canvas.create_rectangle(2,2,
          20,20,fill="red")
        self.c2=self.canvas.create_oval(2,2,
          20,20,fill="blue")
        self.button=Button(master,
          text="Beenden",command=self.master.quit)
        self.button.pack()
        thread.start_new_thread(self.run,())
    def run(self):
        while 1:
            time.sleep(.05)
            for a in "c1","c2":
```

```
            x=random.randint(1,400)
            y=random.randint(1,280)
            self.canvas.coords( \
              eval("self."+a),x,y,x+20,y+20)

root=Tk()
hello=tkFly(root)
root.mainloop()
```

Die laufende Applikation sollte die Abbildung 7.32 anzeigen (rotes Rechteck und blauer Kreis bewegen sich in der laufenden Applikation ununterbrochen):

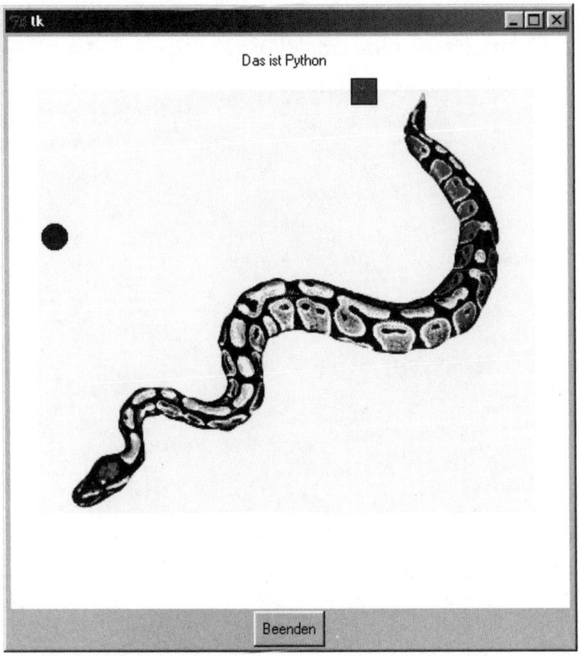

Abb. 7.32: Das *tkFly.py*-Programm

In diesem Beispiel werden über den Konstruktor die statischen Elemente im *Canvas*-Widget gezeichnet. Dabei ist die *run()*-Methode sehr wichtig. Diese wird vom Konstruktor aus in einem separaten Thread gestartet (unbedingt notwendig, unter anderem deshalb, weil sich die zwei Elemente gleichzeitig bewegen sollen) und verschiebt das Viereck und den Kreis auf dem Bildschirm.

Ähnlich wie das *Text*-Widget hat auch dieses eine Reihe Features (Drucken, Tags, ...), für die dieses Buch nicht ausreicht (und auch nicht geeignet ist).

Scrollbar

Arbeitet man mit den *Text-*, *Listbox-* und *Canvas*-Widgets, so kann es passieren, dass die Anzahl der Daten die Darstellungsmöglichkeiten des Widgets überschreitet. Dann muss eine *Scrollleiste* eingebaut werden. Diese wird über das *Scrollbar*-Widget realisiert.

Beispiel:

```
>>> from Tkinter import *
>>> root=Tk()
>>> scrollbar=Scrollbar(root)
>>> scrollbar.pack(side=RIGHT,fill=Y)
>>> listbox=Listbox(root,
      yscrollcommand=scrollbar.set)
>>> for a in range(1000):
    listbox.insert(END,str(a))


>>> listbox.pack(side=LEFT,fill=BOTH)
>>> scrollbar.config(command=listbox.yview)
>>>
```

Darstellung:

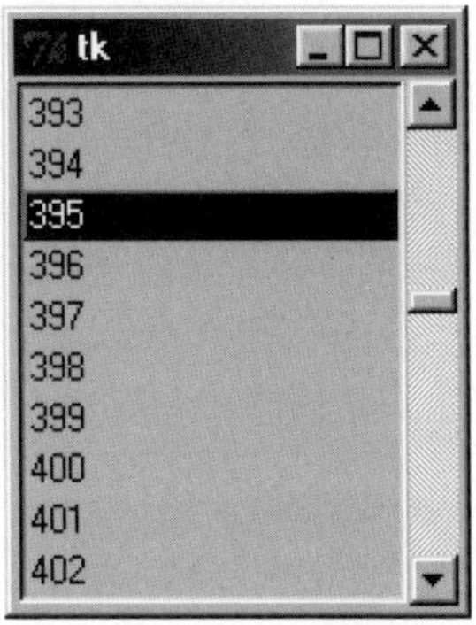

Abb. 7.33: Das *Listbox*-Widget mit einem *Scrollbar*-Widget

Grundsätzlich ist beim Hinzufügen einer Scrollleiste zu einem Widget so vorzugehen wie in unserem Beispiel. Zuerst wird das *Scrollbar*-Widget erstellt. Über die Optionen *side=RIGHT* und *fill=Y* sagen wir dem Layout-Manager, dass die Scrollleiste sich rechts vom zugeordnetem Widget (*Listbox*, *Canvas* oder *Text*) befinden soll und dass sie so breit wie möglich sein soll. Danach muss noch das Widget, dem wir die Scrollleiste zuordnen wollen, mit der Option *yscrollcommand=scrollbar.set* dem Layout-Manager anvertraut werden. Schlussendlich muss man noch der Scrollleiste sagen, dass sie die Elemente vertikal scrollen soll, dies geschieht über den Befehl *scrollbar.config(command=listbox.yview)*.

Beim *Text*- und *Canvas*-Widget ist analog vorzugehen.

In den meisten Fällen handelt es sich dabei um eine vertikale Scrollleiste, so wie wir es im Beispiel gesehen haben. Möchten Sie eine horizontale Scrollleiste einbauen, so müssen Sie die *xscrollcommand*-Option und die *xview*-Methode benutzen. Außerdem sollten Sie über die Option *orient=HORIZONTAL* des Konstruktors sagen, dass die Scrollleiste flach liegen soll. Dies wird hauptsächlich bei *Canvas*- und *Text*-Widgets verwendet, die sowohl in X-Richtung als auch in Y-Richtung zu groß sind.

Beispiel:

```
>>> from Tkinter import *
>>> root=Tk()
>>> scroll_x=Scrollbar(root,orient=HORIZONTAL)
>>> scroll_x.pack(side=BOTTOM,fill=X)
>>> scroll_y=Scrollbar(root)
>>> scroll_y.pack(side=RIGHT,fill=Y)
>>> text=Text(root,width=30,height=15,bg="white",
      wrap=NONE, yscrollcommand=scroll_y.set,
      xscrollcommand=scroll_x.set)
>>> text.pack(side=LEFT,fill=BOTH)
>>> scroll_x.config(command=text.xview)
>>> scroll_x.config(command=text.yview)
>>> data=open(r"c:\autoexec.bat").read()
>>> text.insert(END,data)
>>> root.mainloop()
```

Abb. 7.34: Zwei Scrollleisten im Widget

Die Option *wrap=NONE* im Konstruktor des *Text*-Widgets sagt, dass es keinen Zeilenumbruch im Widget geben soll.

Menu

Dieses Widget dient zum Erstellen von Menüs, die in den Oberflächen eingeblendet werden. Es werden mehrere Arten der Menüs unterschieden:

toplevel-Menüs

Das sind Menüs, die in Applikationen unter der Titelleiste angezeigt werden. Ein solches Menü ist sehr leicht zu erstellen.

Beispiel *toplevel.py*:

```
from Tkinter import *

class Beispiel:
    def __init__(self,master):
        self.menubar=Menu(master)
        self.menubar.add_command(label="Press",
          command=self.doSomething)
        self.menubar.add_command(label="Quit",
          command=master.quit)
        master.config(menu=self.menubar)
        self.frame=Frame(master,width=300)
        self.frame.pack()
    def doSomething(self):
        Label(self.frame,
          text="Noch nicht implementiert ;-)").pack()

root=Tk()
bsp=Beispiel(root)
root.mainloop()
```

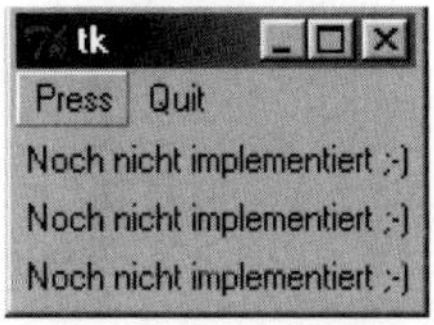

Abb. 7.35: Ein *toplevel*-Menü

Die Erklärung ist relativ kurz. Über das *Menu*-Widget wird ein Menü (Symbolleiste) erstellt. Diesem kann man über die *add_command()*-Methode mehrere Methoden bzw. Funktionen zuweisen. Wenn das Menü fertig ist, wird es der Oberfläche über die *menu*-Option übergeben.

Wenn man auf die Schaltfläche *Press* klickt, wird auf der Oberfläche ein neues *Label*-Widget mit der Beschriftung »Noch nicht implementiert ;-)« erstellt.

Das Programm kann man am leichtesten über die Schaltfläche *Quit* beenden.

pulldown-Menü

pulldown-Menüs sind Erweiterungen der *toplevel*-Menüs. Sie werden angezeigt, wenn ein Button des *toplevels*-Menü getätigt wird. Die Implementierung ist ebenfalls einfach.

Beispiel – Menü für einen Texteditor, den wir später noch erstellen werden – *pulldown.py*:

```
from Tkinter import *

class tkTextEditor:
    def __init__(self,master):
        self.scrollbar=Scrollbar(master)
        self.scrollbar.pack(side=RIGHT, fill=Y)
        self.text=Text(master,
          yscrollcommand=self.scrollbar.set)
        self.text.pack()
        menubar=Menu(master)
        filemenu=Menu(menubar)
        filemenu.add_command(label="Neu",
          command=self.todo)
        filemenu.add_command(label="Öffnen",
          command=self.todo)
        filemenu.add_separator()
```

```
        filemenu.add_command(label="Speichern",
          command=self.todo)
        filemenu.add_command(label="Speichern als",
          command=self.todo)
        filemenu.add_separator()
        filemenu.add_command(label="Beenden",
          command=self.todo)
        menubar.add_cascade(label="Datei",
          menu=filemenu)
        helpmenu=Menu(menubar)
        helpmenu.add_command(label="Info",
          command=self.todo)
        menubar.add_cascade(label="?",menu=helpmenu)
        master.config(menu=menubar)
    def todo(self):
        print "Funktion muss implementiert werden!"

root = Tk()
editor=tkTextEditor(root)
root.mainloop()
```

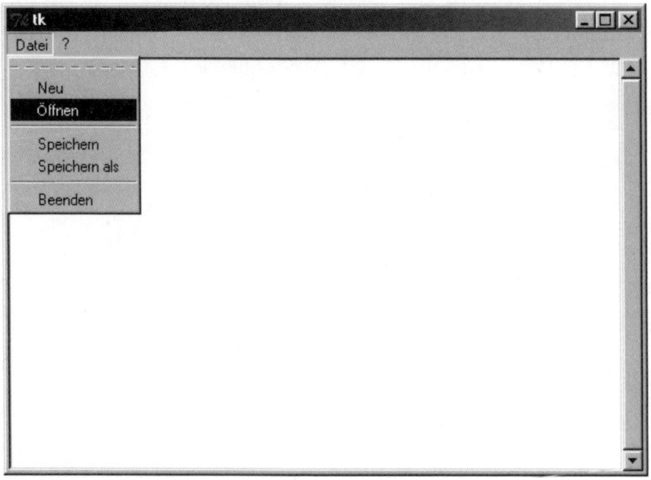

Abb. 7.36: Ein *pulldown*-Menü

Die *add_separator()*-Methode fügt einen Trennungsstrich zwischen den Möglichkeiten ein, die im Menü dargestellt werden.

popup-Menü

popup-Menüs sind Menüs, die angezeigt werden, wenn man über einem Widget (oder einem Element, dem man einen *Event*-Handler zuordnet) eine Aktion ausführt. Meistens ist es ein rechter Mausklick. Die Implementierung ist wieder nicht kompliziert.

Beispiel *popup.py*:

```
from Tkinter import *

def none():
    print "Funktion muss noch implementiert werden"
def popup(event):
    menu.post(event.x_root, event.y_root)

root=Tk()
menu=Menu(root, tearoff=0)
menu.add_command(label="Kopieren", command=none)
menu.add_command(label="Ausschneiden", command=none)
menu.add_command(label="Einfügen", command=none)
text=Text(root)
text.pack()
text.bind("<Button-3>", popup)
mainloop()
```

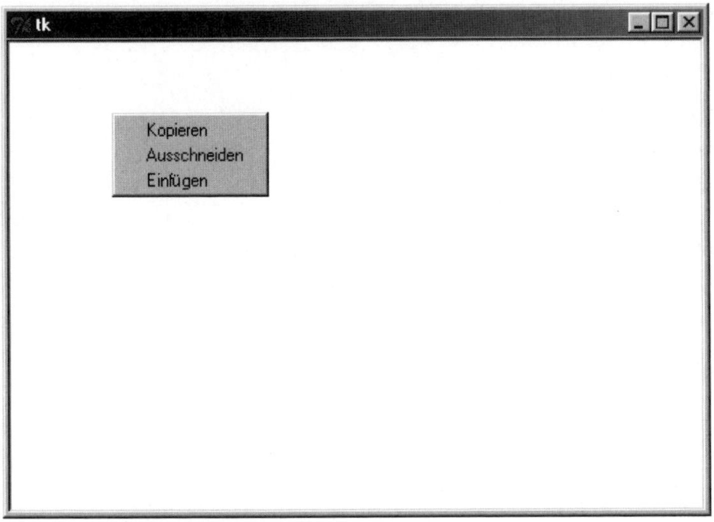

Abb. 7.37: Ein *popup*-Menü

7.8 Beispiele

Da in der Praxis keine kleinen Beispiele mit etwa 30 Zeilen Code geschrieben werden, so wie es bei uns bisher der Fall war, kann es nicht schaden, wenn das ganze Konzept der GUI-Programmierung an einigen ein wenig komplexeren Beispielen gezeigt wird.

tkPrimes

Es kann oft vorkommen, dass zu einem bereits bestehenden Programm eine GUI-Oberfläche geschrieben werden muss.

Ein gutes Beispiel könnte unser *primzahl.py*-Modul sein, zu dem wir eine grafische Oberfläche schreiben werden.

Natürlich fangen wir damit an, dass wir die notwendigen Module importieren.

Beispiel *tkPrimes.py*:

```
from Tkinter import *
from primzahl import *
import tkMessageBox
```

Da wir auch das *primzahl*-Modul importieren, muss Python wissen, wo es zu finden ist (Tipp: *PYTHONPATH*-Variable).

Danach müssen die GUI-Elemente gezeichnet werden. Das erledigt der Konstruktor der Klasse *tkPrimes*:

```
class tkPrimes:
  def __init__(self,master):
    self.labEingabe=Label(text="Geben Sie \
      bitte eine Zahl > 1 ein!")
    self.entEingabe=Entry()
    self.v_rdb=IntVar()
    self.v_chb=IntVar()
    Checkbutton(master, text="Ausgabe in primes.txt\
      umleiten?",bd=1,variable=self.v_chb).grid(
      column=1,row=3,rowspan=3)
    self.result=StringVar()
    self.msg=Message(master,textvariable=self.result)
    self.entEingabe.grid(column=2,row=1)
    self.labEingabe.grid(column=1,row=1)
    self.msg.grid(column=1,row=2,columnspan=2)
    Radiobutton(master,text="prüfen, ob Primzahl",
      variable=self.v_rdb,value=1,
      bd=1).grid(column=2,row=3)
    Radiobutton(master,text="Liste der Primzahlen \
      angeben",variable=self.v_rdb,value=0,
      bd=2).grid(column=2,row=4)
    Button(master,text="Berechnen",command=self.do,
      bd=1).grid(column=1,row=5)
    Button(master,text="Beenden",
      command=master.quit,bd=1).grid(column=2,row=5)
```

Um die Klasse fertig zu stellen, bleibt nur noch eines zu tun – die *do()*-Methode zu implementieren. Diese hat die Aufgabe, von den Widgets die Eingabewerte zu holen und die Berechnung und die Ausgabe zu realisieren. Sollte es zu einem Fehler (Ausnahme) kommen, so wird es dem Benutzer über ein *tkMessageBox.showwarning*-Dialogfeld mitgeteilt:

```
def do(self):
  global result
  try:
    a=int(self.entEingabe.get())
    if self.v_rdb.get():
      if p(a):
        s=str(a)+" ist Primzahl"
        self.result.set(s)
        result=s
      else:
        s=str(a)+" ist keine Primzahl"
        self.result.set(s)
        result=s
    else:
      result="Primzahlen bis "+ \
        str(a)+":\n\n"+str(pListe(a))[1:-1]
      self.result.set(result)
    if self.v_chb.get():
      f=open("primes.txt",'w')
      f.write(result)
      f.close()
  except:
    tkMessageBox.showwarning("Warnung","Bitte \
      geben Sie erneut einen Integer > 2 ein!")
    self.entEingabe.delete(0,END)
```

Damit ist die Klasse fertig. Möchten wir die Applikation verwenden, so reichen folgende drei Zeilen Code:

```
root=Tk()
```

```
primes=tkPrimes(root)
root.mainloop()
```

Und das Ergebnis sieht ungefähr so aus:

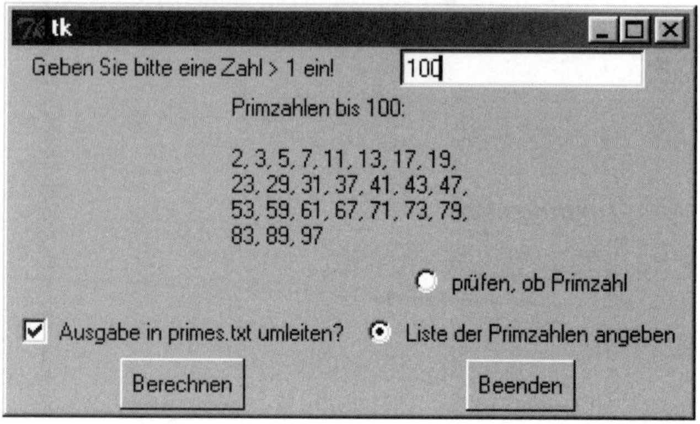

Abb. 7.38: tkPrimes.py

tkChart

Eine weitere mögliche Anwendung ist das *Canvas*-Widget: Wir zeichnen ein Diagramm. Die Elemente der Datenmenge werden zufällig und über ein *Button*-Widget neu generiert und gezeichnet. Dieses Beispiel ist relativ anspruchsvoll. Es besteht aus dem Konstruktor und zwei Methoden: *paint()* und *repaint()*.

Beispiel *tkChart.py*:

```
from Tkinter import *
from random import randint
```

Der Konstruktor zeichnet die Achsen und ruft die *paint()*-Methode, die die Punkte in das Koordinatensystem zeichnet:

```
class tkChart:
  def __init__(self,master):
    self.punkte=[]
    self.canvas=Canvas(master,width=450,height=450,
```

```
    bg="white")
  self.canvas.pack()
  #X-Achse
  self.canvas.create_line(100,350,400,350, width=1)
  #Y-Achse
  self.canvas.create_line(100,350,100,50, width=1)
  button=Button(master,text="Beenden",
    command=master.quit)
  button.pack(side=RIGHT)
  button2=Button(master,text="Neu zeichen",
    command=self.repaint)
  button2.pack(side=LEFT)
  self.paint()
```

Die *paint()*-Methode generiert 15 Zufallspunkte und zeichnet diese in das vorbereitete Koordinatensystem:

```
def paint(self):
  for i in range(11): #Beschriftung X-Achse
    x=100+(i*30)
    self.canvas.create_line(x,350,x,345, width=1)
    self.canvas.create_text(x,354,
      text='%d'% (10*i), anchor=N)
  for i in range(11): #Beschriftung Y-Achse
    y=350-(i*30)
    self.canvas.create_line(100,y,105,y, width=1)
    self.canvas.create_text(96,y,
      text='%d'% (10*i), anchor=E)
  #15 Punkte mit Zufallskoordinaten
  data=[([randint(1,100),
    randint(1,350)]) for a in range(15)]
  print data
  #Punkte ins Koordinatensystem zeichnen
  for a in range(len(data)):
    x,y=data[a]
    x=100+3*x
    y=350-(4*y)/5
    self.punkte.append(self.canvas.create_oval(
```

```
        x-3,y-3,x+3,y+3, width=1,
        outline="red",fill="blue"))
```

Jetzt muss noch die *repaint()*-Methode geschrieben werden. Diese wird bei Betätigen des Buttons *Neu zeichnen* gerufen. Sie hat die Aufgabe, bestehende Punkte im Koordinatensystem zu löschen und durch neue zu ersetzen:

```
  def rcpaint(self):
    for a in range(len(self.punkte)):
      self.canvas.delete(self.punkte[a])
    self.paint()
```

Jetzt ist die Applikation fertig und kann getestet werden:

```
root=Tk()
hello=tkChart(root)
root.mainloop()
```

Und das Ergebnis kann sich sehen lassen:

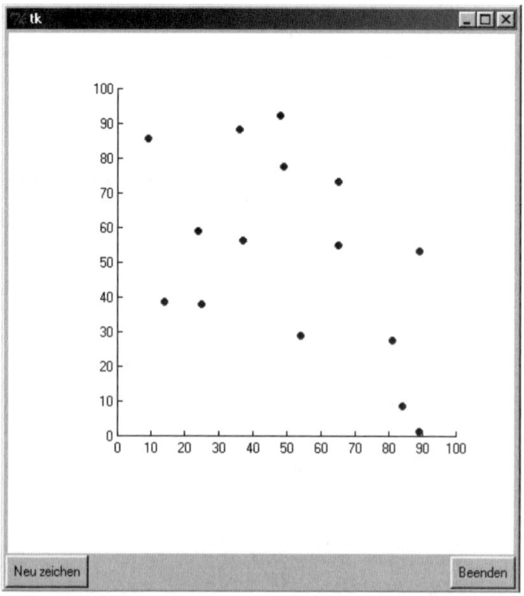

Abb. 7.39: *tkChart.py*

Natürlich wird so ein Widget in der Praxis nicht verwendet, um zufällig generierte Daten, sondern um Daten aus einer Datenbank zu zeichnen. Wie wir bald sehen werden, ist die Verbindung zwischen *Tkinter*-Oberflächen und Daten aus einer Datenbank ein Kinderspiel.

tkTextEdit

Das nächste Beispiel ist eine kleine Demonstration des *Text*-Widgets. Wir erstellen einen einfachen Texteditor. Mit ihm wird man eine Datei neu erstellen, öffnen und speichern können. Außerdem wird man die Möglichkeit haben, die Datei vom Editor aus zu starten, wenn es sich um ein Python-Skript handelt (versucht man zum Beispiel, eine Textdatei auszuführen, so passiert nichts). Zuerst werden die Module importiert:

```
from Tkinter import *
import tkFileDialog
import tkFont
import sys
from tkMessageBox import showinfo
```

Es ist wichtig, dass man nicht alle Namen aus *tkMessageBox* importiert, denn es würde zu Kollisionen mit den Namen aus Tkinter kommen (um genau zu sein, wird zum Beispiel in beiden Klassen der Name *Message* verwendet).

Der Konstruktor ist relativ lang, aber nicht kompliziert. Seine Länge hat er der Tatsache zu verdanken, dass die in ihm gezeichneten Menüs relativ viele Zeilen Code verwenden.

```
class tkTextEditor:
  def __init__(self,master):
    master.title("tkTextEditor")
    self.master=master
    self.file=None
    scrollbar=Scrollbar(master)
    scrollbar.pack(side=RIGHT, fill=Y)
    self.text=Text(master,
```

```
    yscrollcommand=scrollbar.set,font="courier 10")
  self.text.pack()
  scrollbar.config(command=self.text.yview)
  self.s=StringVar()
  statusBar=Label(master,textvariable=self.s,
    bd=1,relief=SUNKEN,anchor=W)
  statusBar.pack(side=BOTTOM,fill=X)
  menubar=Menu(master)
  filemenu=Menu(menubar)
  filemenu.add_command(label="Neu",
    command=self.newfile)
  filemenu.add_command(label="Öffnen",
    command=self.openfile)
  filemenu.add_separator()
  filemenu.add_command(label="Speichern",
     command=self.savefile)
   filemenu.add_command(label="Speichern als",
     command=self.savefileas)
   filemenu.add_separator()
   filemenu.add_command(label="Beenden",
     command=self.quit)
   menubar.add_cascade(label="Datei",menu=filemenu)
   menubar.add_command(label="Skript ausführen",
     command=self.run)
   helpmenu=Menu(menubar)
   helpmenu.add_command(label="Info",
      command=self.about)
   menubar.add_cascade(label="?", menu=helpmenu)
   master.config(menu=menubar)
   master.bind("<Control-d>", master.quit)
   master.bind("<Control-s>", self.savefile)
   master.bind("<Control-o>", self.openfile)
   self.newfile()
```

Über die *settitle()*-Methode wird die Beschriftung in der Statusleiste gesetzt:

```
def settitle(self,title):
```

```
    self.s.set(title)
```

Die *about()*-Methode zeigt die Information über den Editor:

```
  def about(self):
    showinfo("Info","tkTextEditor für \
      Python 0.1\n\n(c)vmi-Buch\nMartin Uzak")
```

Die folgende Methode löscht den Text im *Text*-Widget und setzt die Beschriftung in der Statusleiste:

```
  def newfile(self,event=None):
    self.text.delete(1.0,END)
    self.settitle("*new*")
```

Speichern des Textes im *Text*-Widget realisiert die *savefile()*-Methode:

```
  def savefile(self,event=None):
    if not self.file:
      self.savefileas()
    if self.file.mode=='w':
      self.file.write(self.text.get(1.0,END))
    elif self.file.mode=='r':
      file=self.file.name
      self.file=open(file,'w')
      self.savefile()
```

Der Code hinter der Option »Speichern unter«:

```
  def savefileas(self):
    self.file=tkFileDialog.asksaveasfile()
    if self.file:
      self.savefile()
      self.settitle(self.file.name)
```

Die nächste Methode öffnet eine Datei und fügt ihren Inhalt in das *Text*-Widget ein:

```
  def openfile(self,event=None):
    self.file=tkFileDialog.askopenfile()
    if self.file:
    self.newfile()
```

```
        self.text.insert(INSERT,self.file.read())
        self.settitle(self.file.name)
```

Über die nächste Methode wird versucht, die bearbeitete Datei auszuführen. Dies gelingt natürlich nur dann, wenn es sich um ein Python-Skript handelt.

```
    def run(self,event=None):
      thread.start_new_thread(os.system,
        (("python "+self.file.name),))
```

Die *quit()*-Methode beendet den Editor. Sie ist für unser Programm notwendig. Würde man stattdessen *self.master.quit()* verwenden, so würde es beim *Event* "*<Control-q>*" zu einer Ausnahme kommen, weil ein Argument zu viel übergeben würde (und zwar das *Event*-Objekt).

```
    def quit(self,event=None):
        self.master.quit()
```

Und jetzt können wir mit Freude den Editor ausprobieren!

```
root=Tk()
editor=tkTextEditor(root)
root.mainloop()
```

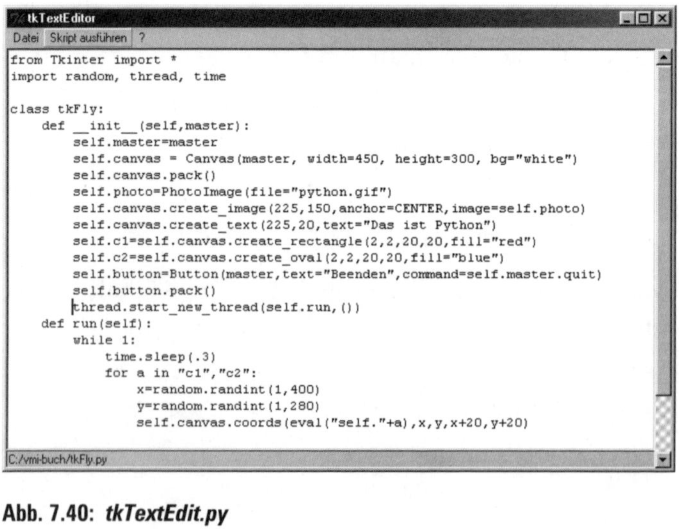

Abb. 7.40: *tkTextEdit.py*

Dieses Widget kann auch viel kompliziertere Aufgaben bewältigen. Zum Beispiel ist die Python-Entwicklungsumgebung IDLE mit ihm realisiert worden.

7.9 Zusammenfassung, Fragen und Übungen

Zusammenfassung

- Über das *Tkinter*-Modul werden plattformunabhängige GUI-Programme in Python geschrieben.
- Ein Widget ist ein GUI-Element.
- Widgets werden über einen Layout-Manager verwaltet.
- Dynamische Texte werden den Widgets über die *textvariable*-Option und ein *StringVar*-Objekt zugewiesen.
- Mit dem *pynche.py*-Programm (*<Installationsverzeichnis>/Tools/pynche/pynche.py*) kann man die möglichen Farbenwerte browsen.
- Man darf nie auf einer Oberfläche zwei verschiedene Layout-Manager für die Widgets verwenden.
- Das *Frame*-Widget erstellt innerhalb einer bestehenden Oberfläche eine neue. Über dieses Widget kann man Widgets in Oberflächen verschachteln.
- Dialogfelder, über die dem Benutzer kurze Meldungen angezeigt werden, sind im *tkMessageBox*-Modul zu finden.
- Dialogfelder zum Öffnen/Speichern von Dateien findet man im *tkFileDialog*-Modul.
- Über Events kann das Programm auf verschiedene Ereignisse reagieren.

Fragen und Übungen

1. Welche Widgets kennen Sie?
2. Mit welcher *Widget*-Option kann man Widgets beschriften?
3. Wozu gibt es die *IntVar*-Klasse?
4. Wie werden beim *grid*-Layout-Manager die Widgets angeordnet?
5. Wie fügt man ein Bild in ein Widget ein?
6. Welche Widgets kann man verwenden, wenn man möchte, dass der Benutzer der GUI-Applikation eine Wahl aus mehreren Optionen trifft?
7. Mit welcher Option wird die Schriftart im Widget verändert?
8. Wozu dient das *Text*-Widget?
9. Wie geht man vor, wenn man eine vertikale Scrollleiste in ein *Text*-Widget einbauen soll?
10. Wozu dient das *Canvas*-Widget?
11. Welche Arten der Menüs kennen Sie?
12. Testen Sie das *fly.py*-Programm ohne Threads. Was passiert?

I
G
L
9
8
7
6
5
4
3
2
1
»

8 COM-Programmierung

Python 2.x

8 COM-Programmierung

Python ist eine plattformunabhängige Sprache. Bisher habe ich versucht, alle Skripten möglichst so zu schreiben, dass sie zumindest unter UNIX und Windows laufen.

Dennoch gewinnt in der heutigen Zeit, in der das Desktop-Segment des PC-Marktes von Windows beherrscht wird, die Programmierung unter Windows immer mehr an Bedeutung. Dieses Kapitel soll andeuten, welche Möglichkeiten man noch zusätzlich hat, wenn man für Windows, insbesondere für das Microsoft-Office-Paket Programme erstellt.

Um die Beispiele dieses und des nächsten Kapitels ausprobieren zu können, müssen Sie das Package win32all installieren (man kann es zum Beispiel unter *http://users.bigpond.net.au/mhammond/win32all-142.exe* downloaden, die Installation ist recht einfach, sie besteht aus einem Doppelklick auf die downgeloadete *.exe*-Datei, wobei alle Fragen mit *Weiter* bzw. *Fertigstellen* beantwortet werden).

Über dieses Programmpaket kann Python unter Windows um wichtige Module erweitert werden (wie zum Beispiel die COM-Schnittstelle oder die ODBC-Schnittstelle, mit der wir uns im nächsten Kapitel beschäftigen werden). Außerdem wird die Entwicklungsumgebung *PythonWin* installiert. Diese ist IDLE sehr ähnlich, jedoch auf die Arbeit unter Windows ausgerichtet. Alle Beispiele können auch in dieser Entwicklungsumgebung getestet werden.

Ein installiertes Microsoft-Office-Paket (Version 97 oder höher) ist für die Beispiele dieses Kapitel notwendig.

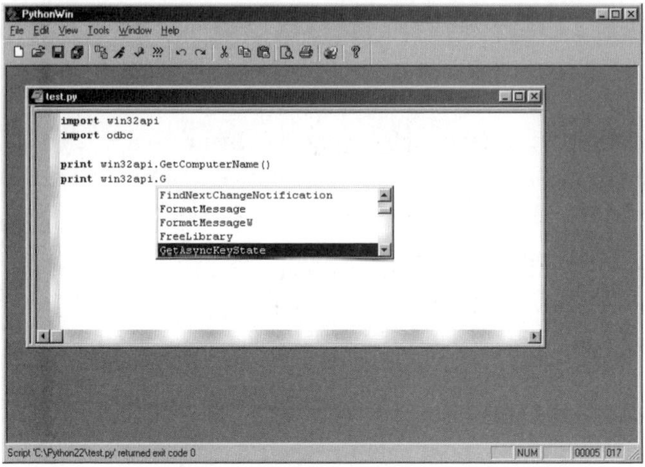

Abb. 8.1: Die Entwicklungsumgebung *PythonWin*

8.1 Einleitung

COM (*Common Object Model*) ist der Versuch von Microsoft, eine Schnittstelle zu schaffen, mit der Funktionen bestehender Programme gekoppelt und somit in sehr kurzer Zeit relativ komplexe Programme gebildet werden können. Die COM-Komponenten sind sprachunabhängig. Das heißt, dass man COM-Komponenten, die in Visual Basic, C++ oder einer anderen Programmiersprache geschrieben wurden, in Python-Programmen verwenden kann. Dies gilt auch umgekehrt (man kann in Python COM-Komponenten erstellen).

8.2 Microsoft Word

Am besten fangen wir gleich mit etwas an, woran man sofort die Möglichkeiten der COM-Schnittstelle erkennen kann.

Beispiel:

```
>>> import win32com.client
>>> word=win32com.client.Dispatch("Word.Application")
```

```
>>> word.Visible=1
>>> doc=word.Documents.Add()
>>> for a in range(10):
      doc.Range().InsertAfter("Hallo Wor(l)d!\n")
      doc.Paragraphs[a+1]().Font.Size=11+(3*a)
>>> doc.PrintOut()
>>>
```

Das Ergebnis dieses Codes sieht in Word folgendermaßen aus:

Abb. 8.2: Das erste Beispiel zur COM-Schnittstelle

Und wie hat es unser Code bewerkstelligt? Zuerst wurde das *win32com.client*-Modul für die COM-Applikationen importiert. Danach wurde in der *word*-Variablen die Referenz auf das Word-Programm gespeichert. Dies erledigte die *Dispatch()*-Methode, über die man eine COM-Komponente für unser Programm verfügbar machen kann. Diese ersten zwei Zeilen Code sind für die Arbeit mit der COM-Schnittstelle essenziell, von Applikation zu Applikation ändert sich nur das Argument der *Dispatch()*-Methode (es ist das Programm, auf dessen Funktionen wir über die COM-Schnittstelle zugreifen möchten).

Nachdem Word gestartet ist, haben wir es sichtbar gemacht (*word.Visible=1*) und mit dem Aufruf *doc=word.Documents.Add()*

haben wir ein neues Word-Dokument erstellt. Schlussendlich wurde in dieses Dokument zehnmal der Text »Hallo Wor(l)d!« in jeweils anderer Schriftgröße eingegeben und dann wurde es ausgedruckt.

Denjenigen, die bereits in VBA (*Visual **B**asic for **A**pplications*) versucht haben, Microsoft Office zu automatisieren, wird der Code bekannt vorkommen. Wie schon erwähnt, ist die COM-Schnittstelle sprachunabhängig – Methoden und Variablen haben dieselben Namen. Von Sprache zu Sprache ändert sich nur die Syntax.

Leider gibt es keine Python-bezogene Dokumentation zu Objekten, Methoden und Variablen, die dem Programmierer unter Word zur Verfügung stehen. Möchte man die Namen erfahren, die die Applikationen zur Verfügung stellen, so muss man den COM-Browser von der *PythonWin*-Entwicklungsumgebung verwenden (zu finden unter *Tools / COM Browser*). Hier ein Beispiel mit den Namen, die Excel definiert:

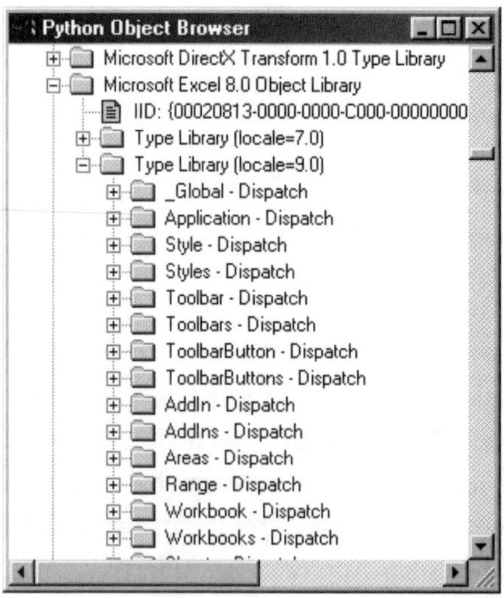

Abb. 8.3: Der *Python Object Browser* (COM-Browser)

Über diesen Browser kann man auch herausfinden, welche COM-fähigen Applikationen auf dem Rechner installiert sind.

Natürlich ist es nicht sehr praktisch, wenn man über den COM-Browser die Namen und ihre Bedeutung herausfinden muss. Glücklicherweise kann man bei Microsoft-Office-Anwendungen den eingebauten *Objektkatalog* nutzen. Darüber kann man übersichtlich die Namen in der Applikation feststellen. Zusätzlich erhält man etwas, was der COM-Browser nicht bietet – Beschreibungen zu den Namen und Beispiele der Implementation in VBA. Der Objektkatalog wird aktiviert über: *Extras / Makro / Visual Basic Editor / Ansicht / Objektkatalog*.

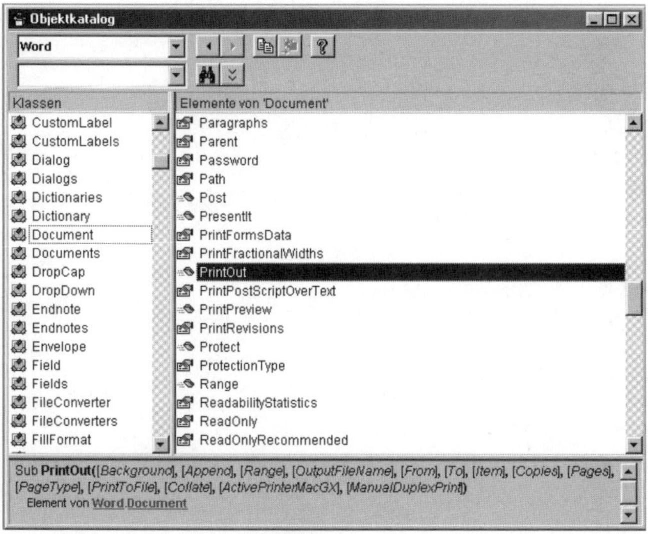

Abb. 8.4: Der *Objektkatalog* von Word

Zum Schluss ein praktisches Beispiel. Möchten Sie von Microsoft Office aus zu einem anderen Office-Paket wechseln, so wird das wahrscheinlich daran scheitern, dass kein anderes Office-Paket das Word-Dateiformat (*.doc*) lesen kann. Deshalb schreiben wir ein Programm, das die Festplatte nach *.doc*-Dateien durchsucht und sie im RTF-Format speichert. Das RTF-Format bringt den Vorteil, dass relativ wenige Formatierungen verloren gehen und dass die meisten Office-Pakete mit ihm einwandfrei umgehen können.

Beispiel *doc2rtf.py*:

```
import os.path
import win32com.client

#wo soll die Suche beginnen?
path="c:\\"
#Liste mit dem Suchergebnis
docfiles=[]
#Logdatei
log="log.txt"

def findThem(something,dir,files):
    for a in files:
        if a.lower().rfind(".doc")!=-1:
           docfiles.append(dir+"\\"+a)


os.path.walk(path,findThem,())

word=win32com.client.Dispatch("Word.Application")
word.Visible=0
f_log=open(path+"\\"+log,"w")
for a in docfiles:
    try:
        #Erweiterung .doc durch .rtf ersetzen
        rtffile=a.split(".")[:-1][0]+".rtf"
        doc=word.Documents.Open(a)
        doc.SaveAs(rtffile)
        doc.Close()
        #jede Konvertierung wird geloggt
        f_log.write(a+" -> "+rtffile+"\n")
    except:
        raise "Konvertierung fehlgeschlagen"
f_log.close()
word.Quit()
```

8.3 Microsoft Excel

Die Prinzipien der Arbeit mit Excel über die COM-Schnittstelle in Python sind die gleichen wie die von Word. Es gilt, was ich schon vorher erwähnt habe – insbesondere VBA-Programmierer werden sich sehr leicht tun.

Das nächste Beispiel zeigt, wie wir automatisch in Excel Dokumente erstellen können.

Beispiel *umsatzstatistik.py*:

```
xl=win32com.client.dynamic.Dispatch( \
  "Excel.Application")
xl.Visible=1
xl.Workbooks.Add()
xl.Range("A1:D1").Value="",\
  "Produkt1","Produkt2","Filialenumsatz"
xl.Range("A2:D6").Value="Filiale 1", \
  15250000,10800000,"=SUMME(B2:C2)"
xl.Range("A3:D6").Value="Filiale 2", \
  11340000,8400000,"=SUMME(B3:C3)"
xl.Range("A4:D6").Value="Filiale 3", \
  6300000,4600000,"=SUMME(B4:C4)"
xl.Range("A5:D6").Value="Filiale 4", \
  12450000,9800000,"=SUMME(B5:C5)"
xl.Range("A6:D6").Value="Gesamt", \
  "=SUMME(B2:B5)","=SUMME(C2:C5)","=SUMME(B6:C6)"
xl.Range("A6:D6").Font.Bold=1
xl.Range("D2:D6").Font.Bold=1
xl.Columns("A:D").columnWidth=15
```

Dieses Beispiel öffnet ein neues Blatt in Excel und fügt Daten, Funktionen und Formatierungen ein. Das Ergebnis sieht folgendermaßen aus:

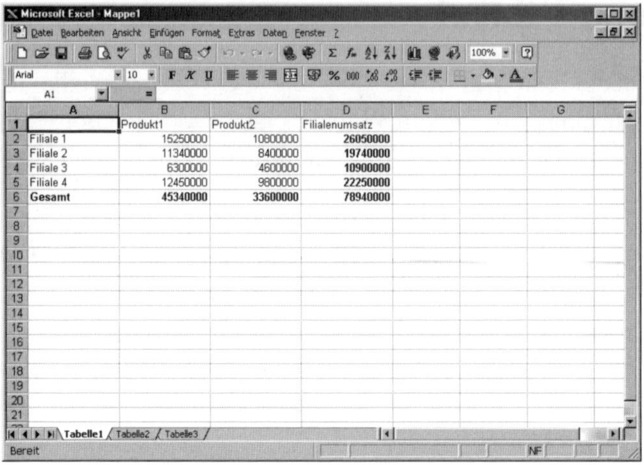

Abb. 8.5: ***umsatzstatistik.py***

8.4 WSH

WSH (***W**indows **S**cript **H**ost*) ist eine Skriptumgebung für Windows. WSH wird hauptsächlich in Verbindung mit JavaScript oder Visual Basic von Windows-Administratoren verwendet, um ihre Aufgaben zu erledigen. Mit WSH werden meistens nicht-interaktive Skripten geschrieben.

Natürlich kann man die WSH-Umgebung auch von Python aus steuern. Dazu ein kleines Beispiel.

Beispiel *pythonShortcuts.py*:

```
import sys
import win32api
import win32com.client
shell=win32com.client.Dispatch("WScript.Shell")
desktop=shell.SpecialFolders("Desktop")+"\\"
url=shell.CreateShortcut(
  desktop+"Python Homepage.url")
url.TargetPath="http://www.python.org"
```

```
link=shell.CreateShortcut(desktop+"PythonWin.lnk")
link.TargetPath=r"C:\Python22\Pythonwin\Pythonwin.exe"
url.Save()
link.Save()
```

Nachdem wir die *Dispatch()*-Methode gerufen und somit ein Objekt erstellt haben, mit dem wir die WSH-Umgebung verwenden können, haben wir den Pfad des Desktop bestimmt (ab dieser Zeile werden im Code nur Namen des Objekts der COM-Schnittstelle verwendet).

Danach wurden zwei Links erstellt, wir haben bestimmt, worauf sie verweisen, und sie wurden abgespeichert.

Nach dem Ablauf des Programms sollten auf Ihrem Desktop zwei neue Symbole verfügbar sein – eine Verknüpfung zur Python-Homepage und eine Verknüpfung zur *PythonWin*-Umgebung.

Über WSH kann man jedoch noch viel mehr Aufgaben erledigen. Es eignet sich perfekt zur Arbeit mit der Windows-Registrierung, mit Netzlaufwerken, Druckern usw. Mehr dazu finden Sie unter *http://msdn.microsoft.com/scripting/*.

8.5 win32api

Über das *win32all*-Paket kann man mit Python sogar auf die Windows-API- (***A****pplication* ***P****rogramming* ***I****nterface*) Funktion und auf die MFC- (*Microsoft Foundation Classes*) GUI-Bibliothek zugreifen.

Die Dokumentation zum *win32ui*-Modul, der Anbindung von Python an MFC, finden Sie in *PythonWin* unter *Help / PythonWin Reference*.

Die Module und die Funktionen, über die die Windows-API-Aufrufe realisiert werden, werden in der Dokumentation des *win32all*-Pakets beschrieben. Diese Dokumentation ist in der *PythonWin*-Entwicklungsumgebung unter *Help / Other / Win32 Extensions / Modules* verfügbar.

Mit diesen Modulen kann man Funktionen von Windows API verwenden, die man sonst nur unter C++ zur Verfügung hätte. Insbesondere unter Windows NT kann man mit diesen Funktionen sehr effektive Programme schreiben. Ein Beispiel dazu finden Sie in der *PythonWin*-Dokumentation (*Help / Other / Win32 Extensions / Windows NT Eventlog*). Dieses Beispiel zeigt anhand der *win32evtlog*-, *win32evtlogutil*-, *win32security*-Module, wie man das Auswerten der Windows-NT-Logdateien mit Python automatisieren kann.

8.6 Zusammenfassung, Fragen und Übungen

Zusammenfassung

- Das *win32all*-Paket dient dem Zugriff auf Windows-spezifische Funktionen.
- Mit dem *odbc*-Modul dieses Pakets ist es möglich, auf ODBC-Datenquellen zuzugreifen.
- In Python kann man *COM*-Komponenten verwenden.
- Die für die *COM*-Komponente gültigen Namen kann man über den »COM-Browser« der *PythonWin*-Entwicklungsumgebung feststellen.

Fragen und Übungen

1. Wie kann man bequem die Namen der Microsoft-Office-*COM*-Komponenten feststellen?
2. Was bedeutet WSH?
3. Kann man mit Python die Windows-API-Funktionen rufen?

9 ODBC

Python 2.x

9 ODBC

In der EDV dreht sich alles um Informationen, die als Daten dargestellt werden. Arbeitet man mit Daten, so muss man sie irgendwie speichern können.

Eine Möglichkeit dazu bieten Textdateien. Diese kann man leicht übertragen, bearbeiten und speichern. Dennoch haben Textdateien beträchtliche Nachteile. Bei großen Datenmengen, Zugriffen auf kleine Mengen zufällig ausgewählter Daten usw. geht den Textdateien der Atem aus.

Befindet man sich in einer solchen Situation, so muss man die Daten auslagern. Grundlagen der Arbeit mit einfachen DBM-Datenbanken haben wir schon im dritten Kapitel gesehen. Bei großen Datenmengen und komplexen Datenstrukturen greift man dabei am häufigsten auf einen leistungsfähigeren SQL-Server wie MySQL, Microsoft SQL oder Oracle zu.

In Python kann man selbstverständlich auch mit SQL-Datenbanken arbeiten. Dies wollen wir uns anhand von Microsoft Access und der ODBC-Schnittstelle ansehen. Auf der einen Seite können wir so auf viele wichtige Aspekte der Installation und Konfiguration der komplexeren Datenbanken verzichten und uns völlig auf Python Python konzentrieren. Und auf der anderen Seite können wir alles, was wir in diesem Kapitel im Bezug auf Python und SQL (mit SQL werden wir über die ODBC-Schnittstelle arbeiten) durchnehmen werden, auch mit anderen, leistungsfähigeren Datenbanken verwenden.

HINWEIS Die ODBC-Schnittstelle (Sie können sie sich als eine Art Datenbanktreiber vorstellen) soll den Programmierer von der Notwendigkeit befreien, für jede Datenbank andere Treiber verwenden zu müssen.

9.1 Access-Datenbank erstellen

Damit wir uns ansehen können, wie in Python mit Datenbanken gearbeitet wird, müssen wir eine Datenbank erstellen. Uns reicht dazu auch Microsoft Access – eine Datenbank, mit der man sehr leicht arbeiten kann. In der Praxis entscheidet man sich aber oft für leistungsfähigere SQL-Server wie MySQL, Microsoft SQL Server oder Oracle.

Wir starten Access (über das Startmenü *Programme / Microsoft Access*) und legen eine leere Datenbank an:

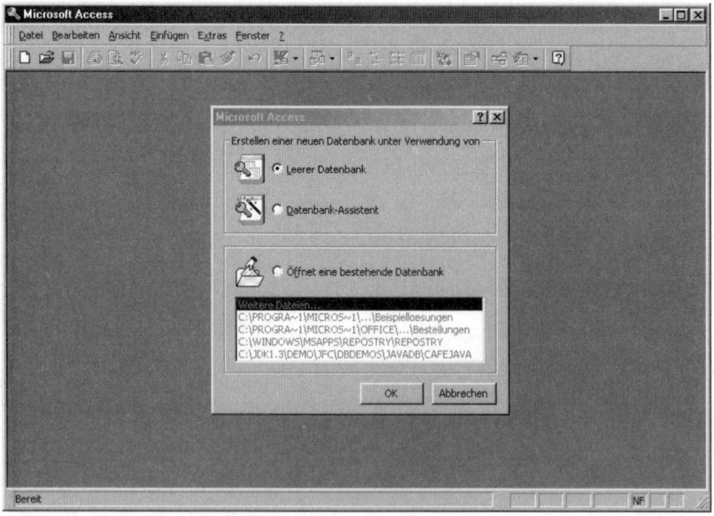

Abb. 9.1: Leere Datenbank in Access anlegen

Diese Datenbank muss noch gespeichert werden. In unserem Beispiel wird die Datenbank unter *C:\vmi-buch\Mitarbeiter.mdb* gespeichert.

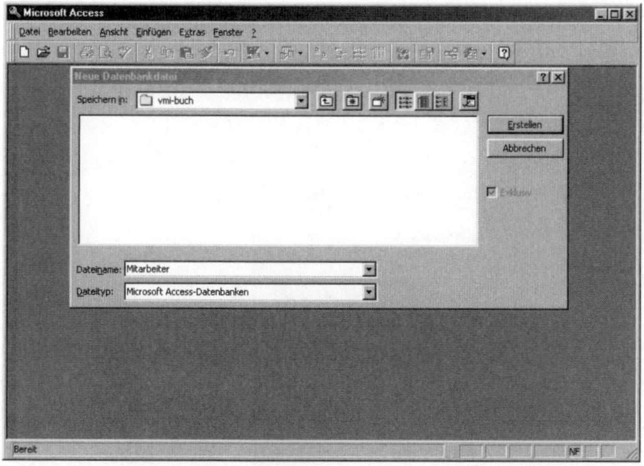

Abb. 9.2: *Mitarbeiter.mdb* speichern

Nachdem wir die Datenbank gespeichert haben, müssen die Tabellen angelegt werden, die unsere Daten speichern werden. Dazu klicken wir in der Registerkarte *Tabellen* der gerade angelegten Datenbank *Mitarbeiter* auf *Neu / Entwurfsansicht* und bestätigen unsere Auswahl mit *OK*.

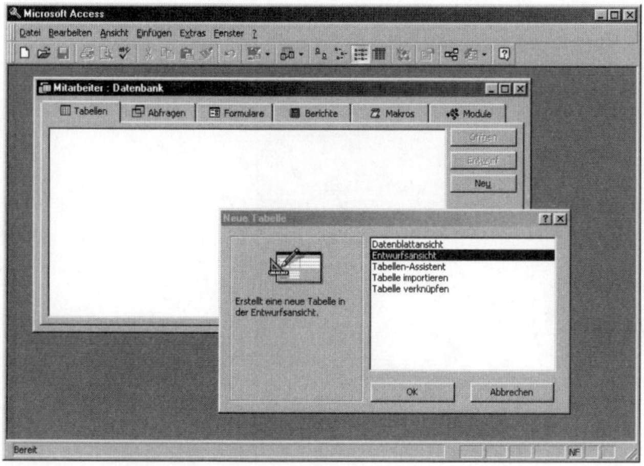

Abb. 9.3: Tabellen in Access anlegen

Zuerst legen wir die Tabelle *Filialen* an. In ihr werden die Filialen einer fiktiven Firma gespeichert (an dieser fiktiven Firma zeigen wir die Arbeit mit Datenbanken). Die Struktur der Tabelle sieht folgendermaßen aus:

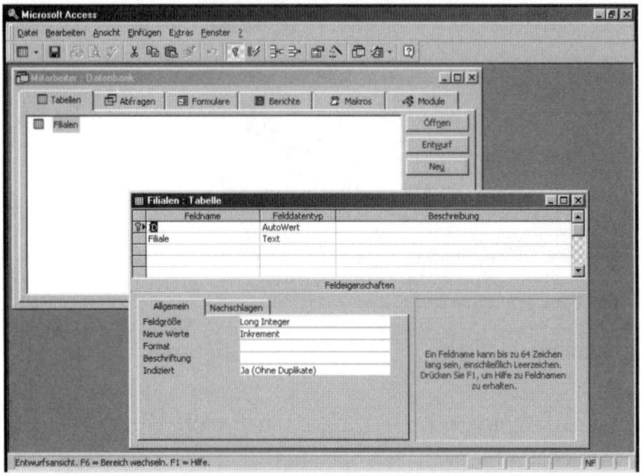

Abb. 9.4: Struktur der Tabelle *Filialen*

Die nächste Tabelle, die wir anlegen, heißt *Mitarbeiter*. Sie wird Informationen über die Mitarbeiter der fiktiven Firma speichern.

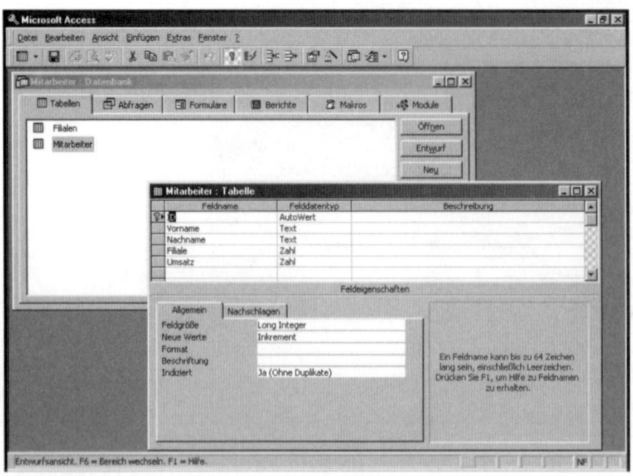

Abb. 9.5: Struktur der Tabelle *Mitarbeiter*

In dem Feld *Filiale* wird nicht direkt (also nicht als String) der Name der Filiale gespeichert, sondern nur ein Verweis auf die Tabelle *Filialen* (auf das Feld *Filialen.ID*). Dies sagen wir Access in den *Beziehungen* (*Extras / Beziehungen ...*).

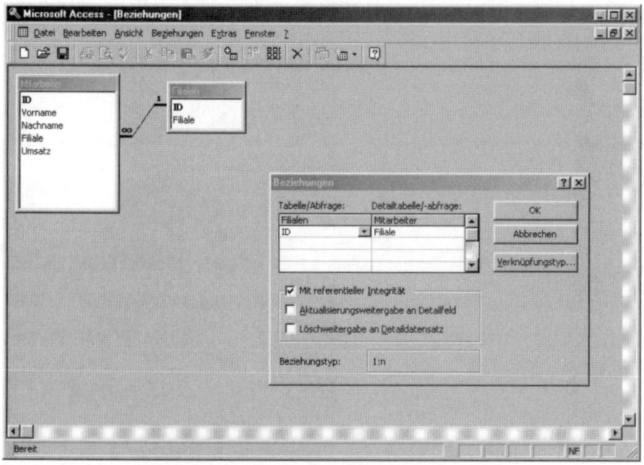

Abb. 9.6: Beziehungen in der Access-Datenbank

Wir lassen alle zwei Tabellen anzeigen. Danach greifen wir mit der Maus das Feld *ID* der Tabelle *Filialen* und ziehen es auf das Feld *Filiale* der Tabelle *Mitarbeiter*. Wenn wir die Maustaste loslassen, erscheint das Dialogfeld *Beziehungen,* in dem wir noch die Option *Mit referentieller Integrität* anklicken.

Damit hätten wir die Datenbank erstellt, an der wir die Beispiele dieses Kapitels testen werden.

9.2 ODBC-Datenquelle bestimmen

Auch wenn die Datenbank schon fertig ist, können wir mit ihr noch nicht über die ODBC-Schnittstelle arbeiten. Dazu müssen wir noch eine ODBC-Datenquelle erstellen, über die wir auf diese Datenbank zugreifen werden.

Wir klicken auf *Start / Einstellungen / Systemsteuerung / Datenquellen (ODBC)*.

Im dann erscheinenden Dialogfeld klicken wir auf die Registerkarte *Benutzer-DSN* und dort auf die Schaltfläche *Hinzufügen*. Aus dem Dialogfeld, das dann erscheint, wählen wir die Option *Microsoft Access-Treiber (*.mdb)* und klicken auf die Schaltfläche *Fertigstellen*.

> **HINWEIS**
> DSN (*Data Source Name*) spezifiziert eine ODBC-Datenquelle, es ist der Name, unter dem wir mit dieser Datenquelle arbeiten werden.

Wenn wir so weit sind, erscheint folgendes Dialogfeld, in dem wir den Namen für die ODBC-Datenquelle (der Name soll »Mitarbeiter« sein) und die Datenbank für diese Datenquelle spezifizieren (*C:\vmi-buch\Mitarbeiter.mdb*).

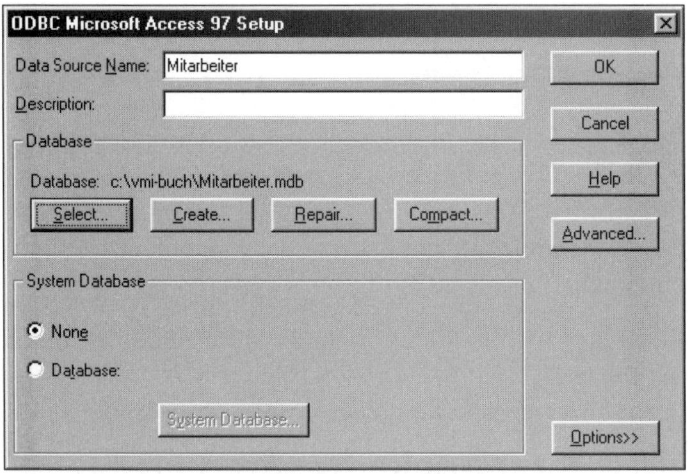

Abb. 9.7: ODBC-Datenquelle *Mitarbeiter* konfigurieren

Wenn wir jetzt auf *OK* klicken, ist es endlich so weit. Wenn folgendes Bild erscheint (in den Benutzerdatenquellen soll mindestens die Datenquelle *Mitarbeiter* verfügbar sein) ...

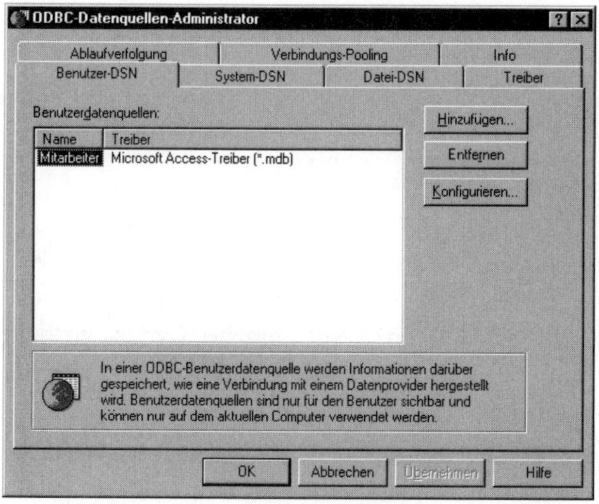

Abb. 9.8: Übersicht der ODBC-Datenquellen

...können wir die *Mitarbeiter*-Datenquelle verwenden.

Damit Sie mit ODBC-Datenquellen arbeiten können, müssen Sie zumindest Basiskenntnisse der SQL-Sprache haben. Aus diesem Grund ist das nächste Unterkapitel einer knappen Einleitung in die SQL-Sprache gewidmet.

HINWEIS

> *SQL (**S**tructured **Q**uery **L**anguage)* ist eine Sprache, mit der mit Datenbanken gearbeitet wird.

Bevor wir aber mit SQL beginnen, müssen wir uns noch darüber klar werden, wie die Arbeit mit SQL-Datenbanken aussieht. Sie besteht aus folgenden Schritten:

- Module mit den Treibern importieren
- Verbindung öffnen (*Connection*-Objekt erstellen)
- passenden Cursor erstellen (*Cursor*-Objekt erstellen)
- SQL-Befehl ausführen (die *execute()*-Methode des Cursors rufen)

- falls erwünscht, Daten aus dem Cursor einlesen (*fetch[one|many|all]()*-Methoden rufen)

Wie dies angewendet wird, sehen wir gleich in den Beispielen.

9.3 Einleitung in SQL

Damit man mit verschiedenen Datenbankservern möglichst einheitlich arbeiten kann, wurde eine eigene Programmiersprache für Datenbanken geschaffen – *SQL*. Grundlagen dieser Sprache werden wir bald lernen, denn diese sind für den Umgang mit Relationsdatenbanken wie Microsoft Access, MySQL oder Oracle essenziell. Die Arbeit mit der ODBC-Schnittstelle basiert auch auf SQL.

> **HINWEIS**
> Obwohl in SQL auf Groß- und Kleinschreibung kein Wert gelegt wird, ist es üblich, die Namen der SQL-Befehle großzuschreiben.

INSERT

Zum Einfügen neuer Daten in eine Tabelle gibt es in SQL den Befehl *INSERT*. Seine Syntax lautet:

```
INSERT INTO <Tabelle> VALUES (<Wert-Spalte1>, ..., <Wert-SpalteN>)
```

Möchte man einen String in die Tabelle einfügen, so muss man diesen in Apostrophe setzen. Sollten in diesem Strings selbst Apostrophe vorkommen, so müssen aus ihnen Escape-Sequenzen gebildet werden. Dies geschieht, indem die Apostrophe verdoppelt werden (jeder Apostroph wird durch zwei ersetzt, zum Beispiel über *string.replace(String,'\',\'\'")*).

Da die Tabelle *Mitarbeiter* von der Tabelle *Filialen* abhängig ist (in der Tabelle *Mitarbeiter* werden Verweise auf Daten in der Tabelle *Filialen* gemacht), müssen wir zuerst die Filialen anlegen. Nehmen wir an, unsere fiktive Firma hat zwei Filialen – eine in Eisenstadt und eine in Wien. Die SQL-Befehle sehen folgendermaßen aus:

```
INSERT INTO Filialen VALUES(1,'Eisenstadt')
INSERT INTO Filialen VALUES(2,'Wien')
```

Das nächste Beispiel führt diese SQL-Befehle aus Python aus.

Beispiel *insert.py*:

Zuerst müssen wir die notwendigen Module importieren (in diesem Fall kommen wir mit nur einem Modul aus):

```
import odbc
```

Die Arbeit mit anderen SQL-Servern ist gleich, bis auf den Namen des Moduls (resp. seine Methode, mit der die Verbindung aufgebaut ist), der importiert wird. Eine Übersicht über die Datenbanktreiber für Python (Module) finden Sie unter *http://www.python.org/topics/database*.

Danach muss eine Verbindung zur Datenbank (in diesem Fall über die ODBC-Schnittstelle) geöffnet werden. Dies geschieht über die *odbc()*-Methode:

```
conn=odbc.odbc("Mitarbeiter")
```

Damit wir SQL-Befehle verwenden können, wird ein Cursor erstellt (über die *cursor()*-Methode der Datenbankverbindung):

```
cursor=conn.cursor()
```

und mit der *execute()*-Methode des Cursors werden die zwei SQL-*INSERT*-Befehle ausgeführt:

```
ins=cursor.execute

ins("INSERT INTO Filialen VALUES(1,'Eisenstadt')")

ins("INSERT INTO Filialen VALUES(2,'Wien')")
```

Unter *ins* haben wir die Referenz auf die *cursor.execute* gespeichert, damit wir uns jedes Mal beim Tippen ein paar Buchstaben ersparen.

Die Mitarbeiter werden dann genauso angelegt:

(Die Felder haben folgende Bedeutung: Feld 1= laufende Nummer des Mitarbeiters, Feld 2 = Vorname des Mitarbeiters, Feld 3 = Nachname des Mitarbeiters, Feld 4 = Filialennummer, Feld 5 = Umsatz)

```
ins("INSERT INTO Mitarbeiter
VALUES(2,'Peter','Moser',1,75000)")
ins("INSERT INTO Mitarbeiter VALUES(1,'Hans','Gru-
ber',2,95000)")
ins("INSERT INTO Mitarbeiter
VALUES(3,'Rudolf','Huber',1,60000)")
ins("INSERT INTO Mitarbeiter
VALUES(4,'Peter','Schneider',2,70000)")
ins("INSERT INTO Mitarbeiter
VALUES(5,'Manfred','Polacek',2,80000)")
ins("INSERT INTO Mitarbeiter
VALUES(6,'Katharina','Heider',2,75000)")
```

Zum Schluss werden der Cursor und die Verbindung zur Datenbank geschlossen (dies sollte man nicht vergessen):

```
cursor.close()
conn.close()
```

Man kann sich direkt in Access versichern (indem man die *C:\vmi-buch\Mitarbeiter.mdb*-Datenbank öffnet), ob dieses Beispiel erfolgreich ausgeführt wurde und die Datensätze eingefügt wurden.

SELECT

Mit dem *SELECT*-Befehl holt man Daten aus einer Tabelle. Die Syntax lautet:

```
SELECT * FROM <name_der_tabelle>
```

Beispiel:

```
>>> import odbc
>>> conn=odbc.odbc("Mitarbeiter")
>>> cursor=conn.cursor()
>>> cursor.execute("SELECT * FROM Mitarbeiter")
```

```
0
>>> cursor.fetchall()
[(1, 'Hans', 'Gruber', 2, 95000), (2, 'Peter', 'Moser',
1, 75000), (3, 'Rudolf', 'Huber', 1, 60000), (4, 'Peter',
'Schneider', 2, 70000), (5, 'Manfred', 'Polacek', 2, 80000),
(6, 'Katharina', 'Heider', 2, 75000)]
>>> cursor.close()
>>> conn.close()
>>>
```

Das Ergebnis einer Abfrage wird im Cursor gespeichert. Auf die Resultate kann man über mehrere Methoden zugreifen:

Methode	Ergebnis
fetchone()	Ein Datensatz wird geholt.
fetchmany(n)	Es werden *n* Datensätze geholt.
fetchall()	Es werden alle Datensätze geholt.

Tab. 9.1: Methoden zum Holen der Resultate einer SQL-Abfrage

Die *fetchone()*-Methode gibt ein Tuple zurück, die restlichen zwei geben eine Liste zurück, in der die einzelnen Elemente Tuples sind (diese Liste hat die Form einer Tabelle).

Möchte man nicht die Werte aller Spalten (*) auswählen, so kann man statt des Zeichens * die Namen der einzelnen Spalten durch Kommas getrennt anführen.

Beispiel:

```
>>> import odbc
>>> conn=odbc.odbc("Mitarbeiter")
>>> cursor=conn.cursor()
>>> cursor.execute("SELECT Nachname, Umsatz FROM Mitarbeiter")
0
```

```
>>> cursor.fetchall()
[('Gruber', 95000), ('Moser', 75000), ('Huber', 60000),
('Schneider', 70000), ('Polacek', 80000), ('Heider', 75000)]
>>>
```

Da in diesem Unterkapitel noch relativ viele kleine Beispiele folgen werden, werden wir (aus Platzgründen) in diesem Beispiel die Verbindung zur Datenbank (*conn*) und den Cursor (*cursor*) nicht schließen, sondern in den nächsten Beispielen weiter verwenden.

WHERE

Möchte man in die *SELECT*-Befehle (dies gilt auch für später behandelte Befehle wie *DELETE* oder *UPDATE*) Bedingungen einbauen, braucht man die *WHERE*-Klausel. Mit ihr und den Vergleichsoperatoren kann man in SQL Bedingungen bilden. Die Syntax (im *SELECT*-Befehl) lautet:

```
SELECT <Spalte1,...,SpalteN> FROM <Tabelle> WHERE <Bedingung>
```

Wenn man nur die Mitarbeiter anzeigen lassen möchte, die einen höheren Umsatz als 70.000 erzielt haben, so benutzt man folgenden Befehl:

Beispiel:

```
>>> cursor.execute("SELECT Nachname FROM Mitarbeiter WHERE
Umsatz >70000")
0
>>> cursor.fetchall()
[('Gruber',), ('Moser',), ('Polacek',), ('Heider',)]
>>>
```

Auf die gleiche Weise werden mit *WHERE* andere Vergleichsoperatoren verwendet. Im Unterschied zu Python lautet in SQL der Gleichheitsoperator = und nicht ==.

Boolesche Operatoren:

Mehrere Bedingungen kann man genauso wie bei Python über logische Operatoren verbinden. SQL kennt die *AND*- und *OR*-Operatoren.

Im Beispiel werden alle Mitarbeiter angezeigt, die mehr als 80.000 Umsatz erzielt haben und die in der Filiale »Eisenstadt« tätig sind (ID der Filiale ist 1).

Beispiel:

```
>>> cursor.execute("SELECT Nachname, Umsatz FROM Mitarbei-
ter,Filialen WHERE Umsatz>80000 AND Filialen.ID=1")

0

>>> cursor.fetchall()

[('Gruber', 95000)]

>>>
```

Über *WHERE*-Bedingungen werden auch Abfragen aus verknüpften Tabellen realisiert. Beispiel:

```
>>> cursor.execute("SELECT Nachname, Filialen.Filiale, Umsatz
FROM Mitarbeiter, Filialen WHERE Mitarbeiter.Filiale=Filialen.ID")

0

>>> cursor.fetchall()

[('Gruber', 'Wien', 95000), ('Moser', 'Eisenstadt', 75000),
('Huber', 'Eisenstadt', 60000), ('Schneider', 'Wien', 70000),
('Polacek', 'Wien', 80000), ('Heider', 'Wien', 75000)]

>>>
```

Im Beispiel wird also die Filialen-Nummer (*Filialen.ID*) durch den Namen der Filiale ersetzt.

ORDER BY

Über die *ORDER BY*-Anweisung kann man das Ergebnis einer *SELECT*-Abfrage nach einer Spalte ordnen.

Beispiel:

```
>>> cursor.execute("SELECT Nachname, Umsatz FROM Mitarbeiter
ORDER BY Umsatz")
0
>>> cursor.fetchall()
[('Huber', 60000), ('Schneider', 70000), ('Heider', 75000),
('Moser', 75000), ('Polacek', 80000), ('Gruber', 95000)]
>>>
```

Das oben beschriebene Beispiel zeigte die aufsteigende Sortierung. Absteigend sortieren kann man, indem man *DESC* an die *ORDER BY*-Anweisung anhängt.

Beispiel:

```
>>> cursor.execute("SELECT Nachname, Umsatz FROM Mitarbeiter
ORDER BY Umsatz DESC")
0
>>> cursor.fetchall()
[('Gruber', 95000), ('Polacek', 80000), ('Heider', 75000),
('Moser', 75000), ('Schneider', 70000), ('Huber', 60000)]
>>>
```

Die count()-Funktion

Die Sprache SQL hat mehrere Funktionen eingebaut. Wir sehen uns nur die wirklich wichtigsten an. Dazu gehört auch die *count()*-Funktion, die die Anzahl der Zeilen einer Spalte der Tabelle ausgibt.

Beispiel:

```
>>> cursor.execute("SELECT count(ID) FROM Mitarbeiter")
0
>>> cursor.fetchall()
[(6,)]
>>>
```

Die sum()-Funktion

Über die *sum()*-Funktion bildet man die Summe der Werte einer Spalte. Wie Sie feststellen können, wie hoch der Umsatz bezogen auf die ganze Firma war, zeigt das nächste Beispiel:

```
>>> cursor.execute("SELECT sum(Umsatz) FROM Mitarbeiter")
0
>>> cursor.fetchall()
[(455000L,)]
>>>
```

Die avg()-Funktion

Diese Funktion bildet den arithmetischen Durchschnitt der Werte einer Spalte.

Beispiel:

```
>>> cursor.execute("SELECT avg(Umsatz) FROM Mitarbeiter")
0
>>> cursor.fetchall()
[(75833.333333333328,)]
>>>
```

Die min()-Funktion

Das Minimum der Werte einer Spalte wird über die *min()*-Funktion bestimmt.

Im Beispiel wird der kleinste Umsatz in der gesamten Firma abgefragt:

```
>>> cursor.execute("SELECT min(Umsatz) FROM Mitarbeiter")
0
>>> cursor.fetchall()
```

```
[(60000,)]
>>>
```

Die *max()*-Funktion

Analog zur *min()*-Funktion sagt uns diese, was das Maximum der Werte einer Spalte ist.

Beispiel:

```
>>> cursor.execute("SELECT max(Umsatz) FROM Mitarbeiter")
0
>>> cursor.fetchall()
[(95000,)]
>>>
```

UPDATE

Über den *UPDATE*-Befehl ändert man bestehende Daten in einer Tabelle. Die Syntax lautet:

```
UPDATE <Tabelle> SET <Feld>=<Wert>
```

In dieser Form werden alle Felder der Tabelle geändert. Möchte man nur ein bestimmtes Feld aktualisieren, so muss man die *WHERE*-Klausel verwenden.

Beispiel *update.py*:

```
import odbc

conn=odbc.odbc("Mitarbeiter")
cursor=conn.cursor()
cursor.execute("UPDATE Mitarbeiter SET Umsatz=90000 WHERE ID=1")
cursor.close()
conn.close()
```

DELETE

Der *DELETE*-Befehl löscht Daten aus einer Tabelle. Die Syntax ist:

```
DELETE FROM <Tabelle> WHERE <Bedingung>
```

Beispiel *delete.py*:

```
import odbc

conn=odbc.odbc("Mitarbeiter")
cursor=conn.cursor()
cursor.execute("DELETE FROM Mitarbeiter WHERE ID=6")
cursor.close()
conn.close()
```

Wenn man nicht aufpasst und die Bedingung beim *DELETE*-Befehl vergisst, so werden alle Daten in der Tabelle gelöscht!

Mit dem *DELETE*-Befehl wäre unser Ausflug nach SQL abgeschlossen. Wir haben uns nur das Notwendigste aus vielen Möglichkeiten angesehen, die SQL bietet. Damit wir mit SQL in Python arbeiten können, sollte es jedoch reichen.

9.4 Beispiel: Umsatzstatistik

Wie ich es in Kapitel 7 versprochen habe, kommt jetzt ein Beispiel, in dem die Daten aus der Datenbank in Tkinter dargestellt werden.

Beispiel *umsatzstatistik.py*:

```
from Tkinter import *
import odbc

class Umsatzstatistik:
  def __init__(self,master):
    canvas=Canvas(master,width=500,
      height=450,bg="white")
```

```
canvas.pack()
button=Button(master,text="Schließen",
  command=master.quit)
button.pack(side=RIGHT)
```

Wir haben die Module importiert. Danach wurde die Klasse *Umsatzstatistik* definiert und die Widgets gezeichnet.

```
canvas.create_line(100,350,400,350,width=1)
canvas.create_text(420,360,
  text='[1000 Euro]',anchor=W)
canvas.create_text(96,150,
  text="[Filiale]",anchor=E)
canvas.create_text(200,100,
  text='Umsatz pro Mitarbieter',
  font="helvetica 14 bold")
```

Im *Canvas*-Widget werden die X-Achse, die Bezeichnungen dafür und die gedachte Y-Achse gezeichnet (es ist nicht notwendig, sie zu zeichnen, weil die Balken des Diagramms sie sowieso verdecken würden).

```
for i in range(11): #Beschriftung X-Achse
  x=100+(i*30)
  canvas.create_line(x,350,x,345,width=1)
  canvas.create_text(x,354, text='%d'%(10*i),
    anchor=N)
```

Was jetzt gemacht wurde, sollte klar sein – wir haben die X-Achse beschriftet.

```
sqldata=self.fetchSQL()
canvas.create_text(96,300,
  text=sqldata[0][0],anchor=E)
canvas.create_text(96,200,
  text=sqldata[1][0],anchor=E)
```

Über die später definierte *fetchSQL()*-Methode werden Daten aus der SQL-Datenbank in eine Variable gespeichert. Mit diesen Daten wird die Beschriftung der Y-Achse gezeichnet.

```
    data=[a*300/100000 for a in sqldata[0][1],sqldata[1][1]]
```

Diese Zeile sieht sehr kryptisch aus und ist erklärungsbedürftig. Die Daten (Summen der Umsätze) aus der Datenbank werden in Relation zur Länge der X-Achse gebracht (300 ist die Länge der X-Achse in Pixel, 100.000 ist der größte Wert, den wir für den Umsatz annehmen). Dies geschieht über die *map()*-Funktion (respektive über ihre abgekürzte Schreibweise *[Aktion for Variable in Sammlung]*).

Dieselbe Funktion hätte man auch über:

```
data=[]
for a in sqldata[0][1],sqldata[1][1]:
    data.append(a*300/100000)
```

erreicht. Diese Variation wäre jedoch viel länger. Weiter geht es mit dem Code:

```
    canvas.create_rectangle(data[0]+100,
      250,100,350,fill="red")
    canvas.create_rectangle(data[1]+100,
      150,100,250,fill="blue")
```

Diese zwei Befehle zeichnen die Balken mit dem Abstand 100 Pixel (es ist die Stelle, wo die gedachte Y-Achse beginnt) vom linken Rand des *Canvas*-Widgets.

Der Rest des Codes sollte klar sein:

```
  def fetchSQL(self):
    conn=odbc.connect("Mitarbeiter")
    cursor=conn.cursor()
    cursor.execute("SELECT Filialen.Filiale,\
      sum(Umsatz)/count(Mitarbeiter.ID) \
      FROM Mitarbeiter,Filialen WHERE \
      Mitarbeiter.Filiale=Filialen.ID \
      GROUP BY Filialen.Filiale")
    result=cursor.fetchall()
    return result
```

```
root=Tk()
hello=Umsatzstatistik(root)
root.mainloop()
```

Das Ergebnis sieht nicht schlecht aus:

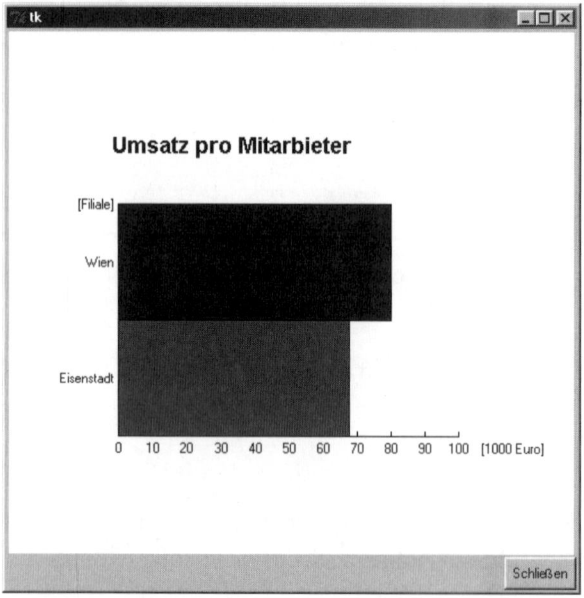

Abb. 9.9: ***umsatzstatistik.py***

9.5 Zusammenfassung, Fragen und Übungen

Zusammenfassung

- Wir haben in Access die Datenbank *Mitarbeiter* angelegt.
- Dank der ODBC-Schnittstelle kann man, von den Datenbanktreibern unabhängig, mit Datenquellen arbeiten.
- Python unterstützt eine große Anzahl an SQL-Datenbanken. Mit diesen wird über Module gearbeitet.
- Dem Thema »Datenbanken unter Python« ist die Webseite *http://www.python.org/topics/database* gewidmet.

Fragen und Übungen

1. Was bedeutet SQL?
2. Wozu gibt es in SQL den *SELECT*-Befehl?
3. Mit welchem Befehl kann man in SQL Daten in eine Tabelle einfügen, mit welchem kann man sie löschen?
4. Wie ist die Vorgehensweise bei der Arbeit mit einer SQL-Datenbank in Python?
5. Wozu dient die *fetchall()*-Methode?

Lösungen

Python 2.x

Lösungen

Zu Kapitel 1

1. Nein, Python-Programme werden standardmäßig interpretiert.
2. Red Hat.
3. Durch Eingabe von *python*.
4. Die erste Zeile einer Skriptdatei.
5. Die Argumente der Kommandozeile.

Zu Kapitel 2

1. Tuples sind im Unterschied zu den Listen schreibgeschützt.
2. Strings sind schreibgeschützt. Diesen Nachteil kann man umgehen, indem man den +-Operator verwendet, mit dem man Strings verknüpfen kann, und das Ergebnis in eine Variable speichert (bzw. indem der Inhalt der alten Variablen durch einen neuen, so geschaffenen, String ersetzt wird).
3. Es gibt mehrere Möglichkeiten, die einfachste (im interaktiven Modus) ist über die *range()*-Funktion: *range(1,11)*.
4. def funktion(): pass
5. Das erste Argument ist jeweils eine Funktion, das zweite eine Sammlung.
6. Es gibt wieder mehrere Möglichkeiten, die einfachste ist wohl: *variable=open("datei.txt").read()*
7. UNIX: *export PYTHONPATH=Verzeichnis*, Windows: *set PYTHONPATH=c:\Verzeichnis*. Mit dieser Umgebungsvariablen

wird der Pfad erweitert, in dem die Python-Module gesucht werden (*sys.path*).

8. Lokaler, modularer, eingebauter Namensraum.
9. Über die *try*- und eine leere (ohne spezifizierte Ausnahmen) *except*-Anweisung.
10. Eine Klasse ist eine Schablone für ein Objekt. Ein Attribut ist eine zu einem Objekt gehörige Variable, eine Methode seine Funktion.
11. class. KlasseName(Basisklasse)
12. Über spezielle Methoden. Ihre Namen fangen meist mit einem doppelten Unterstrich an.
13. Dazu muss die *Kfz*-Klasse um folgende Methode erweitert werden: *def __str__(self): return "Das Kzf hat "+self.tank+" Liter Treibstoff im Tank"*

Zu Kapitel 3

1. Weil die *xreadlines()*-Methode effektiver den RAM-Speicher schont (wichtig beim Einlesen großer Datenmengen).
2. *os.path.walk()*
3. *filecmp.cmp()*
4. Das Modul heißt *zipfile.*
5. *time.strftime("%H:%M")*
6. Die *Threads* ermöglichen den parallelen Ablauf von mehreren Funktionen innerhalb eines Programms.
7. Im *math*-Modul.
8. Das *getopt*-Modul soll das Parsen der Argumente der Kommandozeile erleichtern.

9. Es gibt mehrere Möglichkeiten, zum Beispiel: *for a in range(5): random.randint(1,100)*

10. Zuerst wird das *locale*-Modul importiert: *import locale*. Danach (unter UNIX): *locale.setlocale(locale.LC_ALL,'en_US.ISO_8859-1')* und *locale.setlocale(locale.LC_ALL,'de_DE.ISO_8859-1')*. Unter Windows ist analog vorzugehen, mit dem Unterschied, dass die *Locales*-Namen auf "*English*" bzw. auf "*German*" geändert werden müssen.

Zu Kapitel 4

1. Hauptsächlich zum Parsen von Texten.
2. Über das *re*-Modul.
3. Alle Zeichen außer dem Leerzeichen.
4. Für die Zeichen: *abcd-123*.
5. Wort.
6. Über runde Klammern.
7. Mit dem Datum im Format *DD/MM/YYYY*.

Zu Kapitel 5

1. Ein RFC ist ein Internet-Standard. In einem RFC werden Protokolle beschrieben.
2. Aus vier Schichten.
3. FTP, HTTP (HTTPS) und auch Gopher (veraltet).
4. Mit dem *urlparse*-Modul.
5. Über das *httplib*-Modul wird mit dem HTTP-Protokoll gearbeitet. Der Unterschied zum *urllib*-Modul besteht darin, dass man die HTTP-spezifischen Befehle verwenden kann.

6. Arbeit mit dem FTP-Protokoll.
7. Für diese Aufgaben haben wir die Module: *smtplib*, *poplib* und *imaplib* kennen gelernt.

Zu Kapitel 6

1. Common Gateway Interface
2. Zuerst wird das *cgi*-Modul importiert: *import cgi*. Danach folgt *form=FieldStorage()*. Über *form["Name_der_Variable"].value* können dann die Werte eingelesen werden.
3. Es ist das *cgitb*-Modul. Es wird importiert: *import cgitb()* und dann wird die *enable()*-Methode gerufen. Es ist günstig, wenn diese zwei Zeilen Code am Anfang des CGI-Skripts stehen.
4. Die Cookie muss innerhalb des HTTP-Headers auf die Standardausgabe über *print* ausgegeben werden.
5. Zuerst werden das *os*- und das *Cookie*-Modul importiert: *import Cookie* und es wird ein Cookie erstellt: *cookie=Cookie.SmartCookie()*, danach folgt noch *cookie.load(os.environ ["HTTP_COOKIE"])* und wir haben das Cookie.

Zu Kapitel 7

1. Beispiele der *Tkinter*-Widgets: *Label*, *Message*, *Button*, *Entry*, *Text*, *Radiobutton*, *Checkbutton*, *Listbox*, *Canvas*, *Scrollbox*, *Menu*, *Frame*, *Toplevel* usw.
2. Über die *text*-Option.
3. Sie speichert Integer-Werte für Widgets. Sie wird hauptsächlich in Verbindung mit den *Checkbutton*- und *Radiobutton*-Widgets verwendet.
4. Über die *pack()*-Methode der Widgets.

5. Zuerst wird ein Bildobjekt erstellt (über die *PhotoImage*- bzw. *BitmapImage*-Klasse), das dann einem Widget über die *image*-Option zugewiesen wird.
6. Die *Listbox*-, *Radiobutton*- und *Checkbutton*-Widgets.
7. Über die *font*-Option.
8. Über das *Text*-Widget kann man ein Fenster erstellen, in dem man Texte bearbeiten kann (mit diesem Widget kann man sehr leicht einen Texteditor schreiben).
9. Einer bereits erstellen Scrollleiste wird über die Option *command=widget.yview* gesagt, wie sie scrollen soll. Bei den komplexen Widgets ist dem *Scrollbar*-Widget ein ganzes Unterkapitel gewidmet, in dem Sie auch ein komplettes Beispiel finden.
10. Zum Zeichnen von Grafiken in *Tkinter*.
11. Wir haben die *toplevel*-, *pulldown*- und *popup*-Menüs kennen gelernt.
12. Das Programm wird nicht mal gestartet, denn im Konstruktor verursacht die *self.run()*-Methode eine Endlosschleife.

Zu Kapitel 8

1. Über den Objektkatalog der Applikation.
2. Windows Script Host.
3. Ja, man kann mit Python auf die Windows-API-Funktionen und sogar auf die MFC-Elemente (Microsoft-Bibliothek zum Aufbau von GUIs) zugreifen.#löschen, falls das entsprechende unterkapitel gelöscht wird

Zu Kapitel 9

1. Structured Query Language.
2. Mit dem *SELECT*-Befehl kann man Abfragen in einer Datenbank realisieren.
3. Mit dem *INSERT*-Befehl werden in SQL Daten in eine Tabelle eingefügt, über den *DELETE*-Befehl gelöscht.
4. Module importieren, eine Verbindung öffnen, einen Cursor erstellen, mit dem Cursor einen SQL-Befehl ausführen.
5. Die *fetchall()*-Methode holt alle zurückgegebenen Daten einer *SELECT*-Abfrage aus einem Cursor.

Glossar

Glossar

Algorithmus

Eine Folge von Anweisungen zum Lösen eines Problems.

Argument

Ein Wert, der einer Funktion bzw. Methode bei ihrem Aufruf übergeben wird und somit ihr Verhalten beeinflussen kann.

ASCII-Zeichensatz

Der *American Standard Code for Information Interchange* kodiert Zeichen in acht Bits. Das bedeutet, dass man insgesamt nur 256 Zeichen kodieren kann. Für viele Sprachen wurden deshalb Varianten dieses Zeichensatzes geschaffen, die die Sonderzeichen der anderen Sprachen berücksichtigen.

Attribut

Eine zu einem Objekt gehörende Variable.

Ausdruck

Ein Konstrukt (Code), dessen Wert eindeutig berechnet werden kann. Hinter jedem Ausdruck kann man sich einen Wert vorstellen.

Bytecode

Der *Bytecode* wird von Python aus als *.py*-Files generiert, damit das Interpretieren des Codes beschleunigt wird. Er wird in *.pyc*- oder *.pyo*-Dateien gespeichert und ist plattformunabhängig.

CGI

Common Gateway Interface – eine Schnittstelle, über die man leicht fast jedes Programm der Kommandozeile im Internet funktionsfähig machen kann.

COM

Common Object Model – eine Schnittstelle von Microsoft, über die man bestehende Applikationen (die diese Schnittstelle unterstützen) in Programmen verbinden kann.

Compiler

Ein Programm, das den Programmiercode so übersetzt, dass er vom Prozessor/Betriebssystem ausgeführt wird.

Cursor

Ein Zeiger, der in einer Datei bzw. in einer Datenbank die Position angibt, an der man sich befindet.

Datentyp

In jeder Programmiersprache gibt es verschiedene primitive Datentypen, die jeweils bestimmte Werte speichern können. Ein Beispiel sind in Python die Integer.

Debuggen

So wird der Vorgang bezeichnet, bei dem man versucht, Fehler innerhalb eines Programms zu finden und zu beheben.

Destruktor

Der *Destruktor* ist die Methode eines Objektes, die gerufen wird, wenn das Objekt gelöscht wird. Er übernimmt sozusagen die Aufräumarbeiten. Sein Name ist in Python *__del__()*.

Dictionary

Ein zusammengesetzter Datentyp. Er besteht aus *Schlüssel/Wert*-Elementen, wobei der Schlüssel als Index dient.

Exception

Mit diesem Begriff wird ein Objekt bezeichnet, das entsteht, wenn es während der Laufzeit im Programm zu einem Fehler kommt.

file-Objekt

file-Objekte kann man sich als eine Datenquelle vorstellen (dabei muss es sich nicht unbedingt um eine Datei handeln, es kann auch eine Netzverbindung, eine Standardeingabe oder anderes sein), aus der man Daten über die *read()*-Methode holen kann und in ihr Daten über die *write()*-Methode speichern kann.

Funktion

Abstraktion für die Lösung eines Problems (ein Algorithmus). Eine *Funktion* ist ein Unterprogramm, das einen Wert an den Aufrufer zurückschickt. Funktionen sind für das prozedurale Programmieren wichtig. Bei dieser Art des Programmierens wird Wert auf die Lösung des Problems über Funktionen gelegt. Ein typisches Beispiel für eine prozedurale Sprache ist die Programmiersprache C oder Pascal. Python ermöglicht neben anderen Stilen des Programmierens natürlich auch den prozeduralen.

GUI

***G**rafical **U**ser **I**nterface* – eine grafische Benutzeroberfläche.

globale Variable

Eine überall im Programm (in jedem Namensraum) sichtbare Variable.

IDE

***I**ntegrated **D**evelopment **E**nvironment*. Mit diesem Begriff wird eine Entwicklungsumgebung zu einem Entwicklungs-Tool bezeichnet. Das mit Python mitgelieferte IDE heißt *IDLE*.

Identifikator

Name für Variablen, Funktionen, Klassen usw. *Identifikatoren* sollten nur aus Buchstaben, Zahlen und dem Unterstrich bestehen, wobei sie nicht mit Zahlen beginnen dürfen.

Index

Über *Indizes* wird auf die einzelnen Elemente der zusammengesetzten Datentypen zugegriffen.

Instanz

Mit diesem Begriff bezeichnet man ein von einer Klasse abgeleitetes Objekt.

Interpreter

Ein Programm, das nach dem Start ein anderes Programm (wie zum Beispiel ein Python-Skript) ausführt.

Iteration

Mit diesem Begriff ist genau eine Wiederholung einer Schleife inklusive der Auswertung der Bedingung gemeint.

Klasse

Eine *Klasse* beschreibt ein Objekt. Sie dient als Schablone zum Erstellen des Objektes (ermöglicht die Erstellung gleicher Objekte).

Kommentar

Eine Erklärung zum Code.

Konstante

Ein Name (Identifikator), dem ein Wert zugewiesen wird, der sich – im Gegensatz zu Variablen – im ganzen Programm nicht ändert.

Konstruktor

Als *Konstruktor* bezeichnet man die Methode, die beim Erstellen eines Objektes gerufen wird. In Python hat er den Namen *__init__()*.

Layout-Manager

Der *Layout-Manager* verwaltet Widgets (Steuerelemente), er kümmert sich um ihre Darstellung auf dem Bildschirm.

Liste

Ein zusammengesetzter Datentyp, dessen Elemente man ändern kann.

Locale

Eine Datenbank, die die Sprach- und Länderpräferenzen für Benutzer enthält.

Methode

Eine zu einem Objekt zugehörige Funktion. Sie dient der Verarbeitung von gekapselten Daten.

Modul

Eine Sammlung von Definitionen (hauptsächlich Funktionen und Klassen), die auf die Lösung eines Problems ausgerichtet sind.

Namensraum

Ein Bereich in Python, in dem bestimmte Namen gültig sind. Python unterscheidet drei *Namensräume* – den eingebauten, den modularen und den lokalen Namensraum. Zusätzlich gibt es noch die Möglichkeit, globale Variablen zu definieren.

None

Dieser Datentyp wird dann in Python verwendet, wenn man explizit sagen möchte, dass es sich um keinen Wert handelt, zum Beispiel bei Prozeduren.

Objekt

Synonym für *Instanz*.

ODBC

Eine Schnittstelle, die es zur Aufgabe hat, den Programmierer von der Notwendigkeit zu befreien, für jede Datenbank andere Treiber verwenden zu müssen.

OOP

***O**bjekt**o**rientierte **P**rogrammierung*. Ein neuer Ansatz zum Lösen der Probleme, indem man versucht, die reale Welt über Objekte nachzuahmen.

Parameter

Innerhalb einer Funktion/Methode wird so das übergebene Argument bezeichnet. *Parameter* und Argument werden oft synonym behandelt.

Parsen

Mit *Parsen* bezeichnet man das Zerlegen eines Textausdrucks nach syntaktischen Regeln (ein Parser entscheidet bei einem vorgegebenen Satz/Wort, ob es zu einer Sprache gehört).

Polymorphismus

Eines der Grundprinzipien der OOP-Programmierung. Unter diesem Begriff versteht man, dass die Unterklassen einer Oberklasse (Vererbung) auf Methoden-Aufrufe anders reagieren können. Dies ist der Fall, wenn nach der Vererbung eine Methode in der Unterklasse (in der abgeleiteten Klasse) neu definiert wird.

Prozedur

Eine Funktion, die keinen Wert (bzw. None) zurückgibt.

RAD

Das Kürzel steht für ***R**apid **A**pplication **D**evelopment*. Es steht für eine beschleunigte Entwicklung der Applikationen.

Regulärer Ausdruck

Ein Muster, mit dem in Texten gesucht wird.

Rückgabewert

Der Wert, den eine Methode oder eine Funktion zurückgibt. Meistens stellt er die Lösung einer Aufgabe (Teilaufgabe eines Problems) dar.

Sammlung

In Python versteht man unter diesem Begriff einen String, eine Liste und ein Tuple.

self

self ist das erste Argument der Methoden in Python. Mit *self* ist die konkrete Instanz (das konkrete Objekt) gemeint.

Skript

Ein kleines Programm, das interpretiert wird. Mit *Skripten* werden hauptsächlich administratorische Aufgaben bewältigt.

Slice

Mit diesem Begriff bezeichnet man in Python eine Reihe von Elementen einer Sammlung.

SQL

***S**tructured **Q**uery **L**anguage* – ein Sprache, mit der mit Datenbanken gearbeitet wird.

String

Ein aus Zeichen zusammengesetzter Datentyp.

Syntax

Die Beschreibung der »Grammatik« und des »Vokabulars« einer Programmiersprache.

Threads

Über *Threads* kann man innerhalb eines Programms (Prozesses) mehrere Funktionen gleichzeitig ausführen lassen. Ein mit Threads geschriebenes Programm muss nicht unbedingt von oben nach unten ablaufen.

Tkinter

Ein Modul, es ist die Python-Anbindung an die TK-Bibliothek (eine GUI-Bibliothek).

Tuple

Ein schreibgeschützter, zusammengesetzter Datentyp von Python.

Umgebungsvariable

Eine vom Betriebssystem definierte Variable, in der wichtige Werte gespeichert werden und systemweit zur Verfügung stehen.

Unicode

International standardisierter Zeichensatz, der in 16 Bit die Zeichen speichert. Für *Unicode* ist das Unicode-Konsortium zuständig (*http://www.unicode.org*).

Variable

Ein Speicherplatz für Zahlen, Zeichen usw. Wie aus dem Namen ersichtlich ist, ändern die Variablen während des Programms ihren Wert und nach dem Beenden des Programms werden sie freigegeben.

Vererbung

Von der *Vererbung* redet man dann, wenn von bereits bestehenden Klassen neue abgeleitet werden. Die Vererbung ist eins der Prinzipien der OOP-Programmierung, mit dem man sehr leicht bestehende Klassen um neue Funktionalität erweitern kann.

Whitespace

Ein Zeichen, das auf dem Bildschirm nicht dargestellt wird. Zum Beispiel Tabulator, Zeilenschaltung oder Leerzeichen. *Whitespaces* sind ASCII-Zeichen mit einem Wert kleiner als 33.

Widget

Deutsch: Steuerelement. Ein grafisches Element, das in der GUI-Programmierung verwendet wird. *Widgets* werden als Klassen implementiert.

WSH

*Windows **S**cript **H**ost*. Ein Tool zur Administration von Windows, das man über die COM-Schnittstelle auch in Python verwenden kann.

Zuweisung

Von einer *Zuweisung* redet man, wenn einem Identifikator ein Wert über den =-Operator zugewiesen wird.

Index

Index

E

F

G

H

I

J

K

L

M

N

O

X

Z